Antonino Gomes Paixão

A Essência da Economia Analisada pelo Método Dialético de Platão

Volume I

Economia Política e
Empresarial

2021

A Essência da Economia Analisada pelo Método Dialético de Platão

Volume I

Antonino Gomes Paixão

Economia Política e
Empresarial

2021

À meus pais
Joaquim Gomes Paixão
e
Luzia Ribeiro Paixão

Agradecimento especial à senhora **Magali Pereira Leite** por tudo de bom que sua amizade acrescentou em meu dia a dia

Paixão, Antonino Gomes

A Essência da Economia Analisada pelo Método Dialético de Platão   Volume I

Cuiabá, 2021

1. Platão; 2. Economia Política; 3. Economia Empresarial; 4. Macroeconomia; 5. Riqueza; 6. Estado.

SUMÁRIO

1	Introdução...	08
2	Platão..	12
	➢ A República: Análise e Interpretação............	12
2.1	Contextualização da obra..	12

2.1.1 Principais considerações (Parte I)...................... 13

2.1.1.1 Justiça x Injustiça... 15

2.1.1.2 A necessidade da introdução do Estado para se melhor definir o conceito de justiça... 19

2.1.1.2.1 A Economia utilizada como o melhor recurso de análise para se averiguar como se dá a inter-relação social no interior do Estado.. 26

2.1.1.2.2 A necessidade da divisão das funções, especialização e aperfeiçoamento do indivíduo por meio da educação e da cultura... 33

2.1.1.2.3 Como educar os filhos até a fase adulta visando transformá-los em indivíduos de caráter.................. 35

2.1.1.2.4 Diante da boa Educação, da Saúde e da Cultura, como o indivíduo deve modelar o corpo. 44

2.1.1.2.5 Os Cuidados que se deve ter com a falta de decoro e com os excessos.. 47

2.1.1.2.6 Quanto ao perfil ideal dos profissionais da área médica e dos magistrados............... 49

2.1.1.2.7 Delineando o perfil dos Governantes e dos defensores dos interesses do Estado............ 54

2.1.1.2.8 Qual deve ser a metodologia necessária para inculcar na mente do defensor o perfil ideal do verdadeiro governante.......... 56

2.1.1.2.9 Enfim, a busca pela definição última do que seja a verdadeira justiça em contraposição ao enunciado da injustiça............... 68

2.1.1.2.10 A busca pela justiça verdadeira por intermédio do perquerimento das faculdades (Necessidades fisiológicas e emoções: concupiscências e racionais) do indivíduo...................................... 82

2.1.1.2.11 O fenômeno da Transmutação, como o verdadeiro fator gerador da produção e reprodução da riqueza econômica..................... 99

2.1.1.2.12 Determinando o perfil do guardião (homem ou mulher) considerado ideal para fazer a defesa do Estado....................... 110

2.1.1.2.13 Estabelecendo as diferenças entre o que seria o Estado civilizado em relação ao que é o Estado bárbaro............................ 116

2.1.1.2.14 A averiguação da possibilidade da implantação da doutrina de defesa existente entre os animais selvagens no meio dos defensores do Estado................. 120

2.1.1.2.15 A tentativa de Platão de transformar o Estado Ideal criado em teoria, na realidade de fato, por meio do estabelecimento da maneira exemplar de governar, que deve ser adotada para tal fim.. 121

2.2 PARTE II DE: A REPÚBLICA.................................... **125**

    2.1.1.2.16 Em busca da essência do "bem" que é necessário para se viabilizar a determinação do perfil do governante do Estado Ideal......... 148

    2.1.1.2.17 A importância da existência da "alma" e de suas faculdades para se viabilizar a definição do que seja o "bem"...................................... 151

    2.1.1.2.18 A dialética, reconhecida como a melhor de todas as metodologias científicas para se ensinar ciência aos jovens aspirantes a defensores do Estado..................... 172

    2.1.1.2.19 A Digressão necessária para se analisar os principais tipos de Estado existentes na época de Platão comparando-os com seu Estado ideal................................ 182

    2.1.1.2.20 A transformação da perquirição das coisas inteligíveis em empiricidade científica por meio da práxis como forma de comprovar as hipóteses analíticas de Platão.................... 255

    2.1.1.2.21 A consubstanciação das coisas inteligíveis em empiricidade científica por meio da comprovação da existência da alma... 274

3 Considerações finais.. **283**

1 Introdução

Ultimamente a Ciência Econômica tem sido acometida de uma série de fatores que fogem às propostas da real busca pela produção da riqueza econômica e social que deveriam ser a razão da existência dessa ciência, no seu sentido lato. Com a evolução assustadora da fome, das guerras, da miséria e dos conflitos diversos que assolam a humanidade nos seus mais diversos aspectos, achou-se por bem, revisitar os principais conceitos e princípios que deveriam nortear os fundamentos dessa ciência enquanto base de estudo da geração do bem-estar coletivo da espécie humana na condição de ser civilizado.

Outro fator complicativo e que acrescentou motivos à realização desta investigação foi a crítica efetuada pelo senhor Mark Blaug em sua obra, "Metodologia da Economia ou Como os Economistas Explicam" que afirma que "os economistas são lacaios do governo." Blaug (1993, p. 18). Baseado nessa assertiva, este estudo busca ainda avaliar se tal parecer tem consistência empírica e se o mesmo preenche os requisitos científicos necessários para dar sustentabilidade a essa asserção sobre a classe dos Economistas. Nesse sentido, para dar maior embasamento teórico a esta análise, este trabalho investigou de maneira criteriosa as principais obras na seara econômica que serviram de espinha dorsal para dar sustentação à Economia como a única e verdadeira Ciência Social existente, a partir da qual teve origem os demais campos de investigação das ciências humanas, no que se refere à produção e distribuição de riquezas.

Assim a proposta original desta averiguação é analisar a fundamentação teórica e os principais pontos de pensamento que nortearam os trabalhos desses economistas, buscando avaliar a consistência de suas bases metodológicas bem como as suas principais contribuições à formação da Economia como Ciência. Outro fator é procurar entender como se deu o sequenciamento dessas ideias e quais são seus pontos chaves que balizaram a continuidade desse raciocínio em trabalhos subsequentes até formar o esqueleto e consequentemente o corpo da Economia como Ciência Social.

Considera-se que esse procedimento foi estritamente necessário para que se pudessem fazer os enxugamentos de temas considerados desnecessários e que tornassem por demais extenso e cansativo o trabalho ora proposto, além de impedir que assuntos abordados por autores sucedâneos e sem maior poder de profusão e aprofundamento, de maneira expressiva na mesma ótica e de forma similares, se repetissem. Quando tais pontos se verificarem no decorrer dos textos e de forma aleatória, serão abertos parênteses para informar ao público leitor sobre tal acontecimento. Ao mesmo tempo, para facilitar o raciocínio do ledor e viabilizar o sequenciamento das ideias, como novidade, foi introduzida como vertedouro das premissas econômicas na proposta analítica a obra "A República" de Platão nesta abordagem, no Tomo I, a fim de permitir com maior propriedade o entendimento da contextualização dos temas econômicos trabalhados, bem como facilitar a utilização de maneira natural da expressão "política" na Economia. Além disso, como sugere a norma culta, todo texto de cunho científico tem que ter introdução, desenvolvimento e conclusão, ou, em outras palavras, início, meio e fim, sequenciamento esse que este estudo buscou respeitar.

Além de tudo, outro fator que muito contribuiu para a introdução de "A República" no Tomo I desta obra é de evidenciar os valores morais estabelecidos por Platão como as virtudes que devem nortear o perfil de um indivíduo verdadeiramente equilibrado, inteligente, criativo, probo e que se dedica a promoção do bem comum sem quaisquer tipos de vícios contraproducentes que fazem com que o ser humano se afaste das características de um ser civilizado e se adentre no mar da hipocrisia e da ignorância impossibilitando-o assim de se tornar um indivíduo socializado, enfim, educado e culto.

Cogita-se ainda que, por meio da utilização do livro de Platão de cunho filosófico, como base introdutória aos temas econômicos a serem abordados, o presente estudo atenderá a contento essa sugestão das normas na concepção científica. Isso porque, em acréscimo deve-se ponderar que a introdução da expressão "política" na Economia não se deu por acaso. Ela se deve principalmente ao fato de que, o tema "político" foi uma das principais matizes trabalhada pelo senhor Adam Smith em sua obra "Uma Investigação sobre a Natureza e as Causas das Riquezas das Nações", publicada pela primeira vez em 1776, obra essa que inaugurou definitivamente a Economia como uma Escola à parte de busca de Conhecimento.

Na concepção do presente estudo, em termos políticos e filosóficos, a obra "A República" foi o principal vertedouro que viabilizou o desenvolvimento da estruturação teórica da obra do senhor Smith, tendo a teoria da fisiologia humana desenvolvida por Platão nesse livro, como fator subjacente, necessários para a construção de toda "A Riqueza das Nações", mesmo o referido autor não citando diretamente esse filósofo na sua base analítica. Vale ainda lembrar que essas duas vertentes, no caso, a fisiologia humana e a análise política, trabalhadas por Platão nesse seu estudo é que possibilitaram o desenvolvimento da teoria do bem-estar, que serviu de alinhamento e deu consistência à obra do senhor Smith. Dessa maneira é assim que a teoria do bem-estar, como será visto com maior propriedade no decorrer deste trabalho, açambarcou de maneira indelével os anseios humanos como o referencial de sucesso e objetivo último a ser alcançado enquanto ser vivente, na seara econômica.

Outro objetivo da introdução de "A República" Platão, como instrumento crítico de análise no aspecto introdutório no Tomo I deste estudo, antes de se adentrar na análise direta dos trabalhos dos economistas clássicos que mais contribuíram para com a formação da Economia como Ciência Social Pura e Aplicada se resume na necessidade de apresentar a abordagem dialética de Platão, que foi o método único adotado por esse filósofo para trabalhar todos os temas relevantes dessa sua tão conceituada obra na seara da Ciência Política. Ao mesmo tempo cabe demonstrar que ele utilizou toda a fundamentação econômica como princípio subjacente para alicerçar e modelar "A República" nos mais diversos tópicos analisados, motivo pelo qual aparecem vários questionamentos econômicos no corpo desse seu brilhante trabalho. Diante desse contexto foi natural a utilização da linguagem e das premissas de Platão que serviram de escopo para a obra "A Riqueza das Nações" de Smith, embora em nenhum momento, como já frisado, esse célebre economista tenha feito referência à obra de Platão durante a elaboração de seu livro. Deve-se considerar também que, não há como dissociar questões políticas das principais bases de análise econômicas e vice-versa. Daí talvez porque Smith ter adotado a obra "A República", como referencial teórico extraída da seara da ciência política, para fundamentar suas investigações no campo da Economia Política.

Ainda, para contemplar os questionamentos elencados acima, este estudo investigou e buscou esclarecer detidamente as seguintes obras, em ordem cronológica de publicação e de abordagens.

1 A República, Platão, partes I e II.

2 Os Fisiocratas

3 Uma Investigação sobre a Natureza e as Causas das Riquezas das Nações, Smith, A. Livros: I, II, III, IV e V.

4 Princípios de Economia Política e Tributação, Ricardo, David.

5 Tratado de Economia Política, Say, Jean Baptiste.

6 Princípios de Economia Política – Ensaio Sobre a População, Malthus, Thomas Robert.

7 O Capital – Crítica da Economia Política, Marx, Karl Heinrich

    7.1 Livro 1, O Processo de Formação do Capital, Volume 1 e II.

    7.2 Livro 2, O Processo de Circulação do Capital, Volume III.

7.3 Livro 3, O Processo Global de Produção Capitalista, Volumes IV, V e VI

8 Princípios de Economia, Marshall, Alfred, Volumes I e II

9 A Teoria do Juro, Fisher, Irving.

10 A Teoria Geral do Emprego do Juro e da Moeda, Keynes, John Maynard.

De acordo com o que foi frisado, ao se realizar os estudos e análises dessas principais obras, acredita-se que esse tipo de procedimento já é o suficiente para se conseguir diagnosticar de forma bem acurada sobre a consistência da Economia como Ciência Social, fato esse que se dará por intermédio da identificação de sua espinha dorsal e que, por conseguinte viabilizará sua estruturação filosófico-científica, encaixando-a como uma verdadeira ciência social.

Isso é tratado sem desconhecer a importância das demais obras que existem no campo da Economia Política e Empresarial, mas que podem ser considerados como estudos complementares. Além disso, essa proposta é feita com o objetivo último de evitar que este estudo se torne por demais prolongado e exaustivo. Existem ainda obras muito importantes, tais como, a de John Stuart Mill, Joseph Schumpeter, Vilfredo Pareto, Leon Walras, John Richard Hicks, Rosa de Luxemburgo, Hilferding, Bukharin, Lênin, Sismondi, Kalecki dentre outros, mas que, porém, considera-se neste trabalho, que tais autores balizam suas ideias e estruturas de pensamento econômico e social nos estudos dos autores acima referenciados.

Diante desses fatos, pode-se avaliar que, a não inclusão desses economistas nas análises desta obra não invalida seus objetivos que são de buscar diagnosticar a consistência da Economia como Ciência Social e balizar através de instrumentais científicos adequados, todo o processo de criação, produção e distribuição da riqueza gerada pela sociedade ao longo dos tempos. Em acréscimo, como maneira de melhor elucidar os questionamentos tratados nesta obra, achou-se por bem dividi-lo em três partes: uma centrada na análise da área empresarial que recebe o nome de Economia Empresarial, trabalhada com muita propriedade na obra "O Capital" de Marx, onde também aparece encrustada de maneira subjacente os estudos da Microeconomia; a segunda, no caso, a Economia Política, trabalhada por autores como Adam Smith, Say, Ricardo, Malthus assim como, praticamente todos os pensadores clássicos, e por último, a Macroeconomia, inaugurada pelo senhor John Maynard Keynes em sua obra "A Teoria Geral do Emprego, do Juro e da Moeda", a partir da obra "O Capital" de Marx e que, consideradas essas três escolas de pensamento econômico, distintas, mas complementares, formam o corpo definitivo da Economia enquanto Ciência

Social Pura e Aplicada, como se verá no desenvolver deste trabalho. Assim tem-se a Economia enquanto Ciência Social Pura e Aplicada, formada tal qual a Trindade Santa (Pai, Filho e Espirito Santo) subdividida em: Economia Política, Economia Empresarial e Macroeconomia. Isso para simplificar o entendimento dos ditames da Economia Política e Empresarial puras, sem quaisquer vertentes ideológicas ou algo do gênero.

2 Platão

> ➢ A República

  ✓ Análise e Interpretação

Tradução: Ciro Mioranza

2.1 Contextualização da obra

A história nos conta que Platão, além de filósofo foi também matemático e que viveu no período clássico da Grécia Antiga. A sociedade grega nesse período é marcada pela existência das chamadas Cidade-Estado. Nesse cenário, em que pese todos falassem a mesma língua, cada cidade-estado era autônoma com governo próprio e sistema político independente, além de altamente concorrencial, marcada pelas guerras e conflitos de toda natureza existentes entre essas cidades.

Devido aos conflitos e guerras constantes entre o próprio povo grego, a violência prevalecia, aonde cada cidade procurava sobrepujar a outra a qualquer custo. Smith, como se verá nas páginas subsequentes, assevera em sua obra "A Riqueza das Nações" que a Grécia Antiga era muito mais violenta que o Império Romano. Foi justamente nesse cenário que Platão viveu. Por esse quadro político e social prevalecer na Grécia Antiga, tal situação incomodava muito a Platão que sonhava ver essas cidades unidas sob uma mesma bandeira, adotando uma mesma política e um mesmo *modus vivendi*. Foi buscando a essa união e solidariedade, que nasceu sua principal obra de cunho político e que foi denominada por esse autor de "A República". Entrementes, para propagar suas ideias temendo represálias sobre seu modo de pensar e ser executado por isso, Platão adotou algumas precauções para poder difundir seus pensamentos com maior grau de discrição e segurança. O método escolhido por Platão, como, aliás, por todos os filósofos mais respeitados de sua época foi a dialética e o gênero literário foi o narrativo, escrito na forma de prosa expressada como novela (2006: 91).

Para estruturar sua obra na forma de novela, Platão criou seis personagens (Sócrates, Glauco, Polemarco, Trasímaco, Adimanto e Céfalo). Dentre esses personagens Platão escolheu um para transmitir suas ideias e os demais para refutá-las e colocá-las no crivo. O personagem escolhido por

Platão para apontar e sustentar suas concepções, se tornando, assim, o protagonista por isso, foi Sócrates. Os demais personagens passariam por serem seus antagonistas, no caso: Glauco, Polemarco, Trasímaco, Adimanto e Céfalo.

Na verdade, o objetivo final de Platão com essa estratégia, foi estabelecer uma base de debates entre seus personagens separando o que ele considerava como a essência dos fundamentos filosóficos científicos em relação ao senso comum, que prevalecia até então, sobre os principais conceitos sociais que determinavam o modo de vida da Grécia Antiga. A sua estratégia com essas ações era depurar tais conceitos visando reformular a visão adquirida que existia até então, que Platão considerava como ultrapassada e cheia de vícios de todo tipo e trocá-las por preceitos mais avançados, racionais e justos, e que, a partir daí, passariam a orquestrar a vida em comum dos gregos e que seria representada pelo sistema de governo controlado, para que não houvesse injustiças, diretamente por um Estado forte, autônomo e soberano. E, por conseguinte, como decorrência desse Estado criado, e nesse mesmo Estado, poder construir uma base social bem estruturada, que pudesse garantir a estabilidade e a evolução de uma sociedade, saudável, livre, justa, extremamente educada e culta e por isso, sábia e civilizada. Isso porque só se constrói uma sociedade saudável, forte, livre e civilizada se o Estado for forte, livre e soberano.

Por intermédio desses procedimentos Platão passou a expor sua forma de pensar e promover os debates entre seus personagens visando garantir a consistência crítica de suas concepções filosóficas extremamente pertinentes.

2.1.1 Principais considerações (Parte I)

Platão faz a introdução de sua obra falando sobre a velhice e a importância da vida nesse estágio, bem como os reflexos desse quadro sobre o amor e impotência, como se vê:

> [...] A bem da verdade, encontrei também várias pessoas de idade que pensavam de modo bem diverso, como, por exemplo, o poeta Sófocles, a quem certa vez alguém lhe perguntou: "Como andam as coisas com o amor, Sófocles? Você ainda consegue chegar ao prazer com uma mulher?" Eu mesmo o ouvi responder: "Nem me fale disso! Já estou livre e, com imensa alegria, como se tivesse fugido de um patrão furioso e truculento".

> Já na época me pareceu que tivesse razão e agora estou mais do que nunca convencido disso. A velhice traz consigo uma grande paz e o homem se liberta dessas coisas. Quando os desejos não são mais tão violentos e as rédeas se afrouxam, então sim é que, na verdade, se realizam as palavras de Sófocles e o homem se torna livre de muitos patrões furiosos. [...] (pág. 12).

Depois de fazer Sócrates emprestar a palavra a Céfalo (págs. 12 - 15), pai de Polemarco, Platão dá a este último, já idoso, a oportunidade de falar sobre a vida em velhice e os frutos colhidos nessa fase. Para Platão (desta vez, manifestado em Céfalo) os frutos colhidos nesse estágio dependem muito do modo de viver de cada um. O modo de vida, por conseguinte, se divide em dois tipos: o justo e o injusto. Aqueles que procuraram ter uma vida justa passarão seus últimos dias de forma serena e equilibrada. Os que escolheram o caminho da injustiça passarão essa fase da vida, vivendo de uma maneira atribulada e instável, portanto, insegura, principalmente com medo daquilo que virá depois, ou seja, a vida após a morte.

O principal fruto colhido da juventude na velhice determinará o *modus vivendi* dos últimos dias do indivíduo na Terra. Tal fruto, de forma excludente, é a riqueza ou a pobreza. Em suas análises Platão centra-se na vida, na riqueza. O fator crucial da riqueza para esse autor é a sua utilidade para aqueles que vão desfrutá-la. Também se não for útil, não é riqueza.

Para Platão, ainda manifestado em Céfalo, existem dois tipos de riqueza que são obtidas de forma justa, visto que não existe riqueza na forma injusta, só contrariedades e sofrimentos - aquela herdada e aquela conquistada à custa de suor e sacrifício, portanto, trabalho árduo.

Para Platão (Céfalo), aqueles indivíduos que obtiveram a riqueza de forma herdada costumam ser relapsos e só tendem, ao invés de acrescentar valores nessa riqueza, a depauperá-las. Isso não quer dizer que existam herdeiros que não acrescentam valores a riqueza. Neste caso, tais indivíduos se encaixam naqueles que são considerados como pessoas equilibradas e, portanto, virtuosas.

Por outro lado, existem aquelas pessoas que constroem sua riqueza a base de muito trabalho. Para o indivíduo que consegue tal prodígio, a riqueza é muito valorizada e faz com que ele dê valor a cada centavo daquilo que foi conquistado. Platão afirma que, esse tipo de ser humano se transforma em muitos casos, em adoradores da sua fortuna e, portanto, avarentos. Entrementes o perfil dos formadores de riqueza fica restrito, como já frisado, a pessoas equilibradas.

Para Platão (2006, p. 14), em essência, a riqueza,

> [...] contribui de maneira decisiva para não enganar nem mentir, sequer involuntariamente, para não ficar devedor de sacrifícios a um deus ou de dinheiro a um homem; e finalmente, para não partir daqui cercado de receios. Não há dúvida de que a riqueza traz muitas outras vantagens, mas, ponderando bem, para um homem sensato, esta me parece ser sua máxima utilidade.

Por conseguinte, para Platão, já manifestado em Sócrates (p. 15), o principal atributo das pessoas equilibradas é o senso de justiça. Diante dessa assertiva, a partir daí, esse autor passa a debater o que seria a "verdadeira justiça", procurando definir a sua essência. A melhor maneira de definir a justiça para Platão é dissocia-la de seu conceito oposto, no caso, a injustiça.

Partindo desse pressuposto, Platão introduz os debates entre seus personagens, dividindo-os em uma discussão profunda e acirrada, representada por Sócrates e seus opositores.

2.1.1.1 Justiça x Injustiça

No caso de início, a discussão começa entre os seguintes personagens: Sócrates, que faz o papel de filósofo defensor da justiça e Polemarco, que baseado em Simonides, define a justiça, como simplesmente a obrigação de se "restituir a cada um o que é seu". (p.15). Ou, em outras palavras, "fazer o mal a quem pratica o mal e fazer o bem a quem faz o bem".

Incorporado em Sócrates, Platão se mostra insatisfeito com essa definição de "justiça" comentada por Polemarco e atribuída por este último, a Simonides. Então, Platão, no caso, Sócrates, contrapõe esse conceito e se põe em uma extensa discussão com Polemarco a respeito do que seja realmente o conceito de "justiça," Depois de extensa peleja entre esses, Sócrates e Polemarco, Platão, por fim, refuta o conceito de justiça apresentada por Polemarco, e a reformula sem, no entanto, concluí-la e substituí-la definitivamente, por intermédio dos seguintes dizeres:

> Se, portanto, se afirma que a justiça consiste em dar a cada um o que lhe toca, e com isto se pretende dizer que o homem justo deve fazer o mal aos inimigos e o bem aos amigos, quem sustenta isso não é um sábio porque não fala de acordo com a verdade. De fato, pareceu-nos evidente que em nenhum

> caso é justo fazer o mal a quem quer que seja. [...] Juntos portanto, você e eu (Sócrates e Polemarco), vamos nos opor a todos os que sustentarem que uma máxima semelhante tenha sido pronunciada por Simonides, por Bias, por Pítaco ou por qualquer outro sábio de respeito. Platão (2006, p. 22)

Vencida esta etapa, que é de refutar a definição de justiça dado por Polemarco, porém, sem ainda, encontrar o conceito definitivo para a "verdadeira justiça", Platão com a finalidade de dar continuidade às suas elucubrações sobre tal assertiva, substitui Polemarco, que faz papel de um cidadão comum, por Trasímaco (p. 23), que representa o papel de um guerreiro de alta patente. A partir daí, o debate sobre o conceito de justiça, passa a ser travado entre Sócrates, o filósofo, e Trasímaco, o guerreiro, que faz parte da casta dominante.

Na realidade, quando Platão efetua a troca entre os personagens, Polemarco por Trasímaco, a ideia, "entre linhas," de Platão, é fazer uma célere crítica ao modo de pensar sobre o que seria a "verdadeira justiça" que prevalecia entre a população mais simples e o verdadeiro conceito de "justiça" que predominava entre as castas dominantes, nos tempos da Grécia Antiga representada pela opinião do guerreiro.

Para o personagem Trasímaco (p. 25), escolhido por Platão para representar as castas dominantes, a "justiça" nada mais é do que o interesse do mais forte.

Mais adiante, na mesma página, Trasímaco, completa seu raciocínio (p. 25 – 26):

> Mas cada governo faz suas leis em seu próprio interesse. A democracia institui leis democráticas a tirania emana leis tirânicas e os demais, do mesmo jeito. Uma vez estabelecidas as leis, os governantes proclamam justo para seus súditos o que convém a eles e punem os transgressores como violadores da lei e da justiça. Pretendo, portanto, dizer, meu caro, que em todos os Estados a justiça é sempre o interesse do poder constituído e esse tem tal força que, ao que parece, é justiça sempre e em qualquer lugar a mesma coisa, isto é, o interesse do mais forte.

A partir desse discurso proferido por Trasímaco, a discussão se torna mais acirrada visto que a refutação de tal conceito para Platão se torna mais complexa, difícil e, portanto, demorada.

Em um extenso discurso, no último § da página 31 e início da página 32, Trasímaco, completa seu raciocínio:

> O fato é que você acha que os pastores ou os vaqueiros querem o bem das ovelhas ou dos bois e os engordam e cuidam deles para uma finalidade diversa daquela do interesse de seus donos e deles próprios. De modo semelhante, você imagina que nos Estados, os verdadeiros governantes se comportam com os súditos de modo diverso de como se comportaria alguém com as ovelhas e, dia e noite, não pensam em outra coisa, senão em tirar deles um proveito pessoal. Embora tão avançado no conhecimento do justo e da justiça, do injusto e da injustiça, você ainda ignora que a justiça e o justo na realidade não nos pertencem porque constituem o interesse do mais forte que comanda, enquanto que quem obedece e serve só leva prejuízo, e a injustiça, pelo contrário, se impõe a quem é verdadeiramente ingênuo e justo, os súditos fazem o interesse do mais forte e, ao servi-lo, o tornam feliz, mas para eles mesmos não tiram a menor vantagem. Estultíssimo Sócrates, perceba que, em qualquer circunstancia, o homem justo leva a pior no confronto com quem é injusto. Em primeiro lugar, em qualquer acordo privado em que dois indivíduos fazem sociedade, você jamais verá que, ao final de sua relação, o homem justo tenha ganho mais que o injusto, ocorrendo sempre exatamente o contrario. Nos negócios públicos, quando é necessário pagar impostos, de igual modo o homem justo paga mais e o injusto paga menos. Se, ao contrário, é questão de ganhar alguma coisa, um não ganha nada e outro, muito. Se ambos têm algum cargo, ao homem justo acontece, como mínimo, de desleixar por falta de tempo os próprios interesses domésticos e de não levar, exatamente porque

é justo, nenhuma vantagem da coisa pública, além de atrair sobre si o ódio dos parentes e dos conhecidos, sempre que se recusar em favorecê-los contra a justiça. Precisamente o contrário ocorre com o homem injusto, isto é, a quem sabe impor-se eficazmente sobre os outros. Isto você deve considerar, se quiser compreender quanto é melhor, para o próprio interesse, ser injusto do que justo. Melhor você poderá compreendê-lo se atentar para a injustiça mais absoluta que torna extremamente feliz quem a comete e extremamente infeliz quem é vítima dela e que não gostaria de comportar-se injustamente. Essa injustiça absoluta é a tirania que não se apodera dos bens dos outros aos poucos, mas toma tudo de vez: sagrado e profano, privado e público, com engano e violência. Quem é surpreendido cometendo um só desses crimes é punido e humilhado. De acordo com o crime cometido é chamado sacrílego, escravista, salteador, bandido, ladrão. Mas quem reduziu à escravidão seus concidadãos, além de tê-las despojado de seus bens, em lugar desses apelativos difamadores tem a reputação de homem feliz e afortunado, não somente da parte de seus concidadãos, mas também de todos os que chegam a saber da absoluta injustiça que cometeu. Isto porque se condena a injustiça não pelo temor de cometê-la, mas pelo medo de ter de sofrê-la. Portanto, Sócrates, a injustiça na medida adequada é uma coisa mais forte, mais nobre e que detém mais autoridade que a justiça. Esta, como eu dizia no começo, é o interesse do mais forte, enquanto que a injustiça é vantajosa é útil por si mesma[1].

---

[1] A norma culta sugere que as citações sejam curtas e breves; no entanto, no presente trabalho, isso, de certa forma é deixado de lado, para poder melhor mostrar ao público leitor que os debates apresentados entre os personagens são bastante atuais. Vale lembrar que, mesmo as obras clássicas de autores renomados como Marx, Marshall e Keynes, só para citar alguns, apresentam extensas citações, levando até várias páginas para serem concluídas sem perder de vista a qualidade de seus respectivos trabalhos. Outro ponto a acrescentar sobre a importância da apresentação das citações longas está no fato de que elas auxiliarão em muito a compreensão dos

Em objeção a tal discurso, Platão, manifestado em Sócrates, observa (p. 33):

> [...] Por acaso, você acha que se dispôs em definir uma questão de menos importância, antes que a norma de conduta que cada um de nós deve seguir para viver com o máximo proveito possível?
>
> [...] Quanto a mim, continuo a sustentar que não estou em nada convencido e que não posso acreditar que a injustiça seja uma coisa mais proveitosa que a justiça mesmo no caso em que se lhe dê livre curso, sem obstáculo algum, para fazer o que quiser.

Diante da tal impasse continua a peleja entre os personagens de Platão sobre o que veria a ser o conceito da "verdadeira justiça".

2.1.1.2 A necessidade da introdução do Estado para se melhor definir o conceito de justiça

Como não chegam a nenhum acordo e como Trasímaco recorre a um cenário de funcionamento de um Estado orgânico, Platão, então, passa a incluir em seu trabalho - visando se posicionar melhor dentro de um contexto filosófico para definir o conceito do que seria uma "verdadeira justiça" - o que seja um Estado organizado, a partir da constituição hipotética de um Estado embrionário. Isso porque, o conceito de justiça para poder existir obriga o envolvimento de dois ou mais agentes constituídos que transacionam ou relacionam entre si. É justamente aí que entra em cena o papel da Economia, que nada mais é do que a Ciência que trata da relação de troca entre dois agentes no mercado. Isso se verá com maior propriedade mais à frente, nesta mesma questão.

Dessa maneira, Platão então, por intermédio do personagem Sócrates, passa a tratar da questão da formação de um Estado embrionário, mas não sem antes abrir um parêntese, para estabelecer os ditames e a importância que exigem um cargo público, principal componente para a constituição de um Estado.

---

temas e teorias subsequentes que serão discutidos durante a elaboração do presente estudo. Na realidade, seria muito simples e fácil resumir todos os parágrafos citados acima. No entanto se tal procedimento fosse adotado, acredita-se que o texto se tornaria por demais, tedioso e sem a empolgação necessária que instiga a busca por mais conhecimento. Entrementes, desculpas se pedem por tais abusos praticados por parte do autor.

Contrário a Trasímaco e também a Glauco - outro personagem introduzido por Platão e desempenhando o papel de irmão de Trasímaco, detentor de uma patente superior ao de seu irmão, portanto, pertencente a um nível hierárquico mais elevado que o de Trasímaco na seara da "justiça" - no papel de Sócrates, Platão observa que moralmente "toda autoridade, pública ou privada, se propõe enquanto tal somente para o bem dos súditos". (p. 34).

Para Sócrates (Platão), "ninguém quer exercitar espontaneamente cargos públicos, ao contrário, todos exigem uma compensação porque acreditam que não tiram nenhuma vantagem do exercício do poder, mas só farão o bem de seus súditos" (p. 34). De acordo com Platão, o cargo público não é uma benesse. Pelo contrário, é um transtorno e, por isso, o detentor do cargo público ao invés de lisonjas, tem que ser remunerado por isso.

Platão, manifestado em Sócrates, considera que, governar é uma arte, e que o ato de governar na condição de arte faz com que "nenhuma autoridade procura o próprio benefício, mas, como dizíamos antes, realiza e impõe aquilo de quem está sujeito, visando o interesse do mais fraco e não aquele do mais forte". (2006, p. 35)

Seguindo o mesmo raciocínio, no papel de Sócrates, Platão continua (p.35):

> [...] Este é o motivo, caro Trasímaco, pelo qual há pouco eu sustentava que ninguém quer espontaneamente comandar e se empenhar para corrigir os males de outrem. Ao contrário, um salário é exigido porque quem pretende exercer bem a própria arte não realiza nem impõe o próprio interesse, na medida em que comanda com relação à sua arte, mas no interesse de quem está subordinado a ele. Eis porque, segundo me parece, é preciso recompensar, com dinheiro ou com honras, a quem aceita comandar ou impor-lhe uma punição se não governa.

Em seu acirrado debate, desta vez com Glauco e Trasímaco, Platão, em Sócrates, por conseguinte, ainda sustenta que o desejo de honrarias e de dinheiro pelo artista e, por extensão, àquele que exerce um cargo público é desonroso (p. 36). Daí porque, os homens honestos não aceitarem assumir o governo nem por dinheiro nem por honrarias. (p. 36).

> [...] Na realidade, não querem ser considerados mercenários que exigem abertamente um salário, nem querem ser

> considerados ladrões ao tirá-lo de modo secreto de seu encargo. Como não são ambiciosos, não querem também governar pelas honrarias. Para induzi-los a isso, é preciso forçá-los e puni-los. Isso decorre talvez do fato de achar desonroso chegar ao poder por própria iniciativa, sem esperar ser compelido a isso. Mas o castigo supremo consiste em ser governados por quem é moralmente inferior, no caso em que o cidadão honesto não queira assumir o poder. É o temor desse castigo que, segundo minha opinião, impele os melhores a governar, se necessário. E então eles chegam ao poder não como em direção a alguma coisa de bom, nem para nele permanecer comodamente, mas como em direção a um dever inevitável, porque não podem confiar suas funções a pessoas melhores ou pelo menos iguais a eles. Se o Estado fosse composto de homens honestos, talvez haveria uma corrida para não governar, exatamente ao contrário do que acontece agora. Assim, seria evidente que o verdadeiro governante não visa por natureza seu interesse pessoal, mas o dos súditos. (2006, p. 36).

Finalmente, após definir o conceito de cargo público em sua essência, ou seja, a obrigação do governante de fazer o bem a quaisquer que sejam os súditos, de proteger o mais fraco e ainda, o que leva o indivíduo honesto a desempenhá-lo, Platão, no personagem de Sócrates, volta à sua antiga missão de definir o que seja a "verdadeira justiça" e ao seu carma de dissocia-lo da injustiça, e mais, de buscar rebater em essência, a afirmação de Trasímaco de que a "justiça" seja o interesse do mais forte.

Visando melhor sedimentar suas críticas ao ponto de vista em comum defendido por Trasímaco e Glauco, seu irmão, sobre a questão da "justiça", ainda em divergência, Platão dissocia os pressupostos relativos aos conceitos de justiça e injustiça afirmando que, enquanto justiça é uma virtude, a injustiça é um vício (p. 37). Se as virtudes enobrecem o homem, por outro lado, os vícios os denigrem. Entrementes, mesmo conseguindo pontos positivos no referido debate relativo a questão do conceito da "verdadeira justiça", Platão não consegue mudar a opinião de Trasímaco e Glauco sobre esse tema.

Por seu turno, buscando amenizar um pouco seu discurso relativo ao fato de acreditar que a injustiça deve prevalecer, mesmo que camuflada na forma de justiça, Glauco acrescenta (2006, p. 53):

> [...] Se minhas palavras parecerem um tanto duras, tenha presente Sócrates, que não sou eu quem falo, mas aqueles que exaltam a injustiça em detrimento da justiça. Segundo eles, o homem justo, em vista de sua conduta, será açoitado, torturado posto sob grilhões, terá seus olhos queimados e, depois de ter sofrido todo tipo de males, será levantado num madeiro e só então se dará conta que convém desejar não o ser, mas somente parecer justo. Os versos de Ésquilo se aplicariam bem melhor ao injusto, porquanto todos dirão que ele concentrou todos os seus esforços numa coisa real em vez de pautar sua vida somente pelas aparências, não querendo parecer injusto, mas sendo-o de fato: "Sua mente se transformou em sulco profundo, de onde brotam nobres idéias".
>
> Antes de mais nada, graças à sua reputação, domina sua cidade, toma por mulher a que melhor lhe apraz, casa suas filhas com quem melhor lhe parece, estipula contratos e sociedades com quem quer e tira partido de tudo, porquanto não hesita em comportar-se de modo injusto. Quando se defronta com rivalidades públicas ou privadas, ganha todas e elimina os competidores. Assim enriquece, presta benefícios aos amigos, persegue os inimigos, oferece aos deuses sacrifícios e dons magníficos e concilia melhor e mais perfeitamente que o justo os favores dos deuses e dos homens, a quem se empenha em agradar. Por esse motivo, ele pode se considerar convictamente mais caro aos deuses que o próprio homem justo. Por isso, Sócrates, os partidários da injustiça afirmam que os deuses e os homens asseguram ao injusto uma existência melhor que ao justo.

Para piorar ainda mais a vida de Sócrates, na sua tarefa de defender o conceito científico e filosófico do que seja a "verdadeira justiça", Platão introduz no debate, o personagem Adimanto, outro irmão de Trasímaco e Glauco, e faz aumentar o número dos defensores da ideia propalada de que a injustiça sempre prevalece sobre a justiça, e que esta última, nada mais é do que o interesse do mais forte. Assim, em adição às ideias de Trasímaco e Glauco, Adimanto, mais um defensor dos interesses das castas superiores da Grécia Antiga, afirma em seu discurso (2006; p, 56):

> Ouve-se dizer, com efeito, que, se for justo sem o parecer, não levarei vantagem alguma, mas somente penas e castigos inevitáveis; por outro lado, ao injusto é reservada uma existência brilhante, contanto que se esforce por obter fama de justo. Em vista, portanto, da aparência, como me demonstram os sábios, "ganha também a verdade que decide sobre a felicidade", convém voltar-me de todo às aparências. Devo traçar em torno de mim, como uma fachada bem decorada, uma imagem de virtuoso. Devo levar comigo a astuta e enganadora raposa do perspicaz Arquíloco. Se me for confutado que não é fácil esconder constantemente a maldade, responderia que nenhum outro empreendimento é fácil. Se, no entanto, quisermos ser felizes, é preciso percorrer esse caminho, traçado por nossos discursos. Para esconder nossa maldade, uniremo-nos em alianças e sociedades, além de existirem mestres de notável persuasão que asseguram a posse de uma sabedoria popular e jurídica, com as quais poderemos tanto persuadir como obrigar, aprimorando-nos na arte de enganar sem danos.
>
> "Mas é impossível enganar ou resistir aos deuses!" Se, contudo, não existem ou se preocupam por nada com as vicissitudes humanas, para que nos preocuparmos em fugir deles? Se, por outro lado, existem e se preocupam conosco, não os conhecemos a não ser por ouvir dizer ou pelos autores de genealogias. Até eles afirmam que os deuses podem ser aplacados e passar para nosso lado por meio de "sacrifícios e amáveis preces",

além de ofertas. Ora, ou se acredita em tudo o que dizem ou não se crê em nada. Se for para crer, então devemos nos comportar mal e oferecer aos deuses sacrifícios que sejam fruto de nossas más ações. Se fôssemos justos, certamente nada teríamos a temer dos deuses, mas perderíamos as vantagens da injustiça. Ao contrário, se injustos, conquistaríamos os deuses com orações, mesmo continuando a transgredir as leis e a cometer crimes, persuadindo-os depois a nos perdoarem. [...]

Diante de tudo o que acabo de dizer, que expediente, Sócrates, poderia levar um homem de alguma superioridade intelectual, física, econômica ou familiar a apreciar a justiça, em vez de desprezá-la quando ouve alguém que a elogia? Quem tivesse condições de demonstrar a falsidade de nossas afirmações e se convencesse de que a justiça é o sumo bem, tal homem ainda assim, seria indulgente para com os injustos em vez de mostrar-se irado com eles. Ele bem sabe que, excetuando-se aquele que por inspiração divina seja contrário à injustiça e dela se abstenha, porque iluminado pela ciência, ninguém mais é justo por espontânea vontade, mas somente por causa da covardia ou da velhice ou por qualquer outra debilidade, passando a lastimar a injustiça somente porque é incapaz de praticá-la.

Entrementes, mesmo depois de seu brilhante discurso em defesa das vantagens de se praticar a injustiça, Adimanto, reconhece a importância da existência e da prática da verdadeira justiça. Então, em adição ao seu comentário sobre as vantagens de se praticar a injustiça, Adimanto observa (p. 59).

Desde que você admitiu que a justiça faz parte dos bens supremos, daqueles que vale a pena atingir por suas consequências ainda mais por si mesmos como a visão, a audição, a inteligência, a saúde e todos os bens dotados de valor natural prescindindo de sua aparência elogie pois, no caso da justiça, as vantagens que traz consigo a quem a possui e, no caso da injustiça, lastima os danos que ela traz. De certo eu poderia aceitar que outro louvasse a justiça e atacasse a injustiça, limitando-se a apreciar e a criticar as aparências e as recompensas decorrentes de uma e de outra.

Por ter descido de seu "pedestal" e apresentar uma fresta de humildade em relação ao conhecimento e a sapiência reconhecida, estampada na visão filosófica de Sócrates, tal comportamento de Adimanto e de seus irmãos, faz com que Sócrates fique maravilhado e em virtude dessa janela lhe aberta, o mesmo Sócrates assim se manifesta (p. 59):

> Não foi por acaso ó filhos daquele notável homem, que a amante de Glauco começou a elegia que lhes dedicou, celebrando suas façanhas na batalha de Magara: "Filhos de Aristo divina estirpe de insigne herói." Esse elogio, amigos, me parece perfeito. Vocês estão de fato, num plano realmente divino, se não supõem que a injustiça seja superior à justiça, embora capazes de defendê-la com tanta eficácia. Na verdade, me parece que vocês não estão ainda plenamente convencidos e o deduzo de toda a conduta de vocês, porquanto só as palavras não me deixariam convicto. Quanto maior é minha confiança em vocês, tanto mais encontro dificuldades, pois não estou em condições de ajudá-los. Acredito até ser incapaz disso. Sobretudo porque vocês não aceitaram os argumentos que apresentei em meu colóquio com Trasímaco, no qual me parecia ter demonstrado que a justiça é superior à injustiça. Por outro lado, não posso deixar de vir em seu auxílio porque, temo, seria uma impiedade, enquanto respirar e ainda possa falar, permitir que a justiça fosse colocada sob processo e recusar minha ajuda. A melhor solução será, portanto, a de defendê-la como melhor puder.

Assim, depois de receber o aval dos três irmãos, Platão, no papel de Sócrates, dá continuidade à sua árdua tarefa de encontrar termos suficientemente plausíveis no campo filosófico e, portanto científico, para poder então definir o que vem a ser a "verdadeira justiça".

Como para Sócrates foi praticamente impossível definir o conceito de justiça a partir apenas da análise de relação entre indivíduos, ou grupo de pessoas, ele achou por bem, em consenso com seus pares, no caso, os três irmãos (Trasímaco, Glauco e Adimanto) procurar definir o conceito da "verdadeira justiça" por intermédio da análise das relações entre agentes convivendo dentro de um Estado constituído.

A ideia original segundo Sócrates (p. 60) seria analisar a situação dentro de um contexto maior com a finalidade de melhor definir o que viria a ser a "verdadeira justiça", e, a partir daí, ter subsídios suficientes para poder averiguar a sua aplicação em cada pessoa, "relacionando o que é menor com o que é maior, por analogia".

2.1.1.2.1 A Economia utilizada como o melhor recurso de análise para se averiguar como se dá a inter-relação no interior do Estado.

Recebida a autorização dos irmãos para que pudesse dar sequencia às suas análises sobre a criação do conceito científico-filosófico do que seria a "verdadeira justiça", desta vez, tendo como base as relações dos indivíduos dentro de um Estado hipotético, Platão, no papel de Sócrates, então, se propõe a determinar como funcionaria na prática esse Estado, tendo a economia como seu instrumental subjacente para estudo. Segundo Platão, depois de criado o Estado e estabelecido como se dá as relações entre os indivíduos dentro da sua estrutura, o mesmo passaria a ter base conceitual suficiente para poder definir com maior fidedignidade o que seria a "verdadeira justiça" e suas diretrizes. Diante dessa nova proposta Platão ou, melhor dizendo, Sócrates, começa a criar as bases metodológicas para a construção de seu Estado[2] hipotético começando para isso, de sua embriogênese, onde a Economia aparece como arcabouço analítico, a partir da qual se dá todo o desenvolvimento de seus estudos. Utilizando a Economia como o alicerce e estabelecendo as necessidades fisiológicas como o fator crucial que leva os agentes a intercambiarem mercadorias no mercado, e justamente por isso, a

---

[2] A partir do relato da construção do Estado por parte de Sócrates, o procedimento corrente, se dará por intermédio de transcrição direta eliminando os debates entre os personagens e só deixando a fala do autor, no caso, Platão manifestado em Sócrates. O objetivo dessa estratégia é demonstrar ao público leitor, especialmente aos economistas, que o processo da criação do Estado e da necessidade da sua existência, se confunde com o método de criação da economia como ciência social, muito bem adotada e elaborada por Smith em sua obra "A Riqueza das Nações", como será visto subsequentemente. Nessa técnica se consegue identificar com muita clareza os pressupostos das necessidades humanas (p. 61) fundamentadas nas necessidades fisiológicas, divisão do trabalho (p.61), necessidade de troca e da criação da moeda (p. 63), mercadores (p. 63), mercado (p. 63), excedente econômico, uma só atividade que induz a especialização, e assim, por diante. Na realidade, a metodologia adotada por Smith para construir a "Riqueza das Nações" foi a mesma adotada por Platão. Talvez, daí porque, a definição dado à Economia como "Economia Política".

transforma no vertedouro de onde nascem todos os fundamentos econômicos para a análise e que se dá por meio da produção de mercadorias que, no caso, se traduzem por serem as utilidades que são produzidas para atender tais necessidades fisiológicas. A partir daí Platão passa a tecer, como se fosse uma teia, todas as inter-relações dos indivíduos no mercado, de onde esse utiliza a justiça como o instrumental que vai regular de maneira equânime, todas as relações de trocas que ocorrerem em tal local de negócios. É justamente a troca sendo regulada por meio da justiça é que leva todo o ser humano a ser indiferente à quantidade e ao preço das mercadorias que são permutadas no mercado com vistas a atender as suas carências de utilidades, desde que essas sejam atendidas plenamente. Dessa forma, visando à criação dessas premissas-chave que Platão começa a estabelecer suas bases metodológicas, como se observa a seguir:

> Segundo minha opinião, um Estado se organiza porque ninguém se basta a si mesmo, ao contrário tem muitas necessidades[3]. [...] Por isso, um homem se

---

[3]Platão parte do conceito da palavra necessidade, porque, para ele, o homem é impulsionado por intermédio das necessidades do seu organismo. As necessidades, por seu turno, são mensagens geradas por comandos cerebrais produzidos pelo cérebro e conduzidos pelos neurônios que são células nervosas acionadas por estímulos provindos do cérebro. Da sua parte, o cérebro é sempre ativado por mensagens emanadas dos órgãos humanos e conduzidas pelos neurônios que são acionados na medida em que um ou mais órgãos do homem são afetados por um corpo estranho ou necessitam de um estímulo qualquer para poderem trabalhar. Por exemplo, se um indivíduo sofre uma pancada em qualquer parte do corpo, o órgão afetado pela pancada emite uma mensagem de dor. Essa mensagem é imediatamente enviada por meio de espasmos energéticos conduzidos pelos neurônios para o cérebro. O cérebro processa a informação e gera uma resposta na forma de necessidade de uma utilidade para moderar, diminuir ou até suprimir o sofrimento. Como o homem é um ser gregário e não consegue produzir todas as utilidades que ele precisa para atender suas necessidades, ele é obrigado a realizar trocas. Neste caso, a utilidade demandada é chamada de remédio. Então, essa utilidade ou remédio gera uma demanda por parte do indivíduo, que aciona a farmácia. A farmácia faz a venda da utilidade ou do medicamento ao mesmo demandante, que a utilizará para eliminar a dor e finalmente curar a enfermidade. Para Platão, é assim que funciona a interação social entre indivíduos, por intermédio da troca de uma necessidade por uma utilidade. Mais um exemplo: se o corpo sente falta de alimento, o cérebro processa uma necessidade que recebe o nome de fome. Essa necessidade que é a fome gera uma demanda por utilidade que é chamada de alimento. Então, por conseguinte, o mercado emite uma mensagem que existe um demandante por alimento. Nesse caso será o produtor que vai processar o alimento e vende-lo para o indivíduo e assim, por conseguinte. Nesses termos é que surge a Economia, por necessidade da troca. Como pode ser observado na análise acima, há uma perfeita sincronia de contraposição entre a necessidade e a utilidade para determinada situação. Quando, a utilidade aplaca a necessidade em relação a determinado produto, o ponto aonde essa necessidade é aplacada pela utilidade é chamado de ponto de saciedade. Entrementes, a utilidade só aplacará totalmente a

junta a outro por uma necessidade e a mais outro por outra necessidade porque têm muitas delas. Assim, muitas pessoas se reúnem num mesmo local para se valerem mutuamente e também para ter companhia. Assim se forma uma comunidade a que damos o nome de Estado. Um dá alguma coisa ao outro ou recebe desse alguma coisa e não acredita que esteja assim satisfazendo seu próprio interesse? Vamos tentar fundar um Estado em teoria. Ele deverá surgir de acordo com nossas necessidades [...] A primeira e mais importante é recolher alimento para continuar a viver. [...] a segunda é a habitação, a terceira, o vestuário e assim por diante. [...] Como poderá, contudo, o Estado prover a tantas necessidades? Não será preciso que alguém seja agricultor, outro pedreiro e um terceiro, tecelão? Cumpre acrescentar ainda um sapateiro ou algum outro artesão para prover pelas exigências do corpo. [...] Então o núcleo do Estado se comporia pelo menos de quatro ou cinco pessoas. [...] Torna-se necessário, portanto, que cada um coloque à disposição da comunidade o próprio trabalho. O agricultor, por exemplo, embora sendo um só, deve prover a alimentação de outros quatro, gastando quatro vezes mais tempo e trabalho para fornecer alimento e dividi-lo com os demais. [...] [Isso porque] mais coisas são feitas, melhores e mais facilmente, quando cada um se aplica a uma só atividade, segundo sua inclinação e no momento certo, sem se preocupar com as outras. [...] Com efeito, se tudo deve correr bem não deverá ser o agricultor que fabrica seu arado, nem a enxada e outros implementos agrícolas. O mesmo se pode dizer do pedreiro que também necessita de utensílios, como ainda do tecelão, do sapateiro. [...] Assim, pois, carpinteiros,

---

necessidade, quando a referida utilidade atingir seu ponto de máximo. Daí porque Platão falar que a busca do homem é pela necessidade máxima da utilidade. (p. 96). Mais adiante, esse assunto será tratado com mais abrangência, já por outro autor de nome, Adam Smith.

ferreiros e muitos outros artesãos afluirão a nosso Estado e vão aumentar sua população. [...] Não seria demais acrescentar ainda os vaqueiros, os pastores e criadores de outros animais para fornecer aos agricultores bois de tração, aos pedreiros e aos camponeses animais de carga e ainda peles e lã para os tecelões e sapateiros. [...] Há algo mais, pois, é quase impossível fundá-lo em local onde se encontre de tudo e não haja necessidade de importar algum produto. [...] Nosso Estado teria, pois, necessidade de outros cidadãos que fossem buscar em outro Estado o que falta no nosso. [...] Um Estado, portanto, deve produzir em quantidade adequada não somente o que lhe serve, mas também o que serve aos Estados dos quais importa. [...] Então haverá necessidade de maior número de camponeses e outros artesãos para nosso Estado. [...] Seriam necessários também os encarregados da importação e da exportação de cada produto, isto é, os mercadores. [...] Teríamos necessidade de comerciantes. [...] E se o comércio se realiza por mar, teríamos necessidade de mais pessoas experientes em navegação. [...] Mas como se realizará no interior do Estado a distribuição dos produtos do trabalho individual, tendo em vista que este foi o objetivo pelo qual nos reunimos e criamos o Estado? [...] Deveremos ter, portanto, um mercado e uma moeda como símbolo de compra e venda. [...] Esta necessidade exige, portanto, a presença de mercadores em nosso Estado. Não chamamos assim, por acaso, aqueles que permanecem parados no mercado, enquanto designamos de comerciantes por atacado aqueles que circulam pelas cidades? [...] Existem ainda, me parece, agentes de outro tipo que, embora sendo espiritualmente pouco dignos de fazer parte da sociedade civil, são, contudo, por sua força física, aptos para suportar fadigas. Esses são chamados assalariados, ao que me parece, porque vende o uso de sua força física e chamam de salário sua compensação. [...]

Vemos, portanto, que também os assalariados completam o Estado. Platão (2006:61- 64).

Assim, Platão em Sócrates, termina a construção de seu Estado hipotético e a partir daí começa a investigar, ao seu modo de ver, aonde se encontra e quais são as condições ideais do estágio de desenvolvimento da sociedade, necessário para se aplicar e tornar o mais empírico possível o verdadeiro conceito de justiça, separando-o definitivamente do de injustiça.

Para Platão, de acordo com o que foi apontado acima, o homem só se reúne em um determinado local, em virtude de suas necessidades serem múltiplas, o que o torna um ser em sua essência, gregário. Para esse autor, segundo suas próprias palavras, o homem não basta a si mesmo porque, ele possui necessidades diversas. Em função desses diversos tipos de privações, o indivíduo além de ser obrigado a se concentrar num determinado espaço, o mesmo é induzido a se organizar para poder bem se relacionar em busca de seus objetivos. E esse tipo de relacionamento para obter êxito precisa ser estruturado segundo o princípio da justiça. Só a justiça é capaz de tornar a sociedade livre e bem organizada. Dentro dos fundamentos das necessidades diversas e da organização do ser humano num determinado lugar seguindo os princípios da justiça, ao mesmo tempo, o homem para fazer suprir essas carências precisa produzir utilidades. É justamente em função desses dois últimos fundamentos que surge de maneira concomitante, a Economia como o principal fator que induz o homem a se organizar visando produzir utilidades com o objetivo único de suprir tais privações. Nesse sentido, o surgimento da economia enquanto Ciência Social se confunde com a origem do próprio Estado. Assim, é impossível que haja Estado sem a organização do homem dentro de um sistema de produção e gestão, chamado de economia, enquanto que, a economia, para fazer fluir as ações de seus agentes precisa de um Estado organizado sob os fundamentos norteadores da educação e da cultura, que são os pilares que revelam ao indivíduo o conhecimento, e permitem a esse desvelar os segredos, a importância e o conceito da verdadeira justiça, que, por conseguinte, os permitirá viver em paz na sociedade. De uma maneira geral, os fundamentos teóricos norteadores de toda a formação do Estado está baseado no tripé: necessidade-utilidade-produção, ou, em outras palavras, Economia, que formam em conjunto, a base estrutural e organizacional do Estado e que são conduzidos pela égide da justiça.

Em essência é impossível desenvolver o conceito de justiça num ambiente onde existe apenas um indivíduo. Isso porque, justiça é um conceito iminentemente social e só existe num espaço onde vivem e se relacionam duas ou mais pessoas. Mesmo nesse meio, como deixou patente Platão, é impossível de se criar um conceito universal sobre o que seria a verdadeira justiça. Tal impossibilidade decorre do fato de que, o conceito de justiça, se não tiver um pressuposto único a partir do qual possam surgir preceitos derivados dessa premissa para dar consistência e amplitude à sua definição, ela jamais adquirirá o caráter de universalidade. Até mesmo quando há consenso único sobre a definição de justiça entre dois indivíduos, durante a sua aplicabilidade aparecerão divergências entre esses mesmos agentes que a criaram.

     Tal fato ocorre porque, para que haja a definição do conceito de justiça e de sua aplicabilidade tem que haver certo grau de educação e de cultura entre os indivíduos, para que essa definição possa florescer e se desenvolver a contento nesse meio social. Dessa forma o desenvolvimento e a aplicação do conceito de justiça dependem diretamente do grau de evolução porque passa a sociedade. Quanto maior é o grau de educação e de cultura da sociedade maior é o nível de fertilidade dentro dessa mesma sociedade para que possa se desenvolver com maior propriedade o senso de justiça, e assim, eliminar aos poucos o sentimento de injustiça e impunidade. Dessa maneira, o senso de justiça se relaciona diretamente com o grau de educação e de cultura dos indivíduos vivendo em sociedade, enquanto que, a injustiça prevalece onde a educação e a cultura estão ausentes. Nesse estado de coisas, a ignorância e a barbárie imperam.

     É por isso que, em muitas partes do mundo que se diz "civilizado" ainda existe uma confusão entre o que seja o real senso de justiça e da sua aplicabilidade e que realmente sejam contrários à prática da injustiça, uma vez que, o nível de educação e de cultura nesses lugares, ainda é precário. Nos meios sociais onde prevalece a ignorância e, portanto, a truculência e a tirania, esses conceitos se misturam. É isso que Platão quis deixar patente nessa parte dos debates entre seus personagens. Em tais ambientes inóspitos à civilidade, realmente é consenso geral o pensamento de que, a justiça é a lei do mais forte.

     Mas, a justiça, alicerçada nos pilares da ignorância, enquanto lei do mais forte existe apenas entre os humanos? Platão quis deixar claro que não, tal enunciado prevalece principalmente entre os animais.

     Nesse aspecto o conceito de justiça enquanto a lei do mais forte é uma base embrionária universal. Por exemplo, numa alcateia, o lobo mais forte, depois de vencer seus principais rivais costuma prevalecer. Vencidos seus oponentes diretos, é o lobo mais forte que vai comer primeiro, vai dormir nos lugares mais privilegiados, terá prioridade no cruzamento com as lobas, será ele quem protegerá a alcateia, e assim, por diante. Entre os búfalos, os leões, os bandos de aves, é essa relação que prevalece. Entre os animais, é natural que esse quadro impere. Aos vencedores tudo, aos perdedores nada. Não há compaixão e misericórdia nesse ambiente. Aí, o critério de racionalidade e, portanto, de educação, inexiste.

     Entre os seres humanos, quanto mais seu nível de educação regride e se aproxima de seu estágio primitivo de evolução, ou seja, da ignorância e da barbárie, mais a truculência, a falta de respeito, a ausência de solidariedade, a ganância, a ambição, a soberba, e a tirania imperam. E aí, o senso de justiça e seu conceito ganham outra aparência e dimensão. Nesse estado de coisas, a justiça se reveste de uma carapaça presente na injustiça e faz com que essa última prospere açambarcada pela lei. Aí nessa seara, a injustiça impera disfarçada de justiça. É isso que Platão quis dizer quando incluiu em seus debates, a posição das classes ou castas mais fortes, que vivem não em sociedade, mas em grupos, em bando de selvagens!

Entrementes, mesmo entre esses, Platão deixou uma fresta de luz como enunciado do que seja a verdadeira justiça, emanada no conceito de que, a verdadeira justiça se reveste do princípio de que, seu conceito seja o de fazer o bem a quaisquer que sejam as pessoas e de criar mecanismos justos e dignos que possam proteger os mais fracos.

É a partir desse pressuposto que Platão, dando vida aos seus personagens os transfere junto com seus debates, para um novo cenário, que é o da discussão do mesmo tema, numa estrutura de funcionamento já formatada, a qual ele chamou de Estado. Partindo desse ponto, Platão incorpora em seus estudos, novos fundamentos da vida em sociedade. Com isso Platão quis dizer que, é o princípio de racionalidade ou de verdadeira justiça que devem prevalecer numa relação entre seres humanos que se enquadram como civilizados, embora às vezes, sem o ser, dependendo para isso, do seu grau de instrução e de cultura, ou ainda, desenvolvimento social.

Enquanto o ser humano não atinge o suprassumo da educação e da cultura faz-se necessário criar regras escritas, emanadas sob a forma de leis e a existência de um agente regulador para fazer com que essas normas se cumpram, com o objetivo de que o equilíbrio entre as partes prevaleçam. Nesse caso, tal agente regulador é o Estado. No processo evolutivo da sociedade, enquanto prevalecer o estado da ignorância e da barbárie, faz-se necessário a existência de leis fortes, severas, imparciais e implacáveis para regular de forma mais justa e digna, as relações dos indivíduos. Isso deve perpetuar até que a civilização atinja um grau tão evoluído e permita que a lei passe a ser o próprio indivíduo onde, seu senso de justiça e civilidade ecloda, a partir de seus próprios poros. É justamente aí, nesse ponto, que a civilização atingirá o seu maior grau de civilidade, solidariedade e respeito mútuo, que é o nível ulterior das relações humanas. Ademais, utilizando-se de analogia, é isso mesmo que São Paulo Apóstolo quis dizer em suas cartas aos Hebreus.

Nesse ponto, os ideais de Platão e São Paulo Apóstolo, sobre o que seja justiça e liberdade se coadunam, quando este último afirma que "Jesus Cristo é a própria Lei!".

De volta ao processo de criação do Estado hipotético iniciado por Platão, no papel de Sócrates, esse foi apenas a constituição do chamado

Estado primitivo que, enquanto evolui, a sua criação passa por vários estágios de desenvolvimento e crescimento, o que fazem gerar novas necessidades sociais que, por conseguinte, permitem o surgimento de novas profissões e especializações. Vale lembrar que esse processo é ininterrupto, Enquanto o Estado cresce, se desenvolve, evolui e enriquece nas relações diversas entre os componentes que o habitam, aumenta-se o nível de bem-estar social até fazer com que o mesmo atinja seu limite máximo de expansão. Quando o Estado atinge esse limite, seus habitantes "viverão juntos em alegria e, por receio da pobreza e da guerra, não criarão mais filhos que quantos possam manter" (p. 64).

2.1.1.2.2 A necessidade da divisão das funções, especialização e aperfeiçoamento do indivíduo por meio da educação e cultura.

Segundo ainda Sócrates, personagem de Platão, quando o Estado atinge esse patamar há a necessidade de sua expansão, e, com essa expansão vem as guerras, e com as guerras, a exigência de criação de um exército inteiro (p. 66). E, para a criação de exércitos fortes advém a necessidade da especialização. Por conseguinte, a especialização surge em decorrência da exigência do aprofundamento nas profissões existentes nesse meio social visando o aumento da produtividade de cada setor. Para esse autor, a especialização é um processo natural que surge com maior intensidade e consistência, quando o indivíduo se dedica a uma única atividade para poder produzir mais, visto que é impossível para esse produzir todos os bens de que precisa para atender suas necessidades. Em virtude disso, ele precisa produzir uma quantidade cada vez maior para poder trocar o excedente produzido por outras mercadorias de que lhe faz falta no mercado.

Assim sendo, a necessidade da especialização também ocorre principalmente na arte da guerra. Isso porque (2006; p. 67):

> Não quisemos, no entanto, que um sapateiro fosse ao mesmo tempo agricultor, tecelão ou pedreiro, estipulando que fosse tão somente sapateiro, exatamente para obter melhores resultados com seu trabalho. De modo análogo, concedemos um ofício próprio a cada um que correspondesse a suas inclinações, ofício que deverá desempenhar com maestria por toda a vida, excluindo qualquer outro, sem deixar de aproveitar os momentos propícios para se aperfeiçoar sempre mais. Mas não é muito importante também desempenhar bem o exercício da guerra? Ou seria tão fácil para um camponês, um sapateiro e qualquer outro trabalhador

tornar-se também um soldado, sabendo-se que ninguém poderia jogar muito bem dados ou damas se não se dedicasse inteiramente, desde pequeno, a esses jogos, mas somente no tempo livre? Bastaria no próprio dia da guerra que alguém sobraçasse um escudo e outra arma ou artefato de guerra para se tornar um soldado valoroso nas fileiras da infantaria ou em algum outro esquadrão do exército, sabendo-se que nenhum outro instrumento jamais transformará em artesão ou atleta quem o toma, mas pelo contrário se tornará inútil para quem não tenha conhecimento de cada ofício e não tenha treinamento suficiente?

Depois, ao se criar o exército e prepará-lo de forma adequada e com todo vigor necessário para a vida em combate, como fazer para que esse exército não se volte contra quem o criou? Esse passa a ser o principal dilema de Sócrates e seus pares. Então, a alternativa é educar esse exército para que ele possa distinguir entre aqueles os quais ele deve defender, no caso, os agentes que o criaram e o mantém, e ataquem ou se posicionem contra os indivíduos, grupos ou nações que ameacem a paz interna e externa dessa mesma sociedade.

Nesse contexto, para que e o exército se torne valente e capaz é preciso que se busque educa-lo fisicamente e espiritualmente. Fisicamente, para que ele tenha condições de enfrentar longas e árduas batalhas e espiritualmente, para que ele se torne o suficientemente racional com o objetivo de se conseguir distinguir entre o que é preciso proteger e defender em relação àqueles que se faz necessário atacar e, portanto, eliminar, assemelhando-se segundo Platão, a um verdadeiro cão de raça, que é dócil com seu dono e amigos e extremamente feroz com os inimigos, além de esse animal possuir facilidade para aprender, semelhantemente a um filósofo, que busca sempre o aprendizado (p. 67 – 68). Ou mais propriamente, que esse exército tenha conhecimento e noções dos valores espirituais e materiais que são necessários para torna-lo destemido, livre, forte e soberano, ou seja, cheio de virtudes espirituais e materiais.

Com a finalidade de que esse exército no contexto geral possa entender o fundamento de sua existência, tem que ser educado. Essa educação deve moldar a formação da mente e do corpo dos componentes desse exército. Assim, Platão, manifestado em Sócrates, dividiu a educação como sendo o estudo da natureza das coisas, ou seja, a essência das coisas, de acordo com a linguagem filosófica e, portanto científica, em dois tipos, quais sejam: a educação do que ele chamou de educação do corpo, ou de acordo com os dias atuais, de educação material e a educação da alma ou do espírito, que enaltece as virtudes do ser humano, em educação espiritual. Dessa forma, Platão para melhor definir mais adiante o que virá a ser a justiça verdadeira, introduz um novo conceito no debate, que é a educação, tanto a material quanto a espiritual.

Então, portanto, de acordo com Platão, existem dois tipos de educação derivadas do conceito educação em seu sentido lato, que são: a educação material ou educação do corpo e educação da alma ou educação espiritual. Paixão (2019:273).

Isso tudo porque, segundo Platão, a melhor maneira de se tirar um exército do completo estágio primitivo e bárbaro, portanto, da ignorância total e ensinar-lhe o fundamento da verdadeira justiça é educa-lo. Por conseguinte, o novo dilema para Platão, manifestado em seus personagens, será encontrar um método verdadeiramente eficaz para auxiliá-los a moldar esse exército dentro dos pilares da verdadeira formação educacional.

2.1.1.2.3 Como educar os filhos até a fase adulta visando transformá-los em indivíduos de caráter

Os critérios de educação identificados e escolhidos por Platão, necessários para educar adequadamente as crianças em seu tempo foram: a educação da alma, por intermédio da música, e a do corpo, por meio da ginástica (p. 70), que, por sinal, eram os métodos de ensino praticados na Grécia Antiga até então. Para Platão, manifestado em Sócrates, a educação das crianças deveria primeiro começar pela educação da alma e depois ensinar a educação do corpo pela ginástica. Isso porque, a educação da alma começa sempre antes da educação do corpo.

Outra vantagem segundo Sócrates (ou Platão), para se educar as crianças pela música consiste no fato de que, vários tipos de composições literárias podem ser adaptados para a prática do seu ensino por intermédio dessa técnica. Na época de Platão, a principal das composições literárias existentes eram as fábulas, que eram utilizadas para ensinar as crianças na forma cantada. Daí porque ele escolheu a música, para apresentação dos temas tratados, e a fábula, como gênero literário principal, para serem utilizadas como metodologia pedagógica de ensino.

Assim, na época de Platão, a principal técnica ou metodologia pedagógica utilizada para se educar as crianças, consistia no conto de fábulas, cantadas e escritas em prosa ou versos, que enalteciam as ações e aventuras dos deuses gregos tais como: Hera, Apolo, Zeus, etc., e seus feitos. Para Platão, manifestado em Sócrates, os principais desses poetas eram Hesíodo e Homero, especializados principalmente em contar fábulas grandes.

Por seu turno, Homero escrevia suas fábulas de forma longa e de forma curta. Para Platão, a melhor maneira de escrever as fábulas seria sob a forma de prosa e em diálogos curtos. A vantagem dessa estratégia consistia em poder ao mesmo tempo, transformar tais versos em músicas, além de se evitar dizer mentiras, que eram ainda por demais exageradas, nesses contos.

Por intermédio desse procedimento, a ideia central de Platão era criar mecanismos pedagógicos para se evitar contar mentiras para as crianças e basear tais contos em relatos de feitos verdadeiros, a fim de que, o indivíduo nessa fase, pudesse formar seu caráter de maneira honesta e virtuosa. A ênfase na prática do ensino por intermédio de enaltecimento de contos verdadeiros para Platão decorre do fato de que, nesse estágio da vida, as crianças não tem seu caráter formado e "de fato, é, mormente nessa idade, que a pessoa se deixa amoldar e definir o caráter de acordo com o que se almeja". (p. 71).

Depois de criado o método pedagógico e a estratégia de ensino, Platão, no papel de Sócrates e os demais personagens, que são irmãos (Glauco, Trasímaco e Adimanto), começa a delinear o que deveria ser trabalhado no processo de ensino, para transformar as crianças, e depois, homens e mulheres, em verdadeiros guerreiros (as), destemidos, amantes da liberdade, fortes, audazes e solidários, enfim, verdadeiramente educados e respeitando os deuses, os pais e a amizade recíproca (p. 82), além de evitar falar nomes feios ou palavrões (p. 83).

De maneira breve e objetiva serão apresentados a seguir, os principais temas que devem ser trabalhados, segundo versão de Platão, para moldar a construção do caráter do indivíduo, enquanto cidadão, ou seja, pessoa educada. Como primeira parte desse processo, segue abaixo, os enunciados que trata da alma, de acordo com Platão, que versam sobre como se deve falar dos deuses, demônios, dos heróis e dos mortos. (p. 89), isso quanto à forma da metodologia de ensino.

1. Para que o homem possa ser meigo com os amigos e conhecidos deve buscar uma natureza filosófica, ou seja, estar sempre ávido por aprender. (p.70);
2. Ensinar primeiro o indivíduo a educar a alma e depois o corpo. A melhor fase para se começar a educar o ser humano é na idade infantil; procurar evitar contar fábulas baseadas em mentiras e sim fundamentadas na verdade e na razão; procurar evitar falar de violências.
3. Nem se deverá dizer que os deuses guerreiam entre si, travam batalhas, armam ciladas uns aos outros, porquanto isto de resto, nem verdade é, se ao menos quisermos que os futuros defensores abominem o ódio recíproco. Convém

evitar de narrar e representar em figurações diante deles os combates dos titãs e as inúmeras outras disputas similares dos deuses e dos heróis contra seus familiares e amigos. Ao contrário, se quisermos convencê-los de algum modo que o ódio jamais reinou entre os cidadãos de um Estado, porque seria um crime, importa que os anciãos homens e mulheres, comecem a falar disso de imediato às crianças. [...] Com efeito, uma criança não sabe distinguir o que é alegórico, daquilo que não o é, mas as impressões da infância permanecem indeléveis e imutáveis. Por isso é de máxima importância que sejam contadas às crianças primeiramente as fábulas mais adequadas para conduzi-las à virtude. (p. 72 – 73).

4. Falar da divindade como ela é sem criar fábulas e genealogias mentirosas. Buscar expressar na formação educacional das crianças somente as coisas boas e úteis. Buscar dissociar os bens dos males. Os bens devem ser associados às divindades.

[...] Cumpre impedir, porém, e a qualquer custo, que se diga que um deus, ainda que sendo bom, seja causa da desgraça de alguém. Isso não deve ser repetido num Estado que almeje ser bem governado e ninguém deve escutar isso, seja jovem ou velho, nem em verso nem em prosa, porque tais palavras seriam de uma impiedade inútil para nós e absurdas em si mesmas. (p. 75).

5. "Logo, esse poderia ser o primeiro princípio legal com relação aos deuses respeitando-o nos discursos e na poesia, isto é, que a divindade é responsável somente pelo bem e não por tudo o que acontece." (p. 75).

6. Todo Deus é imutável e não usa de artifícios para enganar o homem. (p. 77).

[...] desejo tão somente afirmar que a pior desgraça para todo homem seria permanecer espiritualmente no engano em relação à natureza das coisas e que não há nada de mais desagradável e detestado do que ter e possuir na própria alma a ignorância e a mentira. [...] (p.77)

7. "A divindade é simples e verdadeira nos fatos e nas palavras, não é mutável e não engana nem com aparições, nem com discursos, nem com o envio de sinais durante a vigília ou o sono". (p. 78)
8. "O segundo princípio que nos deve guiar, falando dos deuses, em prosa e verso, é que eles não nos enfeitiçam mudando de aparências e não nos enganam com palavras nem com fatos." (p, 78)
9. "Estes são os discursos que, desde a infância, segundo meu parecer, devem escutar ou não em relação aos deuses as crianças que no futuro deverão respeitar os deuses e os pais e dar o devido apreço à amizade recíproca". (p. 82)
10. Procurar evitar temer a morte, porque, para Platão, não há nada pior que a escravidão. Temer a morte induz a aceitar a escravidão tornando o homem omisso diante da opressão. Portanto, Platão, manifestado em Sócrates, afirma que os mestres deveriam eliminar versos que enaltecem a morte, tais como: "Preferiria trabalhar a terra a serviço de outro, mesmo pobre, privado de grandes recursos, antes de reinar sobre todos os mortos". (p. 82). Isso deve ser feito, se os homens e mulheres "quiserem ser livres e temer mais a escravidão que a morte". (p. 83).
11. Evitar falar e ouvir nomes feios e palavrões. (p. 83)
12. Suprimir lamentos e gemidos da boca dos heróis e homens.

    Teríamos, portanto razão em eliminar dos homens ilustres lamentos e deixa-los para as mulheres, mas somente para aquelas mais frágeis, como também para os efeminados, de tal modo que aqueles que destinarmos para serem preparados para a defesa de nosso território deverão detestar esse tipo de comportamento. (p. 84).

13. Evitar dar gargalhadas aos risos. Não estar sempre pronto ao riso. Procurar ser moderado no riso. Buscar sempre ser uma pessoa equilibrada. (p. 85).
14. Garantir que a verdade[4] se sobreponha a tudo. Só os chefes de Estado cabem mentir aos inimigos e aos concidadãos em vista do interesse público. (p.86).

---

[4] A religião estampada e propagada na Bíblia Sagrada, também dá ênfase à prática dessa virtude chamada "verdade" por intermédio dos seguintes dizeres: Não receberás a palavra da mentira, nem darás a mão ao ímpio, para dizeres um falso testemunho, a seu favor. Não seguirás a multidão para fazeres o mal, nem em juízo te deixarás arrastar do sentimento do maior número, para te desviares da verdade. (Êxodo. Cap. 23. Vers. 01 – 02.).

15. Manter a temperança; nada de obscenidade entre os jovens (p.86).
16. Observar homens ilustres quando falam e agem como heróis (87).
17. Evitar que os jovens guerreiros se tornem venais (que aceita suborno) ou ambiciosos (cobiçoso) (p. 87).

Como frisado anteriormente, os tópicos acima se referem ao modo de como falar dos deuses, demônios, dos heróis e dos mortos.

Para Platão, manifestado em Sócrates, ainda não se falou nada sobre os homens e sobre como deve ser moldado seu comportamento e sua visão de mundo. Isso porque, de acordo com o próprio personagem Sócrates, de Platão,

> Porque certamente teríamos de dizer que poetas e prosadores falam a respeito dos homens de modo totalmente errôneo quando afirmam que muitos homens injustos são felizes e os justos são infelizes e que comportar-se mal é útil, contanto que se consiga sair-se bem, enquanto a justiça é um bem para os outros e um prejuízo para si próprios. A nós compete impedi-los de falar assim, melhor ainda, os obrigaremos a cantar e narrar exatamente o contrário. (2006; p. 89).

Depois de terminado a fala de como deve ser o discurso dos (as) educadores (as), para a modelação do comportamento na formação do caráter das crianças, Platão, manifestado em Sócrates, dá sequencia a criação de seu modelo hipotético, que tem a função de orientar pedagogicamente a maneira de, como se devem educar os guerreiros[5] (seres humanos) para a prática da vida saudável e virtuosa no seu contexto geral.

Assim, continua Platão (p.89):

> A necessidade de falar o que convém acerca dos homens vamos estabelecê-la quando tivermos descoberto o que vem a ser a justiça e se ela por natureza é proveitosa a

---

[5] Embora Platão cite no corpo de seu livro de que o sistema pedagógico que o mesmo está criando se refira apenas à formação educacional dos guerreiros, na realidade, na visão do mesmo autor, esse modelo deve ser estendido à formação do caráter de todo ser humano de uma forma geral. Isso porque, todos os seres humanos que vingaram e vivem no sistema global são verdadeiramente guerreiros e guerreiras em essência.

quem a pratica, quer esse seja tido por justo quer não.

A propósito dos discursos, por enquanto basta o que dissemos até aqui. Acho que agora é preciso levar em consideração o estilo porque somente desse modo teremos analisado o que deve ser dito e como deve ser dito.

Agora, quanto ao estilo de ensino, para Platão, esse deve ser focalizado numa narrativa simples sem imitação (p. 91). Isso porque a imitação induz a repetição e a repetição em longo prazo provoca o hábito indesejado no comportamento do indivíduo, de se relembrar também de atos nocivos à criação das boas virtudes do mesmo. No caso, a repetição só deve ser admitida caso esta se refira a destacar atos heroicos e virtuosos praticados pelos heróis e sábios.

Se, pois, considerarmos ainda válida nossa primeira tese, nossos defensores devem deixar de lado qualquer outra ocupação para dedicar-se escrupulosamente à liberdade do Estado, sem nada fazer que não vise esse objetivo. De modo definitivo, não convém que façam ou imitem qualquer outra coisa. Quanto muito, podem imitar as qualidades que se exigem deles desde a infância: a coragem, a temperança, a sanidade, a generosidade e assim por diante. O que é mesquinho, porém, não devem fazê-lo nem serem capazes de imitá-lo, o mesmo ocorrendo com tudo o que seja indecoroso, a fim de que, pela imitação, não passem à prática que seria prejudicial. Você nunca observou que as imitações, quando formadas na infância, passam para a idade adulta e se transformam em hábito natural no corpo, na voz e no pensamento? Platão (2006, p. 93).

Depois de adentrar no debate sobre o estilo de ensino que a pedagogia deve estabelecer para formar o homem no seu caráter por intermédio da sua formação educacional, Platão começa a citar quais são as virtudes que devem ser enaltecidas na educação das crianças e quais são os vícios ou indecências que devem ser evitadas. Tudo isso, visando educar o homem na honestidade e na busca da maximização da utilidade do cargo e da função (p. 96).

Virtudes que devem ser trabalhadas na mente e na formação moral das crianças:

- ✓ A coragem;
- ✓ A temperança;
- ✓ A sanidade;
- ✓ A generosidade;
- ✓ Manter a transparência do caráter em que conjugam a beleza e bondade (essas são expressões do homem sábio e honesto) (p.100).
- ✓ Ser enérgico e voluntarioso (p. 97).
- ✓ Manter uma vida bem regrada e corajosa (p.98).
- ✓ Nas suas atitudes, lutar contra o destino[6] com coragem e firmeza (p. 97),
- ✓ Incentivar a concórdia e a amizade;
- ✓ Manter a sintonia boa com a razão;
- ✓ A magniminidade.

Vícios que devem ser eliminados e nem sequer imitados:

- ➢ A mesquinhez;
- ➢ A falta de decoro;
- ➢ A crueldade;
- ➢ A covardia;
- ➢ A loucura;
- ➢ A embriaguez;
- ➢ A moleza;
- ➢ A preguiça;
- ➢ Lamentos;
- ➢ Gemidos;
- ➢ A avareza;
- ➢ A insolência;
- ➢ A insensatez;
- ➢ Prazer excessivo;

---

[6] Na realidade destino não existe. Isso porque o futuro do ser humano é dado pelo conjunto de práticas saudáveis ou não, de maturidade espiritual ou não, da existência e prática de amor ou do ódio, da temperança ou da intemperança, da maturidade ou da ansiedade, da teimosia ou da cautela, da presença de Deus ou do Diabo na vida das pessoas, e assim por diante. O destino, nada mais é do que o reflexo de todas essas ações que são moldadas pelas práticas efetuadas pelo ser humano durante sua existência. Os estudos nos mostram que Platão mesmo em sua época já sabia disso. Como essa expressão mesmo nesse tempo já tinha se tornado um hábito para se justificar um ato inusitado ou uma situação aparentemente inexplicável, sofrida pelo ser humano por parte das pessoas que viviam em seu derredor, a explicação de tal fato recaia como ainda recai em nossos dias sobre o "destino". Daí porque Platão falar em luta contra o "destino".

> A maldade;
> O desregramento;
> A indecência.

O estilo tem que ser puramente expositivo e narrativo, com pouca ênfase à imitação. (p. 94).

> O homem de bem, quando levado a mencionar uma palavra ou uma ação de homem honrado, procurará referi-las identificando-se com ele sobretudo se imitar de homem honesto um comportamento sério e sensato; menos se empenhará quando o imite abatido pela doença, pelo amor, pela embriaguez ou por qualquer outra situação deprimente. Mas quando tiver de falar de um indivíduo inferior a si próprio, jamais tentará imitá-lo com empenho a não ser ocasionalmente, quando esse indivíduo tenha feito algo de bom. De qualquer modo, não se sentirá bem porque não está habituado a imitar gente desse tipo e se aborrecerá em reproduzir modelos e tipos de exemplos de quem lhe é inferior, além de desprezar em seu íntimo toda imitação que não seja feita por brincadeira. (p. 94).

Todas essas ações deveriam ser contadas por intermédio de fábulas cantadas e escritas na forma de prosa, utilizando-se de narrativas curtas, simples procurando-se evitar ao máximo as imitações.

Na concepção de Platão (2006, p. 100 – 101),

> A educação decisiva é a musical porque o ritmo e a harmonia penetram até o fundo da alma e a tocam da maneira mais vigorosa, infundindo-lhes elegância, e tornam belo aquele que tenha recebido uma educação correta, ao passo que ocorre o contrário com o inculto. Aquele que possui uma educação musical suficiente pode perceber com grande perspicácia o que é feio ou imperfeito nas obras de arte ou na natureza, indignando-se com razão, ao passo que sabe aprovar e receber com alegria na alma o que é belo, dela se nutrirá e se tornará um homem honesto.

Desde jovem, por outro lado, saberá lamentar e odiar justamente o que é feio, mesmo antes de poder motivar racionalmente sua aversão. Ao depois, quando estiver de posse também dessa faculdade, a saudará com carinho porque se tiver recebido semelhante educação, haverá de senti-la bem próxima de si.

A educação em si é um processo que perpassa pela sociedade como um todo, a começar pela família, aonde o papel decisivo é desempenhado pelas mães ou amas, que são as pessoas que têm os primeiros contados com o nascituro. Cabe ao pai acompanhar e participar de todo processo educacional da criança. A seguir, sua extensão cabe às escolas que se dá, por intermédio da aplicação dos processos pedagógicos e, finalmente, para o meio social como um todo por intermédio do sentimento da amizade, da solidariedade, do respeito e do senso de justiça verdadeira.

Quanto às mães, que são as primeiras pessoas a terem contato e estarem presentes em praticamente todos os momentos da criança, essas devem tratar de lhes ensinar os primeiros fundamentos da educação espiritual, por intermédio das fábulas, ou outro instrumento de iniciação ao conhecimento, na forma como evidencia Platão, manifestado em Sócrates (71):

> Importa, pois, antes de mais nada, vigiar os inventores de fábulas, acatando o uso de invenções que são boas e rejeitando as que não prestam. Importa convencer as mães e as amas de contar às crianças somente aquelas aprovadas por nós e amoldar, por meio das fábulas, a alma infantil muito mais do que elas modelam o corpo com as mãos.

Depois de elencar quais deveriam ser os assuntos a serem tratados na formação educacional da alma e, por conseguinte, do caráter do homem, buscando diferenciar quais são as atitudes que o tornam virtuoso, ou educado, ou ainda civilizado, em relação aos vícios, ou defeitos ou má educação do próprio espírito do mesmo indivíduo, e, portanto, tornando-o bárbaro, inculto ou tirano, Platão parte para a análise do que deve ser tratado e orientado na educação das crianças relativa à boa preservação e saúde do corpo, com a finalidade de torna-lo bonito, saudável, forte e, portanto, apto para enfrentar as vicissitudes da vida diária, com alto nível de rendimento intelectual e físico, preservando a boa moral e integridade física. É o que se chama em nossos dias de *mens sana in corpore sano*[7].

2.1.1.1.2.4 Diante da boa Educação, da Saúde e da Cultura, como o indivíduo deve modelar o corpo.

No que se refere ao modo de vida a ser praticado, definindo-o como "harmonia", Platão aconselha que (2006; p. 97):

> Não conheço as harmonias [os *modus vivendi*], mas conserve aquela que imite adequadamente os tons e os acentos que convêm a um homem corajoso, empenhado numa ação de guerra ou em outra ação violenta, e que, suposto que não tenha tido sucesso e vá de encontro aos ferimentos ou à morte lute contra o destino com coragem e firmeza. Conserve também outra, capaz de imitar um homem empenhado em obra de paz, não por coação mas por livre escolha. Convém, por exemplo, a um homem que procura convencer um deus com suas preces ou que dá a outro conselhos úteis ou, ao contrário, se mostre ele próprio sensível às preces, às admoestações, às dissuasões de outrem e, em decorrência, bem sucedido sem orgulhar-se por isso, mas que aceite sempre aquilo que lhe acontece com temperança, com equilíbrio e de bom grado. Essas duas harmonias, a enérgica e a voluntária, devem ser conservadas, pois são capazes de imitar em grau supremo quem cai em desgraça e quem tem sucesso, que é sensato e que é corajoso.

Com a finalidade de dar melhor delineamento para a verdadeira educação, Platão acrescenta que:

> Logo, a perfeição das palavras e da harmonia, a graça e a euritmia são consequências da transparência espiritual, não da estupidez, a que chamamos falsamente e de

---

[7] Uma mente sã num corpo são. "Essa frase é uma citação latina derivada da sátira X do poeta romano Juvenal. No contexto, a frase é parte da resposta do autor à questão sobre o que as pessoas deveriam desejar na vida. Deve-se pedir em oração que a mente seja sã num corpo são". https://pt.m.wikipedia.org. Acesso: 21/03/2019.

modo lisonjeiro de simplicidade, mas da verdadeira transparência do caráter em que se conjugam beleza e bondade. Platão (2006; 101).

Fiel aos seus ensinamentos, como conclusão da parte da formação moral dos jovens no que se refere à educação da alma, Platão, ainda considera que:

> Assim também, pelos deuses, repito que não poderíamos sequer ser músicos, nem nós nem os defensores, nossos alunos, antes de sermos capazes de distinguir as formas da coragem, da generosidade, da magnanimidade e de toda outra virtude, bem como dos vícios opostos e de suas combinações, antes de saber detectar sua presença e aquela de suas imagens, sem desprezar uma sequer, nem pouco nem muito, na convicção de que esse seja o objetivo da própria arte e do próprio estudo. Platão (2006. 101)

Quando trata das questões relativas à manutenção da boa saúde do corpo, Platão trabalha esse tema por intermédio do que ele chama de ginástica. "Depois da educação musical, os jovens deveriam praticar ginástica". (p. 102).

Platão dá complemento a esse seu raciocínio afirmando ainda que, no caso da ginástica, faz-se necessário que na prática dessa atividade é preciso preparar os indivíduos muito bem, desde a infância até o fim da sua vida. (p. 102).

Para atender essa finalidade, é preciso que se comece por fazer o indivíduo a evitar a embriaguez e cuidar muito bem da sua nutrição. Quanto à nutrição essa deveria ser simples, evitando-se a alimentação demasiada para não provocar excessos como a obesidade, por exemplo, e também, não seguir a alimentação dos atletas esportivos, porque, segundo Platão, esse tipo de exercício além de induzir ao sono excessivo é ainda prejudicial à saúde, visto que, tão logo "se afastam do regime prescrito caem gravemente enfermos". (p. 103).

Dessa forma, para que os guerreiros se mantenham sempre ativos e prontos para o combate, os mesmos têm que se alimentar de comida leve, nutritiva e saudável, privilegiando a qualidade da alimentação sem variações no cardápio para não cair em doenças e mal estar constantes. Para esses homens "é necessário um regime mais acurado porque devem estar sempre alerta como cães, ter a vista aguda e o ouvido apurado, mudar com frequência durante a guerra comida e bebida, suportar o sol ardente e o frio invernal e conservar, assim mesmo, uma saúde inalterável" (p. 103). Em suma, a alimentação precisa acompanhar o objetivo da ginástica, que deve ser "simples, moderada, que vise, sobretudo, uma preparação para a guerra" (p. 103).

Devem ainda evitar doces, banquetes, condimentos variados, e ainda, comidas diversas. Por exemplo, quanto à carne, que faz parte da alimentação básica, essa deve ser sempre assada, em virtude da facilidade de seu preparo e rapidez de consumo. Um guerreiro forte e que se alimenta bem, num campo de batalha sempre vale mais que dois oponentes mal preparados fisicamente e rudes no combate (p. 123).

Por fim, para que possa melhor evidenciar qual seria a alimentação ideal, Platão faz transubstanciar a imagem do guerreiro e o tipo de alimentação ideal, na pessoa de um trabalhador braçal, no caso, de um carpinteiro. Pode ser também, na pessoa de um pedreiro, ou qualquer outro trabalhador que se utilize da sua força física para obter seu ganho diário. Essas pessoas dificilmente adoecem ou reclamam da vida, estão sempre atentas. Grande parte das vantagens da vida regrada e saudável está nas pessoas que conseguem compatibilizar a boa alimentação com os exercícios diários exigidos pela ginástica para o bom desempenho da profissão. Assim, quaisquer tipos de profissionais sejam suas profissões quais forem esses indivíduos têm que ter um controle e um acompanhamento de sua formação e manutenção corpórea, tanto material quanto espiritualmente, para que não sejam tragadas pelas doenças físicas ou imaginárias, que serão tratadas, estas últimas, nas discussões que se seguem.

Um carpinteiro, quando cai doente, pede ao médico, que lhe dê uma poção que o faça vomitar ou evacuar a doença ou ainda lhe pede que faça uma cauterização ou uma incisão para curá-lo. Se lhe é prescrito, no entanto, um longo tratamento, como cobrir a cabeça com barretes de lã ou coisas do tipo, logo diz que não tem tempo para ficar doente ou viver auscultando sua doença em detrimento de seu trabalho que o espera. Dispensa tal médico, retoma seu regime habitual, recupera a saúde e vive de seu trabalho, mas se, ao contrário, não for bastante forte para sobreviver, virá a morte que o libertará de suas doenças. Platão (2006, 106).

2.1.1.2.5   Os Cuidados que se deve ter com a falta de decoro e com os excessos

É preciso ainda que os indivíduos mantenham uma vida regrada para se evitar visitas frequentes nos tribunais e também nos ambulatórios. (p. 104).

> Poderia haver prova maior num Estado de uma educação má e indecorosa que o fato de haver necessidade de peritos em jurisprudência e em medicina, não somente para os cidadãos mais simples e para os artesãos, mas também para aqueles que se vangloriam de ter recebido uma educação liberal? Não lhe parece uma vergonhosa prova de incultura recorrer a uma justiça feita pelos outros, na qualidade de patrões e juízes, na falta da própria[8]?
>
> Glauco: - Nada mais vergonhoso.

---

[8] Para Platão, a grande maioria dos filósofos e também de religiosos, o homem culto e ilibado, não precisa de leis; ele é a própria lei, como São Paulo, por exemplo, afirma que:

> Querendo ser doutores da lei, não sabendo nem o que dizem, nem o que afirmam. Sabemos pois que a lei é boa, para aquele que usa dela legitimamente: sabendo isto, que a lei não foi posta para o justo, mas para libertinos e desobedientes, para os ímpios e pecadores, para os irreligiosos e profanos, para os parricidas e matricidas, para os homicidas. Para os devassos, sodomitas, roubadores de homens, para os mentirosos e perjuros, e para tudo o que é contra a sã doutrina. Que é segundo o Evangelho da glória de Deus bem-aventurado, cuja pregação me foi encarregada. (Epístola de São Paulo a Timóteo. Cap. 01. Vers. 07 – 10).

Assim, para esses pensadores e doutrinadores, é inadmissível a um indivíduo culto e integro frequentar tribunais ou coisa do gênero pela prática de atos indecorosos e ofensivos à moral e a honra.

> Não lhe parece ainda mais vergonhoso não somente passar nos tribunais a maior parte da existência, apresentando e defendendo processos, mas levar o mau gosto até o ponto de gloriar-se também de poder ser desonesto e sair de situações complicadas de mil maneiras, encontrar mil maneiras de se safar, livrando-se assim da punição, e ignorar quanto melhor e mais proveitosos seria disciplinar por si a própria vida, sem dever recorrer a um juiz sempre um tanto quanto adormecido? (Platão, 2006, p. 104 - 105).

Quando se refere à recorrência constante aos médicos por parte dos indivíduos que possuem uma vida desregrada, embalada por excessos, Platão, acrescenta (p. 105):

> E recorrer ao médico, não para curar feridas ou doenças sazonais,[9] mas porque, em decorrência daquele regime ocioso de que falamos, em que se enche o corpo de humores e ventosidades como um pântano, obrigando assim os engenhosos filhos de Esculápio a designar como doenças inchaços e catarros. Tudo isso não lhe parece uma vergonha?
>
> G. – Sim, isso me parece uma indecência ainda maior.

Em nossos dias, excessos na alimentação e no ócio, dizem respeito também ao surgimento de doenças, tais como obesidade, pressão alta, diabetes, estresse, depressão, etc. Além dessas, existem as doenças hipocondríacas, as psicossomáticas, dentre outras.

Para Platão, mesmo o indivíduo tendo do que viver, ou seja, ser abastado, não pode ficar alheio à prática das virtudes para se evitar o que ele chama de doenças imaginárias derivadas da vaidade e que vai além das regras da ginástica, se tornando com isso, incompatíveis com as profissões, os estudos, etc.

> [...] Este excessivo cuidado com o corpo que vai além das regras da ginástica é o maior dos obstáculos. De fato, torna-se incompatível

---

[9] Gripes, caxumbas, sarampos, ferimentos de guerra, que são doenças com ocorrências comuns no indivíduo, etc.

> com a administração de um patrimônio, com as magistraturas militares e com as ocupações sedentárias no interior do Estado.
>
> Pior ainda, é que cria obstáculos para qualquer estudo, reflexão e meditação interior porque tem sempre receio da dor de cabeça e das vertigens, atribuindo a responsabilidade disso à filosofia. Por isso, esse cuidado excessivo cria ainda obstáculos ao exercício e à manifestação da virtude porque leva a crer que se está sempre doente e a lamentar-se continuamente da própria saúde. Platão (2006; 107)

Sócrates, na condição de personagem de Platão, observa ainda que, a medicina a que ele se refere não deveria ser destinada ao tratamento dessas doenças, visto que, tais enfermidades, decorrem da má formação educacional do indivíduo, mas sim, no caso, a medicina, deveria ser destinada apenas para o tratamento das "pessoas de constituição sadia e com um regime sadio, sujeitas a doenças bem determinadas" (p. 107) para com isso poder evitar gastos excessivos ao Estado.

2.1.1.2.6 Quanto ao perfil ideal dos profissionais da área médica e dos magistrados

Ao término dessas considerações, Platão passa a tratar de qual deveria ser o perfil do médico e do juiz ideal que deveriam existir no meio social, a que ele estava criando hipoteticamente. No caso do médico ideal ele assinala que (p. 108):

> Os médicos mais hábeis seriam aqueles que começaram a aprender a arte desde a infância, depararam-se com as doenças físicas mais graves e mais numerosas, também sofreram todo tipo de doenças e não são por natureza muito sadios. Com efeito, acho que não é pelo corpo que curam os corpos, do contrário não seria possível que fossem ou tivessem sido doentes, mas curam o corpo pela alma; esta porém, nada poderia curar se se tornasse ou já fosse doente.

Na realidade, quando Platão faz esse tipo de comentário, ele só quer evidenciar que, para que um médico seja realmente um profissional de valor ele tem que ter amor e compaixão pelos doentes, se não, ele se tornaria um ser mais que indiferente ao sofrimento do paciente e se preocuparia apenas com o *status* da profissão.

Mais ainda, para que um profissional assuma os ditames da sua profissão e se dedique ao máximo em buscar a prática do bem, a quaisquer que sejam, de maneira justa, digna e defender sempre o mais fraco de forma transparente, como Platão quis demonstrar no seu conceito da verdadeira justiça, o indivíduo é, no mínimo, obrigado a saber os segredos da profissão, tanto do lado negativo, quanto do positivo e saber qual seria a forma mais justa de se equacionar a questão. Assim, no caso do médico, no mínimo ele tem que ter passado, por uma situação semelhante, se não, na vida material, mas, pelo menos, e principalmente, na vida espiritual, decorrente do sofrimento de um ente querido, para que ele possa ter noções dos reais sentimentos da dor, da humilhação, da discriminação, a fim de que ele consiga nutrir dentro de si, o real sentimento do amor, da compaixão, da caridade e da reciprocidade.

De acordo com Platão, só assim, o mesmo poderá desfrutar da verdadeira paz de espírito, da educação real e da convivência mútua em uma comunidade, dentro dos fundamentos da prática da verdadeira justiça. São esses princípios que Platão quis ressaltar quando ele traça o perfil do médico ideal. Só se tem uma grande espada, resistente, afiada e confiável, quando se tem uma boa forja e um bom processo de lapidação da peça, processada por quem a manipula. Não existe boa espada sem excelente forja, assim como não existe vitória sem dor e amor sem compaixão. Lembre-se sempre que, a forja são as vicissitudes da vida, a lapidação é a educação e a boa espada é você. Nem sempre todos conseguem vencer as vicissitudes dessa vida mundana e param no meio do processo, vencidos pelo fracasso. Esses são os verdadeiros pilares que moldam o segredo da verdadeira educação e, por conseguinte, da verdadeira justiça, na concepção de Platão manifestado em Sócrates.

Por outro lado, já quanto ao perfil ideal do juiz, Platão, no papel de Sócrates, evidencia que (108 – 109):

> O juiz, pelo contrário, exerce sua influência sobre a alma com a alma. Sua alma, portanto, não deve ser educada desde a infância no meio de ânimos malvados e ter contatos negativos com esses, nem ter feito experiência de toda culpa de sorte a poder arguir com perspicácia as culpas de outrem com base nas próprias, como acontece com as doenças físicas. Pelo contrário, é necessário que sua alma tenha permanecido, durante a juventude, inexperiente e isenta de todo vício, distante dos maus hábitos, se quiser discernir

de modo mais transparente o que é justo, com base em sua própria honestidade. Por isso, as pessoas honestas desde jovens se revelam ingênuas e se deixam enganar facilmente pelos desonestos porque em si próprias não têm exemplos das mesmas paixões dos maus.

Assim, um bom juiz não deve ser jovem, mas de idade madura, que só tardiamente tenha aprendido o que é a injustiça, em vez de tê-la conhecido como um vício inato em sua alma, e deve tê-la estudado longamente nos outros como uma paixão de outrem e graças a isso compreenda a natureza do vício por meio da ciência adquirida e não pela experiência pessoal.

Seria também um bom juiz, tal como você andava procurando, pois é honesto quem tem alma honesta. Ao contrário, o homem sagaz e suspeito, aquele que cometeu muitas injustiças se julga esperto e sábio, quando se depara com pessoas como ele dá provas de clarividência superior, porquanto se baseia no modelo que traz dentro de si. Quando, porém, depara-se com pessoas honestas e mais velhas, se revela um incapaz, porque desconfia sem razão e desconhece a honestidade, da qual não possui o modelo dentro de si. Como se depara no mais das vezes com gente má do que honesta, dá a impressão aos outros e a si mesmo de ser um sábio antes que um ignorante[10].

---

[10] Vale observar que, para melhor depurar a essência da natureza das coisas, ou a busca pela Ciência pura em si, Platão sempre recorre a extremos, o que no caso das ciências humanas é o princípio mais correto. Isso porque, só através desse procedimento se pode obter a boa simetria entre opostos na ciência social, e também, só dessa maneira, se consegue em toda a sua magnitude se obter a maximização da utilidade das coisas. Assim, por exemplo, para enaltecer a importância da prática da natureza das coisas na medicina, para que se realmente determine o grau de enfermidade no paciente e a sua cura por completa, Platão, recorre a dor extrema imputando-a no agente curador, no caso, o médico. Sabendo o grau da enfermidade e sentindo a dor mais profunda provocada por tal enfermidade e que se manifesta no paciente, o médico, movido de compaixão, procurará ser o mais eficiente possível e eficaz, na cura da enfermidade. No caso do juiz, acontece a mesma coisa; para se combater o mal em toda sua plenitude,

Ao se impor dessa maneira, por intermédio de seu parecer sobre o perfil do juiz ideal, Platão deixa transparecer que, a justiça em essência só é atingida quando a sentença se aproxima ao máximo da pena ideal proposta sobre um ato nocivo praticado contra a sociedade. E isso só ocorre quando a autoridade se indigna tanto quanto a vitima contra uma injustiça praticada sobre esta última. Quanto mais a autoridade se ver aversa à prática da maldade maior será seu desejo de que a justiça no seu âmago tenha sido concebida. E só assim, a verdadeira imparcialidade se manifesta na prática. E, por último, esse quadro só se verifica quando a autoridade de maneira definitiva desconhece o lado contrário da prática do amor, da compaixão e da própria justiça em toda sua dimensão. Em essência, na natureza das coisas, a sanção imposta à nocividade praticada pelo meliante só adquire o papel da verdadeira justiça, quando a punição atinge o mesmo ponto de simetria em relação ao grau da injustiça praticada. Só ai, nesse lugar, tal como na economia, a necessidade da punição ideal em relação à utilidade máxima da justiça, atinge seu ponto de saciedade espiritual. Em ambos os casos, para que se possa atingir o verdadeiro ponto de saciedade, a educação e a cultura são imanentes.

Nesse caso, o termômetro a ser utilizado para avaliar o grau de evolução e o nível das sanções que devem ser impostas à prática da injustiça são as leis. Dessa maneira pode-se estabelecer uma proporção entre a lei e o nível de educação que impera em uma sociedade. Dessa maneira, pode-se afirmar que existe uma relação direta entre a lei e a má educação. Quanto maior for o nível da má educação ou da selvageria maior será a probabilidade do indivíduo cometer um ato lesivo à sociedade, e, como consequência, maior terá que ser a penalidade imposta ao criminoso, e assim, mais severa terá que ser a lei. Isso implica em um grande número da quantidade de leis e no grau de penalidade por ela imposta. Maior o ato lesivo ao cidadão, maior terá que ser a penalidade inexoravelmente. Por intermédio dessas medidas, a finalidade da lei é: além de procurar coibir e penalizar ao máximo o ato lesivo ao meio social, a sanção tem por função, estabelecer o medo ou o terror no meliante. Isso porque, quanto maior for a ignorância do indivíduo menor será seu nível de educação tanto espiritual quanto material, e, em decorrência

---

faz-se necessário que, o bem, em toda a sua magnanimidade se manifeste na bondade. Nesse contexto porque, no caso da maldade, o seu contrário é a bondade e da malícia, é a ingenuidade. No começo da obra, no combate à ignorância, resultante da má educação extremada manifestada nos argumentos de Adimanto e seus irmãos, visando revelar a justiça pura e sua essência personificada nas virtudes, Platão recorre ao ensinamento dos pilares da verdadeira ou da boa educação para poder fazer a justiça transparecer com maior lucidez através de seus relatos, no convívio humano e assim, por conseguinte. Em essência, nesse último caso, Platão apenas quis revelar que não existe justiça onde impera a má educação, e, portanto, o selvagerismo, a barbaridade. A justiça é uma graça divina que só impera aonde existe a boa educação e que é estampada na civilidade, vislumbrada, esta última, no bom relacionamento e no respeito mútuo entre os viventes.

desse fato, seu comportamento e suas ações são estupidas, movidas pelo instinto, o que o torna extremamente violento, e, para conseguir reprimi-lo, só a aplicação de uma lei rigorosa o consegue. Em tal situação extrema, somente a existência de uma lei severa e implacável é que pode fazer com que a utilidade da justiça seja maximizada e consiga neutralizar a contento, a nocividade gerada pela prática da injustiça no meio social.

Enquanto há uma relação direta entre a lei a e má educação ou selvageria - no sentido de que, quanto mais selvagem for o indivíduo, tanto maior deve ser a penalidade da lei, visto que a lei deve ter validade pontual, sobre a ação praticada pelo ser -, existe uma relação inversa entre a sanção e a boa educação. Dessa maneira, pode-se dizer que, quanto mais bem educado for o indivíduo tanto material quanto espiritualmente, menor será a necessidade da utilização de normas escritas ao mesmo, pois, ai, nesse estágio de evolução humana, ele (o indivíduo) se transforma na própria lei. O indivíduo se autorregula mentalmente por intermédio da perfeita sinergia entre sua matéria onde persiste a emoção concupiscênica e seu espírito onde prevalece a emoção racional[11].

Um exemplo clássico dessa assertiva é a própria Bíblia Sagrada. Como se sabe, ela é dividida em duas partes: Velho e Novo Testamento. O Velho Testamento conta a história embrionária e evolutiva do povo de Israel. Como esse povo e quaisquer outros povos na antiguidade eram ignorantes, havia a necessidade de leis severas para controlar os ímpetos dos indivíduos dentro da coletividade. Só dessa maneira é que eles poderiam ser contidos na prática da selvageria. Nessa fase do povo de Israel, a ênfase era a educação material sustentada na promessa da vinda de um Messias que tinha a incumbência de retirá-los do estado de sofrimento e das guerras. A vida era centrada na matéria ou na educação material. Depois, com o nascimento de Jesus Cristo, o foco da formação do homem e da mulher passou a ser a educação espiritual, com ênfase nas virtudes emanadas a partir do espírito do indivíduo.

Assim, enquanto o enfoque do Velho Testamento era a vida na matéria, ou seja, como proceder dentro das atividades relativas à formação do caráter do indivíduo enquanto ser material; no Novo Testamento, a ênfase passou a ser a vida espiritual, com foco na formação da educação espiritual do indivíduo. São Paulo Apóstolo, para bem fazer a distinção entre esses dois tipos de formação educacional, chamou a prática do modo de vida no Velho Testamento de "Homem Velho", enquanto que, no Novo Testamento, ele se referiu ao modo de vida como sendo centrada na formação do indivíduo enquanto "homem novo" ou homem vivendo segundo os ditames da vida

---

[11] Esse tema será tratado com maior propriedade nas páginas posteriores desta obra.

espiritual, fundamentada na ressurreição de Jesus Cristo e na vida do próprio Cristo seguindo os ditames desta feita, do próprio espírito.

Como conclusão dessa fase de observações, Platão ainda afirma que, quem só se dedica à educação da alma se torna, por demais mole, e, quem se preocupa exclusivamente com a ginástica se transforma em um ser excessivamente rude. Em decorrência disso, necessário se faz que os seres humanos possuam ambas as qualidades de maneira equilibrada para poderem ter uma alma corajosa e moderada (p. 110 – 111).

Terminado o esclarecimento sobre o processo de criação dos critérios e das técnicas de ensino da educação da mente e do corpo para as crianças, jovens e adultos, bem como o delineamento do perfil dos médicos e dos magistrados, Platão dá por encerrado essa fase de planejamento acrescentando ainda que, no caso da cultura, como regra, essa nada mais é do que o reflexo da aplicação do aprendizado com a educação no meio social em que se vive, tendo o processo evolutivo do meio, como referencial para análise do grau de evolução por que passou a sociedade. Portanto, tais situações não devem ser esquecidas para que não se volte à prática das atrocidades passadas.

Assim Platão manifestado em Sócrates, comenta sobre essa fase (p. 112):

> Estes poderiam ser nossos critérios para a educação e a cultura. Inútil falar das danças, das caçadas com ou sem cães, das disputas de ginástica e de hipismo. É por si muito claro que essas atividades devam estar em conformidade com esses critérios e não seria difícil descobrir como isso poderia ocorrer.

2.1.1.2.7 Delineando o perfil dos Governantes e dos defensores dos interesses do Estado

O passo seguinte sugerido por Platão é o do estabelecimento do processo para a criação do perfil ideal do governante e defensores dos interesses do Estado. Para esse autor, o soberano tem que ser uma pessoa velha enquanto que os súditos devem ser jovens. Os anciãos precisam ser os mais capacitados (p. 112). Além de tudo, tanto os defensores quanto os governantes devem ser escolhidos entre os mais aptos em defender os interesses do Estado. Eles devem ser inteligentes, ter autoridade e estarem preocupados em fazer o bem do Estado (p.113). Os interesses dos governantes devem coincidir com os interesses do Estado. Assim, todos os governantes têm que ter aptidão para governar. Não governar por governar. Nesse tipo de sinergia, o governante também deve estar diretamente preocupado com o sucesso ou o insucesso do Estado, portanto, ser um estadista nato. (p.113).

Os defensores e governantes devem ser incorruptíveis. Isto é, ter uma vida íntegra e ilibada e nunca ter seu nome relacionado com quaisquer atos que, por ventura, acarrete prejuízo ao erário público. Esse critério é fundamental na vida pública do defensor e do governante e deve ser observado durante toda a sua vida: de criança até a fase adulta.

> Logo, entre os defensores seria preciso escolher aqueles que, segundo nossa opinião, oferecessem a garantia de exercer, por toda a vida e com o máximo zelo, aquelas coisas que eles estimam ser do interesse do Estado e que, de qualquer forma, se recusem em prejudicá-las.

> Sou de opinião que seria necessário observá-los em todas as idades para verificar se conservam esse critério sem que se deixem influenciar ou coagir a abandonar e a esquecer a máxima, que é preciso fazer ao Estado todo o bem possível. Platão (2006; 113).

Nesse intuito, todos os defensores devem ser submetidos a treinamentos e testes à exaustão, incluindo trabalho, paixões, além de provas diversas, que façam com que ecloda do seu interior e fluam todas as características necessárias a um bom governante. (p. 114).

> Então, é preciso submetê-los a uma terceira espécie de engano e observa-los, como se faz com os potros que são conduzidos para os lados de onde provêm rumores e gritos, a fim de verificar se são assustadiços. Da mesma maneira, é preciso leva-los, ainda jovens, para provas terríveis e, a seguir, de novo para os prazeres, provando-os com mais cuidado do que se prova ouro ao fogo. Assim, ficaremos sabendo se sucumbem às dificuldades, se mantém o decoro, se são bons defensores de si mesmos e da música que aprenderam, se em qualquer circunstância, respeitam o ritmo e a harmonia, enfim, se estão em condições de ser muito úteis a si

> próprios e ao Estado. Quem sair ileso das provas a que foi submetido sucessivamente a partir da infância, da juventude e da idade adulta, deve ser escolhido como chefe e defensor do Estado, merecendo honras em vida e, depois da morte, lhe erigiremos magnífico túmulo e outros monumentos para preservar sua memória. Platão (2006; 114 - 115).

Quando se refere especificamente ao papel do defensor, Platão considera que:

> E o título de defensores não é realmente o mais apropriado para quem defende sem reservas o Estado dos inimigos externos e dos falsos amigos internos para que os primeiros não possam prejudica-lo e os segundos não o queiram? E esses jovens que chamamos de defensores não devemos considera-los como aqueles que apoiam e auxiliam nas decisões dos governantes? Platão (2006; 115).

Depois de definido todos esses critérios, ter-se-á finalmente estabelecido o perfil dos defensores e governante ideais. Entre os defensores, aquele que melhor se sobressair nessas provas será o escolhido finalmente, como governante.

2.1.1.2.8 Qual deve ser a metodologia necessária para inculcar na mente do defensor o perfil ideal do verdadeiro governante

O passo seguinte para Sócrates, personagem de Platão, consistiu em criar mecanismos com a finalidade de se estabelecer um critério definitivo e mais adequado para inculcar na cabeça dos defensores que esses eram pessoas especiais e, por isso, deveriam possuir uma vida dissociada dos demais cidadãos que viveriam em comunidade. Esse sim, para Platão seria o critério mais árduo.

Com a finalidade de contemplar esse princípio, Platão, ou Sócrates, foi obrigado a dividir a sociedade em castas ou classes sociais com características específicas. Para atender a esse intento, Sócrates precisou recorrer, segundo ele, a uma história fenícia que, a seu ver, tinha mais sensação de mentira do que de veracidade e que era contada com muita ênfase em prosa e verso, pelos poetas contemporâneos de sua época (p. 115).

Essa história ou estória, não se sabe, consistia em dividir a sociedade em classes segundo três tipos de homens criados, forjados e educados no seio da terra, já com suas armas e equipamentos, utilizando-se do material com que seus corpos foram constituídos (p. 115 – 116). Esses homens estariam divididos em: homens de ouro, homens de prata e homens de ferro ou bronze. Os homens de ouro seriam aqueles que foram forjados misturados com a terra e o ouro, os homens de prata seriam forjados com a mistura da terra e da prata e, os homens de ferro e bronze, receberiam a mistura da terra com qualquer um desses minerais de forma respectiva. Depois de esses homens terem sido finalmente criados de acordo com tais modelos, seriam então, lançados na terra com o objetivo de defendê-la, como defenderia sua própria mãe, cada um com sua característica e missão específica, tendo ainda que se considerarem como irmãos, uma vez que todos foram nascidos da terra. (p. 116). É assim que, segundo Platão, era a estratégia da terra para se defender dos invasores.

De acordo com esse critério, o homem de ouro seria representado pelo governante, o de prata, assumiria o papel de defensor, e os homens de ferro e bronze se personificariam nas pessoas dos artesãos e demais cidadãos. Dentre essas classes de indivíduos, poderia haver a presença de mutabilidade, isto é, um homem de ouro conseguiria gerar um homem de prata e um homem de prata teria a possibilidade de ter como descendente direto, no caso, filho, um homem de ouro, ou de ferro, ou ainda de bronze, nas descendências entre as raças. Por seu turno, era factível ao homem de ferro ou de bronze, gerar um descendente de prata, ou de ouro, e assim, por conseguinte. Na visão de Platão e dos poetas da época, a mutabilidade entre as raças poderia ocorrer porque todos eram consanguíneos, visto que foram originados em sua totalidade da terra. Sendo assim, caberia aos governantes fazer o acompanhamento dessas crianças desde o nascimento visando identificar de que tipo de mistura elas foram geradas com a finalidade de já procurar educá-las sem piedade, de acordo com o perfil do cargo ou função que as mesmas deveriam assumir na fase adulta (p. 116).

Como se pode depreender nos exemplos, os homens de ouro e de prata seriam as pessoas especiais, enquanto que as de ferro e bronze se personificariam nas pessoas comuns. De acordo com Platão, um Estado seria muito bem governado se seu defensor fosse um homem de ouro ou prata, o mesmo não se podendo dizer, se esse Estado fosse representado por um homem de ferro ou bronze. Nesse ultimo caso, se o mesmo ocorresse, o Estado entraria em decadência (p. 116).

Uma vez escolhidas as crianças de acordo com suas respectivas aptidões com a finalidade de lhes distribuir as funções e atribuições específicas, caberia ao Estado, tratar de estabelecer o seu modo de vida, ou seja, a maneira como eles, a partir daí, deveriam viver, se comportar e relacionar no meio social.

No caso específico dos defensores, que teriam a incumbência de defender o Estado com bravura e se relacionar com as demais classes sociais, protegendo-as como se fossem irmãs, Platão procura criar as diretrizes necessárias para melhor controlar suas ações dentro da sociedade e moldá-las por intermédio da educação, seguindo esses preceitos.

Assim, além de receber a educação pertinente para que tais defensores não agissem com tirania, mas sim com "máxima brandura para consigo mesmos e para com as pessoas que são confiadas à sua proteção" (p. 117) a sociedade deveria providenciar para esses: habitação que seja confortável, mas sem quaisquer tipos de luxo ou ostentação, que consiga suprir o estritamente necessário para uma boa habitação; recebimento de víveres indispensáveis a atletas de guerra "sóbrios e corajosos" (p. 117) o suficiente apenas para sua manutenção anual, nem mais, nem menos. Que os mesmos deveriam levar uma vida reservada sem acesso direto à população; Em caso de festas públicas, eles deveriam se relacionar com a sociedade de forma normal, sem quaisquer tipos de restrições, visto que o evento seria de toda a comunidade, sem reservas; que eles soubessem que eram pessoas especiais, que foram moldadas por deus daquela maneira e que, em virtude disso não poderiam se misturar com as pessoas comuns, com seus vícios, com suas riquezas.

> Que saibam que os deuses infundiram em suas almas ouro e prata divinos e, por isso, não que necessitam daqueles terrestres e ainda que seria iníquo profanar o ouro divino misturando-o com ouro mortal, porquanto muitos crimes foram cometidos por causa da moeda vulgar, ao passo que pura é aquela que neles está. Portanto, que sejam os únicos cidadãos que não possam tratar nem tocar ouro e prata, nem entrar numa casa em que haja, nem levar ao pescoço objetos preciosos, nem beber em taças de prata ou de ouro. Assim, poderão defender a si próprios e ao Estado. Quando, porém, eles também possuírem, a título pessoal, terra, casas e dinheiro, se tornarão administradores e camponeses, não defensores, tiranos e inimigos em vez de aliados dos demais cidadãos. Passarão toda a vida a odiar e a serem odiados, a enganar e a serem enganados, terão muito mais medo dos inimigos internos do que dos externos e correrão a largos passos para a própria ruína e para aquela do Estado. Levando em conta tudo

isso, deverá ser, portanto, essa a condição dos defensores com relação à habitação e às demais necessidades da vida. Platão (2006; 118).

A recomendação final de Platão para se criar o perfil ideal do modo de vida dos guerreiros, defensores ou do governante, é de que, caso os mesmos se interessassem e começassem a adquirir bens comuns, nos moldes dos demais cidadãos, é de que os mesmos deveriam abandonar a vida regrada dessa classe social e passassem a se relacionar como cidadãos comuns, porém, mantendo reservas extremas contra a tirania, subornos, e todos os demais males que por ventura implicassem em agressão e destruição do erário público e dos bons costumes.

O problema crucial para a proposta de Platão quanto à criação do perfil ideal para se estabelecer o modo de vida dos defensores repousa aí. A questão é: - Como convencer os defensores de que eles teriam que se submeter a tais sacrifícios sociais, visto que, a riqueza, a liberdade de formar patrimônio, de ter o direito de ir e vir, se concentra exclusivamente nas mãos dos demais cidadãos enquanto que, a rigidez, o sacrifício e, o direito de obter apenas comida para sua manutenção ficaria restrito aos defensores? Mais ainda, os defensores se tornariam como se fossem "auxiliares mercenários do Estado, não tendo outra coisa a fazer a não ser vigiar." (p. 120),

Platão reconhece essa dificuldade e procura explicar com maiores detalhes o seu ponto de vista ao afirmar que, o objetivo principal da sua proposta é a criação de um Estado sem privilégios. Todos devem partir do mesmo princípio e objetivo que é o de criar um Estado forte com direitos e deveres iguais para todos, como bem frisa a premissa do Senhor que afirma que o homem deve "ganhar o pão com o suor do seu rosto," afinal, não há nada mais justo que isso.

> [...] Importa-nos a prosperidade do Estado como um todo. Com efeito, achamos que a justiça poderia prevalecer sobretudo num Estado assim constituído e, ao contrário, a injustiça naquele muito mal governado. Com base em tal descoberta, poderíamos ter resolvido nosso velho problema. Segundo nosso parecer, estamos organizando um Estado próspero em seu todo, sem excetuar alguns cidadãos e tornar felizes somente esses. Logo depois, analisaríamos um Estado que seria o oposto do nosso. Se pintássemos uma estátua e alguém viesse a nos criticar porque não aplicamos as cores mais belas nas partes

mais nobres do corpo (os olhos, que são a melhor parte do corpo, os pintamos de preto e não de púrpura), poderíamos responder corretamente a essa objeção, dizendo: "Meu amigo, não nos induza a pintar os olhos, sendo tão belos, de maneira a torna-los irreconhecíveis, como também as demais partes da estátua. Considere bem e observe se deixamos o conjunto com bela aparência, aplicando as cores certas em cada parte. Não nos force, portanto, a conferir aos defensores uma prosperidade tal que os torne bem outra coisa que não defensores. Mesmo os camponeses, se quiséssemos, poderíamos trajá-los com longas vestes, cobri-los de ouro e ordenar-lhes que cultivassem a terra quando achassem oportuno. Poderíamos deixar os oleiros sentados e deixá-los que comessem e bebessem à vontade, segundo o costume, junto ao fogo e abandonassem a roda. Assim, poderíamos fazer concessões sucessivamente a todos para que no Estado inteiro reinasse grande felicidade. Não nos dirija, portanto, esta objeção, porquanto, se lhe dermos ouvidos, o camponês não seria mais camponês, o oleiro não seria mais oleiro e ninguém mais guardaria sua função indispensável para a organização do Estado. De resto, haveria outras classes que não implicariam em desajustes, se saíssem de suas funções, como ocorreria com o sapateiro se fizesse mal seu serviço ou se se corrompesse ou se o fosse só na aparência. Mas se o fossem somente na aparência os guardiões das leis e do Estado, eles levariam sem dúvida à ruína o Estado inteiro, porque só eles podem governa-los bem e torná-lo próspero." Se portanto, os tornamos realmente incapazes de prejudicar ao Estado, enquanto nosso opositor, que sejam como camponeses em festa em vez de camponeses ativos, evidentemente visa a qualquer coisa e não a criar um Estado. Torna-se necessário, portanto, considerar a finalidade pela qual se instituem os guardiões. Seria para sua maior felicidade ou para a prosperidade comum, sobretudo do Estado em seu

> conjunto? Em tal caso, convêm obrigar estes auxiliares e defensores a obedecer e a empenhar-se em cumprir do melhor modo suas funções. O mesmo critério vale para todos os outros e assim o Estado, como um todo, se tornará mais forte e será bem governado, o que permitirá que cada classe possa participar da felicidade que deverá corresponder à natureza de cada função. Platão (p. 121 – 122).

Em acréscimo às afirmações acima, Platão, no papel de Sócrates, ainda observa que existem mais dois males que corrompem a sociedade. No caso, a riqueza e a pobreza[12]. Isso porque, o indivíduo, tão rico logo se torne, deixa de trabalhar, de produzir, transformando-se, em consequência disso, num ser mais preguiçoso e negligente. O resultado desse quadro é que, no decorrer do tempo, tal individuo tornar-se-á cada dia mais incompetente na sua profissão o que gera como reflexo desse estado de coisas, um prejuízo para a sociedade que passa a ser provida de produtos de má qualidade e sem nenhuma garantia de maximização de sua utilidade para o seu adquirente.

Já, por outro lado, se o indivíduo fosse tão pobre a ponto de não ter "sequer as ferramentas necessárias para executar seu trabalho e qualquer outro utensílio indispensável" (p. 122) para tal, a qualidade dos produtos por ele fabricados seria baixa. Essa situação acaba por tornar seus filhos e outros aprendizes artesãos profissionais decadentes. "Logo, a pobreza e a riqueza concorrem para tornar piores os produtos de um ofício e também os próprios artesãos" Platão (2006; 122).

Então, em decorrência desses dois fatores, cria-se mais uma função para os guardiões que é, de procurar "evitar de todos os modos que tanto a riqueza quanto a pobreza penetrem sorrateiramente no Estado." (p. 122). Isso porque, enquanto a riqueza é causa da moleza, da preguiça e de amor pelas

---

[12] A educação religiosa proposta pela Bíblia Sagrada, também trata da questão da pobreza e da riqueza da mesma maneira, pois senão vejamos:

> Duas coisas são as que te pedi: não mas negues antes que morra. Alonga de mim a vaidade, e as palavras de mentira: não me dês nem a pobreza, nem as riquezas: dá-me somente o que for necessário para viver: para que não suceda que estando farto, seja eu tentado a te renunciar, e dizer: Quem é o Senhor? Ou que constrangido da indigência me ponha a furtar, e viole por um juramento o nome de meu Deus. [PROVÉRBIOS (Apêndice I. Provérbios de Agur Cap. 30; Vers.: 7 - 9)].

novidades, a pobreza, além de gerar também amor e interesse pelas novidades, engendra a mesquinhez e a inclinação a trabalhar mal (p. 123).

Outro ponto a ser considerado se refere às dimensões do Estado que, segundo Sócrates personagem de Platão, deve ser compacto e de dimensões adequadas, nem grande nem pequeno demais. (p. 124).

Entrementes, segundo o próprio Platão, a maior das prescrições, ou prescrição suficiente para todas as demais, ele deixou para a parte final que é a Cultura e a Educação. "De fato, se nossos cidadãos, graças a uma boa cultura se tornarem homens equilibrados, saberiam discernir facilmente todos esses problemas, bem como os outros de que não tratamos agora."(p.125).

> Sem dúvida, um Estado que tivesse começado bem, iria crescer como um circulo um bom sistema de educação e de cultura formaria indivíduos de boa índole e esses, por sua vez, fiéis ao sistema cultural, se tornariam ainda ainda melhores que seus predecessores, sobretudo no que se refere à procriação, como ocorre também entre os outros animais. Platão (2006; 125).

Assim, Platão evidencia que, a base para o bom desenvolvimento e a evolução social consistente de um povo deve ser centrada na educação e na cultura. E essa cultura e educação, uma vez criada, desenvolvida e adaptada à realidade do povo, devem ser perpetuadas sem a admissão de quaisquer tipos de ingerências posteriores, consideradas como inovativas.

Cabe aos defensores do Estado,

> Se empenhar em impedir que a educação se conserve em toda a sua pureza e em vigiar para que não se introduza nenhuma inovação contra a ordem estabelecida na ginástica e na música. Deveriam envidar todos os esforços com receio de que, quando se diz "os homens apreciam sobretudo os novos cantos que brotam na boca dos poetas cantores", se imagine, como muitas vezes ocorre, que o poeta não queira falar de novos cantos, mas de novo modo de cantar, e tal inovação seja aprovada. Coisa semelhante não se deveria sequer aceitar ou imaginar. Precisaria, pois, precaver-se contra a introdução de novo gênero musical porque

isso poderia pôr tudo a perder. Como Damon, estou convencido de que não se poderiam mudar as regras da música sem, ao mesmo tempo, abalar as leis fundamentais do Estado. Platão (2006; 125).

Em continuidade à sua fala Sócrates, personagem de Platão, assinala que toda a sociedade deveria construir sua organização sobre os fundamentos da educação. Mais ainda, no que se refere a inovações ou ingerências externas, o mesmo autor ainda acrescenta que tais infiltrações nas prescrições preestabelecidas da educação e cultura, devem ser bem observadas e impedidas, porque elas se inserem quase que despercebidas nesse tipo de estrutura, de modo contínuo e adentram gradualmente, nos usos e costumes. "Depois, toma vulto e penetra nos acordos privados, dos acordos passa para as leis e para as ordenações do Estado com grande força, Sócrates, até que, por último, arruína todas as coisas na vida privada e pública" (p. 126).

Dessa forma a educação uma vez construída, estruturada e moldada deve ser inviolável e, portanto, impenetrável, sem se deixar abalar por quaisquer tipos de ruídos externos para se perpetuar na formação e geração de homens e mulheres educados e, por conseguinte, inteligentes, sábios, moderados, que passem a praticar a arte do discernimento com maestria e competência, com a finalidade de criar alicerces sólidos para a construção de uma sociedade destemida, solidária, justa, cheia de virtudes espirituais e materiais.

Agora, depois de debatidos e analisados praticamente todos os preceitos de Platão sobre a essência da verdadeira educação segundo a natureza das coisas, cabe finalmente conceituar o que vem a ser esse fundamento no contexto desta obra.

Educação é o aprendizado, a busca do conhecimento, a necessidade e o desejo de aprender utilizando-se o indivíduo de toda sua capacidade cognitiva e de todos os seus cinco sentidos que são: a audição, o paladar, o tato, o olfato, a visão e mais algumas técnicas adquiridas no dia a dia, no caso: a etiqueta e a estética acrescentadas aos princípios da racionalidade e da humildade visando a sua evolução tanto no aspecto material quanto espiritual.

É esse conjunto de valores que formam a estrutura do caráter e da moral do indivíduo e que constituirão os pilares da verdadeira civilidade que segundo Platão, como será visto adiante, têm em sua essência, as quatro principais virtudes que devem nortear a vida do ser humano que são: a sabedoria, a coragem, a temperança e a justiça.

Uma vez deduzida o que é a verdadeira educação, esse preceito acaba por levar ao conceito da constituição moral ulterior do indivíduo, que é a cultura.

Para melhor sedimentação deste estudo considera-se que, cultura é a capacidade de discernimento ulterior da diversidade de conhecimento do indivíduo, inspirada na educação tanto material quanto espiritual. Cultura é a diversidade do conhecimento e a capacidade de interação do homem ou mulher enquanto ser social com o meio em que vive, ou não, de forma proativa, integra, aonde se pode discutir sobre quaisquer temas, sem ofender moralmente e denegrir a imagem de ninguém. Cultura consiste na capacidade de respeitar, criticar construtivamente, apoiar, elogiar outrem sem quaisquer tipos de ofensas morais ou materiais que venham a macular ou depauperar a sua personalidade.

Nos períodos recentes, tem-se observado uma banalização tanto do conceito de educação quanto do de cultura. A educação muda a cada dia da mesma maneira como se o ser humano estivesse trocando de roupas. Já a cultura constantemente é confundida com costumes. Costume é uma extensão da cultura, mas não é cultura na sua integralidade, visto que essa, em última instancia é definida como capacidade de discernimento do indivíduo; é o conhecimento pleno, que tem como lastro, a boa educação. A cultura em si se aproxima mais da sapiência do ser, voltada para a formação da sua inteligência e sabedoria, adquiridas ao longo de sua vida pregressa e atual, de maneira contínua e atuante. Enfim, a cultura se forma da mesma maneira que se sedimenta o leito de um rio com o passar do tempo. Dessa maneira, a educação e a cultura se inserem nas entranhas do modo de vida do individuo ao longo da sua formação enquanto ser humano passando a fazer parte da sua essência, transformando-o em ser eminentemente social, além de moldarem, sedimentarem, fazerem materializar o caráter, a integridade e a formação moral do mesmo. A educação e a cultura em si, constituem em última instância, o suprassumo do conhecimento e da capacidade intelectual do sujeito enquanto ser social.

De volta aos preceitos de Platão, este, manifestado em Sócrates, seu personagem, acrescenta que a boa educação não tem prazo para ser implantada e implementada no meio social. Isso porque, tão logo a criança tenha sua formação estruturada na boa educação, essa, de imediato, procura restabelecer "tudo o que do antigo Estado tivesse algum dia sido arruinado" (p. 126). Fundamentado nesse preceito, tais crianças "haverão de recuperar aquelas pequenas regras, aparentemente irrelevantes, que haviam sido deixadas de lado por seus predecessores" (p. 126).

Assim, Platão, manifestado em Sócrates, continua com seus enunciados, citando como exemplo de pequenas regras aparentemente irrelevantes, já deixadas de lado pelos predecessores, os hábitos salutares tais como (2006, p. 126):

> Por exemplo, a de que os jovens se calem, como convém, junto aos anciãos, ofereçam a esses assento, se levantem para deixar-lhes o lugar, respeitem os pais, sigam os costumes no tocante ao corte de cabelo, aos trajes, ao calçado, no que se relaciona com toda a sua aparência e com todas as coisas desse tipo.

O mesmo autor ainda observa que, para esse tipo de comportamento não é necessário a existência de leis, pois, com a evolução da educação, esses fatores passam a fazer parte da cultura da sociedade uma vez que, uma ação nobre de um indivíduo educado, sempre atrai a ação de seu semelhante (p. 127). Além do mais, Sócrates, considera que, de uma maneira geral, uma coisa "boa ou má por si se realiza plenamente por si só" (p. 127). Para esse estado ulterior da educação, o que prevalece é o livre arbítrio[13].

Por fim, no que tange ao estabelecimento de leis para pessoas cultas e, portanto, bem educadas, Platão (p. 127) no papel de Sócrates, assim se manifesta[14]:

> Sócrates: - Esse é o motivo pelo qual não me parece que seja o caso de propor leis sobre essas questões.
>
> Adimanto: - Tem razão mesmo.
>
> Sócrates: - E os contratos de compra e venda, os contratos das partes no mercado e,

---

[13]De novo, as recomendações de Platão para a boa convivência entre os indivíduos, se confundem com os preceitos estabelecidos na Bíblia Sagrada, que num estágio mais avançado da civilização se fundamenta no livre arbítrio e que é relatado da seguinte forma:

"Diante do homem estão a vida e a morte, o bem e o mal: o que lhe agradar isso lhe será dado. Porque a sabedoria de Deus é grande, e forte no seu poder, estando vendo a tudo sem intermissão. Os olhos do Senhor estão sobre os que o temem, e Ele mesmo conhece todas as obras do homem. Ele a ninguém mandou obrar impiamente, e a ninguém deu espaço de pecar. Porque Ele não faz gosto de ter uma multidão de filhos infiéis e inúteis." (Eclesiástico. Cap. 15. Vers. 18 – 21).

[14] Esta transcrição será considerada na íntegra em virtude da beleza da análise do autor.

se assim for, os acordos com os artesãos, os insultos, as violências, as altercações, o estabelecimento de juízes, os tributos a impor ou não nos mercados e nos portos, enfim, todos os problemas que disciplinam mercados, vias e portos, todas essas coisas e outras semelhantes deveriam ser reguladas por lei?

Adimanto: - De nada valeria impô-las a homens honestos porque geralmente sabem se regular como convém.

Sócrates: - Sim, meu amigo, se um deus lhes conceder respeitar as leis que expusemos anteriormente.

Adimanto: - Do contrário, haveriam de passar toda a vida a publicar e a refazer muitos regulamentos semelhantes na convicção de chegar à perfeição.

Sócrates: - Isso significa que haveriam de viver como aqueles doentes que são tão intemperantes que sequer sonham em renunciar a seu prejudicial modo de viver que lhes mina o organismo.

Adimanto: - Exatamente.

Sócrates: - De qualquer forma, vivem muito bem, andando sempre às voltas com novos remédios que, em vez de melhorar, só complicam e agravam suas doenças, e nutrindo sempre a esperança de que alguém lhes aconselhe um medicamento capaz de curá-los.

Adimanto: - Assim mesmo se comportam esses doentes.

Sócrates: - E no caso deles, não acha divertido que eles considerem como seu pior inimigo quem lhes fala a verdade e lhes diz que, se não renunciarem a beber e a comer demais, ao amor e à indolência, de nada lhes valerão os medicamentos, as cauterizações, as incisões, as fórmulas mágicas, os amuletos e outras coisas desse tipo?

Adimanto: - Não me parece de todo divertido ao vê-los se indignarem com quem lhes dá bons conselhos.

Ainda, na concepção de Platão, é isso mesmo que prevalece num meio social em que o Estado é mal governado. Nesse tipo de instituição, as pessoas que falam verdade e dá bons conselhos são menosprezadas. No Estado mal governado são os indivíduos bajuladores, mexeriqueiros, contumeliosos, que fazem barganhas e que podem agradar o governo de todas as maneiras, "que prevê seus desejos e está em condições de satisfazê-los, esse será tido como homem honesto, político hábil e será cumulado de honras por partes deles" (p. 128).

Em complemento à exposição acima, Platão (2006; 128) assevera:

> Nem vale a pena se indignar com eles, porquanto são realmente muito divertidos, sobretudo quando se esforçam por baixar decretos e emendas como aqueles de que há pouco falamos, com a eterna esperança de pôr limites à desonestidade nos contratos privados e em tudo que eu falava, ignorando na realidade que estão apenas cortando as cabeças da Hidra.
>
> Eu, pois, jamais teria imaginado que num Estado, mal ou bem governado, o verdadeiro legislador tivesse de se preocupar com semelhantes leis e decretos. Primeiro, porque são inúteis e nada mais que isso e, em segundo lugar, porque qualquer um pode encontrar uma parte deles, sendo que o resto é uma consequência espontânea dos costumes precedentes.

Depois dessas assertivas Platão dá por encerrada a construção do seu Estado hipotético e passa para o estágio seguinte que é de averiguar "onde está a justiça e onde está a injustiça, qual diferença existe entre ambas, qual das duas se deve possuir" (p.129) para que o indivíduo possa ser feliz.

2.1.1.2.9   Enfim, a busca pela definição última do que seja a verdadeira justiça em contraposição ao enunciado da injustiça.

A discussão ou análise começa a partir do pressuposto de que o Estado hipoteticamente criado possui indivíduos: sábios, corajosos, moderados e justos (p.129). O passo seguinte consiste em encontrar nesse Estado, uma dessas virtudes e, a partir daí, buscar descobrir aonde se encontram as demais que permitirão, em conjunto, perquirir sobre aonde se encontra a verdadeira justiça e sua oposta, no caso, a injustiça.

Por intermédio da análise do sistema estatal por eles formados, Sócrates e seus parceiros, identificam a principal dessas virtudes que, para eles, é a sabedoria (p. 130). Isso porque, a sabedoria faculta a tomada de boas decisões; agora, por conseguinte, só se podem tomar decisões sábias se estas forem fundamentadas no conhecimento científico. Dessa forma, seguindo essa mesma linha de raciocínio, não se tem conhecimento científico se não se tem ciência e, por seu turno, ciência só se adquire por intermédio da educação e da cultura. Um ignorante não tem como tomar decisões sábias e perenes se ele é, em virtude disso, destituído de educação e cultura que são os pilares do conhecimento e da formação intelectual do ser (p. 130). Então, pode-se ver por intermédio do sequenciamento de tais pressuposições de que, as ideias de Sócrates e seus amigos são corretas e perfeitamente alinhadas, o que lhes permitem dar continuidade às suas investigações.

Agora, em complemento da análise, cabe determinar qual das ciências deve ser adotada como base para a boa formação social visto que, existe uma quantidade grande e variada de ciências. A ciência mais apropriada e que por isso vai se tornar a salvaguarda do Estado é a Ciência Política, e que tem como sua principal virtude a prática da sabedoria, requisito essencial exigido para nortear a tomada de boas decisões, com vistas a garantir a proteção e a defesa dos interesses da Instituição, porquanto, tudo o que passa pela organização e estruturação do Estado tem que partir do âmbito político.

Identificada a sabedoria como a principal virtude, o poder de decisão como o maior instrumento para determinar as diretrizes a serem tomadas pelo Estado, mais a Ciência Política, como a ciência que se encaixa com maior propriedade para atender as exigências do Estado, resta estabelecer o perfil do seu governante. Em consonância com os critérios analisados, considerou-se ainda que, a classe social que melhor atende a esses requisitos são os guardiões, casta essa que, tem como principal incumbência, a defesa e garantia dos interesses do Estado, criado de acordo com as leis da natureza e que se deve sua sabedoria (p. 131).

No que compete ao perfil dos guardiões, conforme visto anteriormente, estes foram considerados que devem ser: sábios, destemidos, equilibrados e justos. Tais virtudes, segundo Platão, são as mesmas que regem o perfil do legislador, e se encaixam também, perfeitamente, no perfil do governante.

Respeitados os perfis apontados acima, já da parte do governante, a principal das suas virtudes é de que este seja destemido, ou seja, que suas decisões sejam tomadas de forma corajosa e que fora lhe imputado segundo sua natureza ou ambiente em que foi criado e à educação recebida.

Quando se tem guardiões corajosos e sábios, se tem, por conseguinte um Estado corajoso e sábio, uma vez que, quem determina as características do próprio Estado é o perfil de seus governantes.

Platão, manifestado em Sócrates, ainda assevera que "um Estado, portanto, é corajoso graças àquela parte de si mesmo, em que reside a capacidade de manter, em qualquer circunstância, a própria opinião sobre o que é perigoso em conformidade com os preceitos educativos do legislador" (p. 131),

De acordo com esses preceitos, a questão de se identificar o que é perigoso e qual a sua natureza cabe à educação e a cultura com a qual o legislador ou governante foi criado e que estas, uma vez identificadas, devem ser gravadas em leis. Então, as leis surgem fundamentadas no perfil formativo do legislador e do governante, que são personalidades originárias da classe dos guardiões e que terão esses, embasados da sabedoria e da coragem, que identificar e registrar os perigos e suas naturezas, bem como os interesses do Estado, nas próprias leis. Então, dessa forma, pode-se dizer que a coragem, segundo Platão, é a salvaguarda das leis. Isso porque, para que o Estado seja constituído de leis sábias e que realmente preservem a capacidade de defesa dos seus interesses e da sua própria proteção, essas devem ser revestidas da coragem, identificadas na personalidade e na sabedoria do legislador.

Por fim, Platão conclui que o objetivo da assimilação da lei e da coragem, por parte do indivíduo é de que (2006,132):

> [...] Deve-se ter em mente que nossa única intenção é a de induzi-los a assimilar, como uma tintura, as leis, a fim de que, graças à sua natureza e à educação que receberam, mantenham indelével sua opinião sobre as coisas perigosas e sobre as demais, sem permitir que sua tintura desbote por meio daqueles tipos de sabão tão eficazes em apagar, como o prazer, que para tais efeitos é mais eficaz do que qualquer soda ou lixivia, como a dor, o temor, o desejo, que são mais

fortes que qualquer sabão. Tal capacidade de conservar de qualquer forma a opinião correta e legítima sobre e que é perigoso e o que não o é, a chamo e a defino de coragem [...]

Dessa forma, revestido de sabedoria e coragem para a tomada de decisões, a principal função do governante é fazer com que as leis sejam respeitadas e cumpridas em toda a sua integralidade, sem permitir que as mesmas sejam infringidas por quaisquer situações que sejam. Então, as leis devem ser perpétuas fazendo garantir a proteção e os interesses do Estado diante dos agentes tanto internos quanto externos. Baseado nisso, os governantes devem tomar suas decisões visando garantir o que as leis estabelecem não se afastando delas por nenhum motivo, por mais difícil e complicada que a situação possa se apresentar visto que, as leis são perpétuas, soberanas e imutáveis.

No que tange especificamente às leis, o principal requisito para garantir a sua perpetuidade é de que elas sejam indeléveis no caráter e na formação existencial do governante; isso graças ao tipo de educação e cultura que recebeu, fazendo-o fiel e implacável defensor dos interesses do Estado e da sua proteção contra as investidas internas e externas, que porventura o ameacem.

Uma vez constatada essa situação, surge um novo problema para Sócrates, personagem de Platão e que se manifesta gerando um novo dilema. O dilema consiste em, como avaliar ou testar o nível da coragem e sabedoria do guardião pleiteante a governante, para averiguar se o mesmo tem competência para fazer garantir e perpetuar o que manda a lei e assim, por conseguinte, poder salvaguardar os interesses do Estado.

A resposta, segundo Sócrates, personagem de Platão está no estabelecimento e análise de testes do tino e da perseverança do governante, que lhe é imposta por intermédio do seu acesso direto ao prazer, proporcionado pelas regalias, inerentes ao cargo com o objetivo de analisar sua capacidade de resistência aos excessos oferecidos por essa função. Diante disso, o exercício do prazer pelo guardião, pleiteante a função de governante, perpassa pela análise da exposição deste a todos os excessos e regalias que o cargo possa lhe oferecer e que esse prazer proporciona, com o objetivo de averiguar sua resistência a tais excessos, proporcionados pelos privilégios que o cargo lhe oferece e de sua fidelidade ao que as leis determinam. O propósito máximo é de tornar as leis indeléveis em sua cabeça. De maneira geral, o que se quer dizer é que tudo deve ser contabilizado na vida do guardião, pelo estudo e percepção de seu comportamento na sua vida pregressa e na presente, com vistas a avaliar a sua capacidade de resistência às tentações e pressões para que esse burle o que impetram as leis, que garantem a proteção, soberania e interesses do Estado.

Diante do Exposto, pode-se dizer que, após as leis se tornarem indeléveis na mentalidade do governante, imputadas a esse por intermédio de testes e provas diversas, tendo o prazer como o principal atributo de avaliação, elas se tornam perpétuas em sua totalidade e se mantém nesse estado com o objetivo de fazer com que esse gestor tenha condições de garantir através de sua competência, a integralidade da defesa dos interesses, da proteção e da existência do Estado.

Assim, quanto maior for sua resistência e sua imunidade aos ditames do cargo e do prazer que este proporciona, maior será a capacidade, preparo e aceitação do guardião pleiteante a governante, em assumir a função de líder máximo da Nação.

Identificadas e computadas as duas primeiras virtudes existentes no Estado hipotético que são a sabedoria e a coragem, cabe agora, segundo o próprio Platão, encontrar as duas últimas que são a temperança e a justiça.

Segundo Platão, a temperança é o sentimento que está mais próximo da concordância e da harmonia (p. 133). Isto é, na concepção do mesmo autor, "a temperança é uma espécie de ordem e de domínio dos desejos e das paixões. Por isso se diz, de maneira estranha, 'ser dono de si mesmo' e outras semelhantes que são outros tantos vestígios da temperança" (p. 133). Em outras palavras essa expressão diz respeito à capacidade do indivíduo em se manter equilibrado diante de quaisquer situações, no que tange a ser comedido, respeitar as diferenças, estar presente nas decisões e as tomar de maneira equilibrada, de forma justa e harmoniosa. Enfim, a temperança é um dos sinais presentes no ser que possui caráter consubstanciado na sabedoria e que tem a capacidade de conduzir de maneira equilibrada, as situações que se apresentarem difíceis de solução.

Para dar maior proeminência à sua análise sobre temperança, Platão se atém em avaliar de maneira mais criteriosa o que está subjacente na expressão, "ser dono de si mesmo[15]". Para esse autor, essa expressão soa de maneira absurda. Isso porque, explica o personagem Sócrates, tal expressão configura uma ação reflexiva, ou seja, a ação do agente recai sobre si mesmo. Dessa forma, quem pode ser superior a si mesmo, concomitantemente, pode ser inferior a si mesmo porque está se referindo à mesma pessoa. Para poder expressar melhor essa opinião, seria necessária a ação de dois agentes interagindo entre si, ou dois sentimentos opostos, tais como a bondade e a

---

[15] Essa expressão remete-nos ao ensinamento bíblico que afirma que: "Tens visto o homem que é sábio a seus próprios olhos? Pode-se esperar mais do tolo do que dele". Provérbios (Cap. 26; Vers. 12).

maldade, o amor e o ódio, etc., para dar sentido de simetria nas ações tornando-as perceptíveis e, portanto, válidas.

Porém no que se refere exclusivamente à expressão proposta para análise, Platão observa que (p.133):

> Parece-me, no entanto, que essa expressão queira significar que na mesma pessoa existem duas almas: uma melhor e outra pior. Quando a natureza melhor domina a pior, diz-se que o homem é senhor de si mesmo e isso passa a figurar como um elogio. Quando, porém, por efeito da má educação ou de má companhia, a parte melhor da alma é inferior e é vencida pela violência da parte pior, o homem em tais condições é dito escravo de si mesmo e privado de temperança, configurando-se isso como uma censura vergonhosa.

Na vida prática, esse tipo de comportamento é fácil de observar em uma comunidade ou meio social qualquer. A diferença primordial dependerá da forma de educação proposta. Isso porque, o fator determinante, ou a diretriz que vai prevalecer nesse meio é a educação. Entretanto, não basta apenas educar. Educar em si é uma palavra abstrata, com uma abrangência universal, aonde não se encontra um parâmetro específico para fazer com que essa expressão ganhe sentido no próprio meio em que se vive, fazendo com que a própria expressão educar ecoe de maneira absurda. Como por exemplo, educar com um chicote, ou educar com um facão ou arma na mão. Antigamente pensava-se que, para se educar um cavalo era necessário, cabresto, esporas e chicote. Nos dias de hoje descobriu-se que o cavalo é um animal por demais amoroso e ele responde muito bem em quaisquer situações para quem o ama e o respeita e, sentindo isso, ele retribui da mesma maneira. O cavalo, de início sente muito medo do ser humano, no entanto, depois que o indivíduo se aproxima desse animal, faz carinho, conversa com o mesmo demonstrando-lhe respeito, segurança e confiabilidade, o cavalo responde aceitando que o adestrador o monte, e então, ele dá trote, galopa com o mesmo de uma maneira normal, sem necessidade de quaisquer tipos de arreios ou chicotes.

De modo prático, atendo-se no tipo de educação que Platão propõe, ele se refere a educar o indivíduo para que o mesmo cultive, aprimore e absorva em grandes sorvos, a sabedoria, a coragem, a temperança e a justiça. Em sentido lato, isso é que é a verdadeira educação. Diz-se então de indivíduo educado, aquele que tem primordialmente, esses quatro atributos. Ao acúmulo desses quatro atributos mais a diversidade de conhecimento é que se conclui que o agente é educado e culto. Então, o fator fundamental para que se possa definir educação com maior propriedade, é a necessidade de o educador apresentar o método e o objetivo da educação a que se propõe.

Voltando-se ao exemplo escolhido por Platão para definir "temperança", no que se refere ao Estado, no mesmo pode ser encontrado uma ou outra dessas situações. No caso, o Estado pode se achar superior a si mesmo ou ainda, inferior a si mesmo. Isso porque, "haverá de reconhecer que pode ser chamado, com justa razão, dono de si mesmo, se é verdade que a preponderância do melhor sobre o pior deve ser definida como temperança e domínio de si mesmo". (p. 133 – 134). Esse é o perfil do Estado ideal, do Estado civilizado. Por outro lado, se a parte inferior, ou a parte má prevalecer sobre o lado mau, o Estado se encontra numa situação de barbárie, ou não civilizado, onde prepondera a truculência, a tirania, bem como todas as mazelas da "sociedade".

Para levar a cabo sua análise sobre temperança, Platão, manifestado em Sócrates, ainda observa que "isso não quer dizer que não se encontrem muitas e variadas paixões, prazeres e dores, sobretudo nas crianças, nas mulheres, nos escravos e na maior parte dos chamados cidadãos livres que, na verdade, não valem grande coisa" (p. 134; 2º §). Mas, para o mesmo autor, "os desejos simples e comedidos, porém, aqueles guiados pela razão com bom senso e intenção correta, são encontrados em poucas pessoas isto é, naquelas melhores por natureza e por educação" (p. 134; 4º§).

Normalmente, Sócrates, personagem de Platão, afirma com grande propriedade que, também nos Estados, assim como entre os seres humanos, "as paixões da multidão são dominadas pelas paixões e pela inteligência da minoria equilibrada". (p. 134). Entrementes, pelo tipo de educação e de cultura projetada e buscada durante a construção do Estado hipotético, a temperança, a coragem e a cultura seriam encontradas em todas as classes, visto que, esse é o modelo de um Estado civilizado.

É apenas no Estado civilizado, ou educado, e culturalmente avançado que se vê tais atributos. Para Platão, isso ocorre (2006; 137):

> Porque a coragem e a sabedoria tornam respectivamente corajosa e sábia aquela parte do Estado em que subsistem. A temperança, no entanto, estende seu efeito sobre o Estado inteiro, estabelecendo um perfeito acordo entre os fracos e os fortes, seja com relação à inteligência, à força, ao número, à riqueza, seja com relação a qualquer outro atributo desse tipo. Temos, portanto, todo o direito de afirmar que essa concórdia é a

temperança, harmonia natural entre o inferior e o superior a respeito de quem deva comandar no Estado e com relação a cada indivíduo.

Descoberta a terceira virtude que é a temperança, resta partir ao encontro da justiça no modelo de Estado criado. Para descobrir a justiça, agora tudo se torna mais simples. Isso porque, Sócrates, personagem de Platão, considera que, para que se possa detectar a contento o que seja a justiça deve-se partir do pressuposto de que, cada indivíduo deve caminhar e construir de acordo com o seu talento, ou seja, o seu dom. Tal observação em outras palavras significa dizer que, "a justiça consiste em cumprir o próprio dever e não intrometer-se naquele dos outros" (p. 136).

Para tanto, propõe-se a considerar o preceito de que, no Estado hipotético criado, depois de detectadas e debatidas "sobre as virtudes da temperança, da coragem e da sabedoria, falta-nos examinar aquela que garante a todas as demais a possibilidade de surgir e de se manter enquanto nelas permanecer" (p. 136), no caso, a justiça. Entrementes, ao se descobrir sobre o fato de que cada indivíduo tem que produzir e contribuir de acordo com o seu dom ou a sua obrigação, sem se intrometer nas demais, surge um problema.

Esse problema consiste em se identificar qual desses dons é o mais importante para a sociedade e que deve contribuir primordialmente para tornar civilizado ou bom, o Estado criado e que deve prevalecer sobre as outras atividades ou virtudes. Pois, para Platão, é justamente esse conflito, ou seja, a busca de garantias de direitos iguais para que cada uma dessas virtudes possa subsistir, sem afetar a importância ou os interesses das demais é que consiste em se chamar de justiça. Isto é, nenhuma delas recebe quaisquer tipos de subsídios ou diferencial ou, pode-se também dizer, vantagem inicial, para garantir que ela seja a atividade mais importante para a sociedade. Todas são importantes em iguais condições.

Também, por intermédio desse próprio atributo poderia ser descoberta a injustiça. A injustiça consistiria em se atribuir um fator positivo para uma das virtudes e deixar as outras sem essa atribuição. Tal atribuição faria com que essa virtude sobressaísse sobre as outras permitindo que ela ganhasse uma dianteira em relação às demais. Considerando esse fator como atributo aditivo sobre uma virtude em detrimento dos outros dons, ter-se-ia identificado o contrário da justiça, ou seja, a injustiça.

Assim, estaria encontrada a justiça e a injustiça nas relações de reciprocidade, verificada entre as virtudes, dentro da sociedade. Agora, resta encontrar o significado da justiça e da injustiça dentro das relações dos indivíduos para o Estado considerado.

Para Platão, "a capacidade de cumprir o próprio dever rivaliza em cada um com a sabedoria, a temperança e a coragem no aperfeiçoamento do Estado" (p. 137) e é justamente essa força que concorre com as demais para o aperfeiçoamento do Estado é que é a verdadeira justiça. Portanto, para Platão, de acordo com esse fundamento "a posse da própria perfeição e o cumprimento do próprio dever poderiam ser definidos como justiça" (p. 137), na concepção do Estado soberano.

Utilizando-se desse mesmo exemplo, pode-se identificar o contrário da justiça que é a injustiça para o Estado, o que lhe geraria um prejuízo. Tal prejuízo consistiria no fato de, por exemplo, se um carpinteiro decidisse fazer o trabalho de um sapateiro e o sapateiro o do carpinteiro, trocando entre si as ferramentas e os salários, ou, se um dos profissionais decidisse ele mesmo fazer as duas coisas, tais fatos gerariam não um tamanho prejuízo para o Estado, (p. 137), mas sim, certo prejuízo, porque, haveria uma queda de produtividade e de qualidade das mercadorias produzidas, diminuindo a sua vida útil e consequentemente a sua utilidade para a população. Essa situação traria um prejuízo para o Estado visto que seu nível de riqueza cairia, mas mesmo assim as mercadorias estariam sendo produzidas, bem ou mal.

Se, por outro lado, um cidadão abastado, assoberbado pela riqueza ou pelo prestígio adquirido entre seus pares, se infiltrasse no grupo dos guerreiros, ou ocupasse seu lugar no conselho que administra o Estado, mesmo sem estar em condições de exercê-lo, e todos trocassem suas funções e seus salários, ou, segundo ainda Platão, (p. 137) quando uma só pessoa fizesse tudo isso sozinho, tal baderna arruinaria o Estado.

Assim, na visão de Platão, "a confusão entre as três classes e suas trocas recíprocas trazem prejuízo irremediável para o Estado e poderiam, de pleno direito, ser consideradas crime" (p. 137). Esse seria um exemplo mais clássico de injustiça contra o Estado e que é estritamente o oposto da versão anterior que caracterizou a justiça. Essa mesma situação se reverteria da injustiça para a justiça, se todos os cargos retornassem às mãos de seus detentores legítimos e se cada um voltasse a praticar suas atividades devidas, sem prejuízo das demais, o que caracteriza uma verdadeira simetria entre essas ações.

Essa constatação indica um correto procedimento de análise, o que permite que se façam comparações e se identifique com maior propriedade, o objeto investigado, no caso, a essência da verdadeira justiça para o Estado. Isso, porque, segundo Platão, manifestado em Sócrates, só se confirma um conceito de forma objetiva, se houver outro a objetá-lo de forma direta e de mesma dimensão; ou, o seu oposto, ou, ainda, sua antítese. (p. 138).

Vale observar que, a aplicação do conceito da justiça e da injustiça ora encontrada, cabe apenas e tão somente para situações aonde possam ser detectadas ações, que acrescentem valores ao bom convívio do ser humano em sociedade ou ao bom funcionamento harmônico do Estado, no caso, em questões externas ao ser. Em suma, quando se compara ações dos indivíduos interagindo de forma independente e solidária no meio em que vive e a comparação dos reflexos e impactos dessas mesmas ações ao bom funcionamento do Estado.

Cabe reforçar que a detectação da justiça e da injustiça encontradas no Estado hipotético só é válida se a mesma for aplicada a uma determinada ação e seu reflexo interpondo na sua contrária, o que envolve dois ou mais agentes. Dessa maneira, pode-se dizer pelo método aplicado, que se encontrou a justiça e sua oposta a injustiça, no funcionamento do Estado hipotético, considerado esse último, como bom Estado ou mais propriamente, Estado civilizado. Concomitantemente pode-se dizer que o mesmo resultado será obtido se se aplicar tal método ao relacionamento do indivíduo com a sociedade em que está inserido, no que tange a obtenção da justiça e da injustiça.

Utilizando-se do mesmo tipo de procedimento, Sócrates, personagem de Platão, e seus amigos, procuram averiguar se encontram os mesmos atributos (sabedoria, coragem, temperança e justiça), na essência do indivíduo. Conseguindo obter esse resultado, a justiça definitivamente teria sido encontrada na sua amplitude geral.

> [...] Agora, porém, tentemos concluir o exame que começamos, persuadidos que é mais fácil encontrar a justiça no indivíduo, depois de ter tentado descobri-la em dimensão mais ampla. Pareceu-nos que essa era devida ao Estado e por isso o fundamos da melhor maneira possível, tendo claramente presente que num Estado bom teríamos encontrado a justiça. Vamos colocar, portanto, em relação com o indivíduo o que descobrimos no Estado. Se houver concordância de resultados, tudo estará resolvido. Se houver, contudo, com relação ao indivíduo, alguma diferença, volveríamos novamente nossa atenção para o Estado, a fim de aprofundar a busca, e, comparando-os ou até friccionando-os um com o outro, conseguiríamos fazer surgir a justiça como uma chama de dois acendedores e seu aparecimento a tornaria mais sólida em nós mesmos. Platão (2006; p. 138).

Conforme se vê, Platão considera que, para se obter resultado idêntico ao encontrado no Estado hipotético, no que se refere à detectação da justiça, faz-se necessário que essa mesma metodologia seja aplicada no indivíduo, com a finalidade de averiguar se é possível encontrar nesse, as mesmas virtudes (sabedoria, coragem, temperança e justiça). Se tal intento for conseguido, a busca ter-se-á terminada. Do contrário, volta-se a fazer a mesma análise, partindo da composição do Estado como referencial, já em outra situação, porém, no mesmo contexto, conforme já frisado acima, até que a proposta inicial seja alcançada, ou seja, encontrar finalmente a justiça na essência do ser humano.

Só por intermédio dessas ações que Platão (p. 138) considerou que: "Isso se pode chamar de proceder realmente com método e convém que assim façamos".

Para chegar a tais conclusões, Platão considerou como hipótese a situação de que, as mesmas virtudes (sabedoria, coragem, temperança e justiça), observadas em um agente maior, no caso, o Estado se verificariam de forma idêntica na alma do agente menor, no caso, o indivíduo. A hipótese principal é de que, quando um objeto maior é idêntico a um objeto menor, no caso do Estado e da alma do indivíduo respectivamente, pode-se dizer que os mesmos, de acordo com os atributos da justiça, são semelhantes. Considerando-se essa dedução e adotando-a como uma hipótese válida, Platão ainda acrescenta que (2006; p. 139):

> Pareceu-nos, porém, que um Estado é justo quando cada uma das três classes que o compõem desempenha a própria função. Pareceu-nos temperante, corajoso e sábio por certas disposições e pelo comportamento dessas mesmas classes.
>
> Poderíamos, portanto, pretender de modo correto, caro amigo, que seja classificado da mesma maneira que o Estado aquele indivíduo que apresente em sua alma, as mesmas características.

No entanto, quando se aplicou o mesmo tipo de procedimento para averiguar se encontrava a justiça na essência do indivíduo em particular, tal situação não se observou e o objetivo não foi comtemplado. Isso porque, utilizando-se da mesma metodologia e aplicando-a no âmago do indivíduo em particular, para verificar se encontrava tais virtudes em sua essência, constatou-se que não era possível identificá-las em sua alma.

Devido aos resultados encontrados, pode-se afirmar que, embora tenham sido identificadas a justiça e a injustiça, no pleno funcionamento de um Estado bom, tais fatos não cabem generalizações para o conceito final da justiça no seu sentido geral e irrestrito. Isso porque, essas situações se manifestam apenas nas questões de conflitos entre as virtudes, no tocante a qual é a mais importante para o bom funcionamento do Estado como um todo e para com a sua aplicação ao relacionamento dos indivíduos interagindo dentro de um meio social, mas não no tocante a ação do próprio indivíduo enquanto ser natural. Ou seja, quanto à utilização do mesmo critério de análise para a averiguação se o ser humano enquanto pessoa é justo ou injusto.

Em resumo, os resultados encontrados levam a afirmar que, a aplicação do conceito da justiça e da injustiça ora encontrada, cabe apenas e tão somente para situações aonde possam ser detectadas ações que acrescentem valores ao bom convívio do ser humano em sociedade, ou ao bom funcionamento harmônico do Estado, no caso, em questões externas ao ser. Ou, quando se compara ações dos indivíduos interagindo de forma independente e solidária no meio em que vive e a comparação dos reflexos e impactos dessas mesmas ações ao bom funcionamento do Estado e não para análise do comportamento do indivíduo de forma isolada e para averiguação de seu caráter como pessoa justa ou injusta.

Mesmo assim, pode-se dizer pelo método aplicado que se encontrou a justiça e sua oposta a injustiça, no funcionamento do Estado hipotético considerado esse último, como bom Estado ou Estado civilizado, podendo se aplicar o mesmo procedimento ao relacionamento do indivíduo em sociedade obtendo-se o mesmo resultado no que tange a detectação da justiça e da injustiça.

Deve-se relembrar que a justiça e a injustiça foram obtidas nos exemplos aplicados porque os seus resultados são contrários em mesma intensidade e dimensão, ou o grau de justiça contra o grau de injustiça se igualaram ou se equipararam no ponto ideal de igualdade, considerado por isso também como ponto de saciedade. Diante dos resultados obtidos e do critério utilizado, a justiça anulou a injustiça verificada em toda sua amplitude. Daí porque, os resultados encontrados satisfizeram em sua plenitude a proposta inicial das análises no que concerne apenas ao encontro da justiça no funcionamento do Estado hipotético, considerado este como civilizado, o mesmo não se podendo dizer que se encontraram os conceitos de justiça e injustiça na essência do ser humano em si.

Diante dos apontamentos depreendidos, considerou-se que o Estado para ser justo deve possuir as mesmas características que a alma do indivíduo, ou vice versa, o que os torna semelhantes. Em outras palavras, isso quer dizer que, no que se refere à essência do Estado bom ou civilizado, esse deve possuir a mesma estrutura de composição que a alma do indivíduo, ou seja, que seus respectivos âmagos devem ser dotados de: temperança, sapiência, coragem e justiça. Conforme já assinalado, aí nessa questão, no que se refere à estrutura organizacional da alma, constatou-se que não há como afirmar que essa tenha realmente, ou não, em sua essência, os valores relativos à temperança, sapiência e coragem. Se não há como asseverar que essas três virtudes compõem ou não a estrutura da alma do objeto pesquisado, no caso, o ser humano, muito menos, pode-se afirmar que essa mesma alma possua em sua estrutura a justiça. Esse último detalhe, passou a ser o maior obstáculo a desafiar Platão e seus amigos, na busca da essência da verdadeira justiça.

Tal constatação obrigou Platão e seus pares a mudar a estratégia das suas buscas por intermédio da mudança de objeto a ser investigado, porém com o mesmo método (p. 139) e o mesmo objetivo, ou seja, encontrar a verdadeira justiça, uma vez que a anterior, já atingiu seus limites. No entanto, mesmo com a mudança de estratégia na busca pela verdadeira justiça, tal fato não implica em abandonar os avanços obtidos com a análise utilizada anteriormente. Na realidade, isso representa já um avanço relevante nas investigações, o que obriga os pesquisadores, no caso, Sócrates, Glauco, Adimanto, Polemarco, Trasímaco e Céfalo a mudarem a estratégia da pesquisa, utilizando para isso, uma nova proposta de investigação, porém, sem abandonar os avanços obtidos com o procedimento anterior. O ponto de partida para utilização do novo procedimento perpassa pela sua aplicação sobre os avanços obtidos com a investigação anterior. São essas as novas condutas a serem tomadas a partir de então.

Por fim, antes de se adentrar no novo processo para se buscar encontrar a justiça verdadeira na essência do indivíduo, faz-se necessário conceituar o que seja Estado bom ou civilizado, aquele que foi encontrado durante o estabelecimento das ações de busca, para detectar e depurar a justiça verdadeira, no seu interior.

Para Platão, Estado bom ou Estado civilizado é aquele que é nutrido das quatro virtudes fundamentais, no caso, da sabedoria, coragem, temperança e da justiça, necessárias para o bom desenvolvimento do bem-estar de sua população. É um Estado que não faz distinção de classes sociais e de pessoas, que oferece condições iguais para desenvolvimento dessas castas e indivíduos, e que proporciona toda infraestrutura de boa qualidade, para sua população. Por dispor dessas condições é um Estado rico, não de pessoas ricas em bens materiais, mas sim de pessoas ricas por serem educadas, por serem proativas e por terem atitudes e condições morais suficientes, para fazer o diferencial no desenvolvimento de suas atividades. É um Estado que possui pessoas que atuam de forma independente, que são criativas cada qual desenvolvendo aquelas atividades, as quais elas foram preparadas e que correspondem ao seu talento, sem interferir de maneira alguma nas demais ações ou afazeres dos demais cidadãos. Em suma, é um Estado que proporciona todas as condições para que as classes sociais ou os indivíduos possam ganhar o pão e se enriquecer com o "suor do seu próprio trabalho", sem demais preocupações.

Enfim, para Platão, Estado rico não é aquele constituído de pessoas extremamente ricas financeiramente falando, mas sim, que oferece condições ideais de infraestrutura e que proporciona oportunidade para que todas as pessoas ou classes sociais que o constituem, possam buscar cada qual, a sua riqueza por intermédio do seu trabalho e da aplicação de seu talento de forma independente ou em grupo em iguais condições, sem interferir nas ações das demais classes sociais ou dos indivíduos de maneira educada e culta, ou seja, que nutre todas as virtudes necessárias para constituir uma sociedade civilizada.

Vale ressaltar, como será visto nos capítulos subsequentes, que esse conceito, assim como alguns outros, que serão analisados posteriormente e foram desenvolvidos por Platão, inspirou mesmo que hipoteticamente, o Senhor Adam Smith para lastrear a sua obra "Uma Investigação sobre as Causas das Riquezas das Nações", publicada pela primeira vez em 1776, mas que foi deturpada e alterada por economistas posteriores, principalmente os economistas protestantes[16] ingleses e posteriormente estadunidenses, no caso, os economistas sofistas e individualistas.

Deve-se esclarecer ainda, como se verá nas páginas posteriores da presente obra, que essas deturpações no modo de pensar filosofia e Economia, estão previstas no Contrato Social, ou seja, na mentalidade opiniosa e intuitiva de que a sociedade deveria ser controlada por Leis, em detrimento da educação e da formação moral do indivíduo, segundo ênfase de pseudofilosofos tais como: John Locke, Thomas Hobbes e Jean Jacques Rousseau. John Locke e Thomas Hobbes pelo lado individualista inglês e Rousseau, pelo lado do socialismo.

No crivo da seara da Economia Política, a partir de John Locke, o ponto crucial que marcou tais alterações, no modo de se pensar economia, foi a eliminação da premissa de que a formação da riqueza seria de responsabilidade do Estado civilizado e sua substituição pela incorporação de premissas protestantes efetuadas por esse pseudofilosofo, consorciadas com a proteção das ações e oferecimento de facilidades para classes sociais e pessoas já abastadas, que assumiriam essa função, passando em virtude disso, a ser indevidamente protegidas pelo Estado. Esse ponto de vista de Locke atingiu o ápice na seara econômica, com a opinião de David Ricardo, publicada em sua obra "Princípios de Economia Política e Tributação" - conforme será visto adiante -, de que, a riqueza social só seria multiplicada, se

---

[16] Fato esse que será tratado com maior propriedade e comprovado nos capítulos e livros subsequentes, a serem analisados nesta obra.

a "classe dos produtores se apropriasse da maior parte do excedente econômico na forma de lucro gerado pelo processo de produção no sistema capitalista, em detrimento do salário dos trabalhadores que teria de ser por isso, cada vez menores". Nesse contexto, esse autor criou o princípio da relação inversa entre salários e lucros, máxima essa que se tornou a razão de ser - mesmo sendo um falso dogma - e que passou a determinar as relações de trabalho entre patrões e empregados de maneira geral.

Esse quadro gerou total desigualdade entre as classes sociais e entre os indivíduos onde, uns têm muito, extrapolando o grau de riqueza estipulada por Platão, quando se fala em riqueza material, enquanto a maioria não tem nada, no extremo oposto, ficando abaixo da pobreza absoluta, também condenada por esse filósofo. As concessões, facilidades e proteções indevidas, acabaram por gerar ao longo da história econômica, situações de desigualdades absurdas e diversas, com extermínio de classes sociais e populações inteiras, conflitos e crises incontáveis, com alto grau de violência e mortes, além de guerras de todos os tipos, cumulando com as duas grandes guerras mundiais. Tais fatos marcaram o rompimento dos ensinamentos filosóficos açambarcados pelos filósofos gregos, tendo a busca da verdade como essência e sua substituição pelos sofismas e ideias opiniosas, intuitivas individualistas, praticados pelos pseudofilosofos do Iluminismo, além de premissas "religiosas" desenvolvidas pelos ideais protestantes, principalmente a partir da segunda metade do Século XVIII, tão condenadas essas, por Platão.

Agora, finalmente, voltando ao estágio posterior das buscas de Platão pela verdadeira justiça, conscientes disso, em virtude da impossibilidade de se detectar o conceito da verdadeira justiça indelével no indivíduo, por conseguinte, os personagens envolvidos dão início à nova investigação. Assim, Platão (2006; p. 139) e seus amigos, partem de um novo pressuposto, que é visto como segue:

> Não estamos chegando ao ponto de sermos quase que obrigados a admitir que no indivíduo subsistem as mesmas características e as mesmas atitudes comportamentais do Estado em que se encontra? De fato sua origem é a mesma. Seria absurdo supor que os Estados emotivos não transmitissem sua emotividade aos indivíduos, como ocorre na Trácia, na Cítia e em quase todos os povos do norte, ou sua paixão pela cultura, atribuída sobretudo à nossa terra, ou a avidez, que parece caracterizar os fenícios e os egípcios.

2.1.1.2.10 A busca pela justiça verdadeira por intermédio do perquerimento das faculdades (Necessidades fisiológicas e emoções: concupiscênicas e racionais) do indivíduo

Embora não tenha conseguido detectar a justiça no caráter do indivíduo por intermédio do perquerimento de sua alma, Platão ainda mantém viva a chama de encontrar a justiça verdadeira na essência do ser humano, agora, por seu turno, por intermédio da análise minuciosa de suas faculdades. A perquirição da faculdade do indivíduo, definida esta última como a capacidade do ser tomar decisões e de praticar a ação, ou de fazer algo que corresponda ao seu dom ou talento é uma excelente alternativa para que se possa encontrar nesse tipo de atitude inata ao ser humano, o verdadeiro conceito da justiça.

Isso porque, a faculdade ou as ações tomadas naturalmente pelo indivíduo, de acordo com o seu talento ou dom, é uma forma mais que natural de fazer o mesmo ser humano, a exteriorizar as suas qualidades mentais e intelectuais e que refletirão de forma imanente nas suas ações dentro da sociedade em que o mesmo vive, ou até, dentro de suas características emotivas naturais, na condição de homem ou mulher.

Naturalmente, todos os tipos de ações terão reflexo no comportamento ou na característica do ser humano, o que faculta ao investigador identificar na personalidade do objeto pesquisado, no caso, o indivíduo, se o mesmo é dócil, no sentido de civilizado. Assim, a faculdade do ser humano tem como fator subjacente a sua característica ou sua essência que, por conseguinte, faz externalizar a sua personalidade, o seu caráter, deixando expostas por intermédio dessas atitudes, as suas virtudes, em especial, aquelas que delineiam no mesmo, seu atributo de educação ou deseducação, ou sua selvageria, que é uma característica de alguém que não nutriu praticamente nenhum tipo de formação educacional, seja ela, material ou espiritual.

Como se vêm buscando desde o início de seu trabalho o conceito da verdadeira justiça, para que se possa estabelecer um padrão de relacionamento ideal do indivíduo dentro do meio em que ele vive no caso, o Estado, Platão parte do estudo da capacidade e do potencial educacional e cultural desse personagem, por intermédio da análise e busca das quatro principais virtudes na personalidade dessa pessoa, identificadas como: a sabedoria, a coragem, a temperança e a própria justiça, que moldam os princípios do bom relacionamento e que norteiam o ser humano quando o mesmo é educado e culto.

Ao proceder tentando encontrar a verdadeira justiça identificando essas virtudes no caráter do indivíduo, nada mais racional do que buscar essas qualidades nas faculdades do próprio ser humano. É a partir daí que Platão dá continuidade às suas investigações por intermédio da realização da mesma busca, ou seja, identificar a justiça verdadeira, desta vez em uma nova seara, ou seja, naquela justiça que deve se manifestar na capacidade do indivíduo de realizar ações e que são resultantes de suas faculdades ou de seus talentos.

Quando parte para a busca da verdadeira justiça por intermédio da análise das capacidades inatas do indivíduo, Platão começa por identificar suas faculdades. Para esse autor, existem três faculdades principais que se manifestam a partir da essência do ser, a saber: a primeira é a razão, que vai fazer personificar o grau do intelecto imanente nessa pessoa e que se diferencia perante seu nível de sabedoria, que é adquirida, esta última, por intermédio da acumulação e formação ao longo do tempo, da sua educação e cultura. Assim, quanto maior for a educação do indivíduo, maior será sua cultura e consequentemente, maior também será o seu grau de refinamento e capacidade cognitiva.

O segundo é gerado pelas suas paixões. Paixões essas que são manifestadas e extravasadas de acordo com o nível de temperança do mesmo indivíduo. Assim, ao contrário da sabedoria, quanto mais o ser humano é exposto às suas emoções sem o devido controle, maior será sua limitação em refrear suas ações. E quanto mais exposto aos atos gerados por suas emoções, mais sensível e, portanto, mais imprevisível se torna o sujeito, o que o transforma numa pessoa extremamente temperamental, e consequentemente violenta, ou por outro lado, calmo, ou ainda equilibrado, se o mesmo for educado e culto, o que vai depender também, do meio em que ele vive e de suas influências antropocêntricas e educacionais.

A terceira e última faculdade, se refere às necessidades básicas da mente e do corpo do ser humano, essenciais para sua sobrevivência e a manutenção do seu nível de bem-estar, no caso, as necessidades fisiológicas. Tanto as necessidades fisiológicas quanto a incapacidade de controle de suas ações recaem sobre as emoções concupiscênicas da pessoa.

Assim, de acordo com o mesmo Platão, manifestado em Sócrates (2006:140):

> [...] Mediante uma, com efeito, desenvolvemos as atividades intelectuais mediante a segunda, experimentamos emoções e por meio da terceira sentimos a necessidade de alimento, da procriação e dos prazeres afins. Ou quando empreendemos algo, a alma por inteiro intervém? Este é o verdadeiro problema, e difícil de definir.

Identificadas e classificadas as três principais faculdades, Sócrates e seus amigos, se deparam com outro problema. Esse outro problema "[...] reside em descobrir se fazemos todas as coisas com a mesma faculdade ou uma coisa com uma e outra coisa com outra as três faculdades". (p. 140).

Então, antes que se possa analisar cada uma das faculdades do indivíduo, faz-se necessário averiguar se as mesmas se manifestam de forma alternada, sequenciada ou concomitantemente. Se se observar que uma única faculdade dá origem às demais ações do ser humano, de maneira sucessiva ou concomitante, a hipótese de que as faculdades podem determinar a justiça verdadeira manifestada no caráter do indivíduo estará refutada. Agora, se for constatado que, cada ação resulta de uma faculdade específica e que se manifesta de maneira individual, cada qual agindo em separado, a hipótese de que a verdadeira justiça pode ser deduzida das interações dessas capacidades, agindo de forma interdependente e autônoma, será confirmada, e, portanto, aceita.

Diante dessa observação, o primeiro procedimento a ser dado nesta nova fase da pesquisa é averiguar se as faculdades são iguais ou diferentes entre si. Se for constatado que elas são idênticas, a hipótese de que se pode derivar a justiça das ações dessas faculdades será negada. Por outro lado, se for constatado que essas faculdades são diversas, a hipótese de que se pode derivar a justiça das ações interativas dessas faculdades será verdadeira e assim, como consequência, as análises serão válidas e devem ter prosseguimento. Então, as pesquisas podem partir da análise comportamental das faculdades com a finalidade de saber se elas são idênticas ou diferentes entre si, antes de se averiguar se a justiça verdadeira pode eclodir de suas interações mútuas.

Isso porque, segundo Platão (2006; 140):

> É evidente que uma pessoa não poderia, ao mesmo tempo e em relação ao mesmo objeto, produzir ou sofrer efeitos contraditórios. Por isso, se descobrirmos que isso ocorre no caso de tais faculdades espirituais, concluiremos que elas não são idênticas, mas diversas.

Em decorrência dessa hipótese, Platão parte para as análises com a finalidade de constatar se é possível a uma mesma pessoa praticar eventos contraditórios de forma concomitante. Se isso for possível todas as faculdades são idênticas e a busca pela justiça verdadeira a partir da ação dessas habilidades não poderá ser realizada. Se não for possível, as mesmas faculdades ou capacidades são diversas e a busca da justiça verdadeira dentro de suas interações será factível de ser investigada.

A forma mais simples para se constatar se uma pessoa age de maneira contraditória é a verificação de seus movimentos. Assim, por exemplo, se um homem movimenta a cabeça e os braços, sem sair do lugar, não caberia a afirmação de que esse indivíduo estaria imóvel e em movimento. O correto seria afirmar que uma parte do seu corpo está imóvel e outra parte está em movimento (p. 140).

Outro exemplo é o caso do pião que se encontra girando sobre seu próprio eixo. Não é correto afirmar que o mesmo está imóvel e em movimento. Para se fazer alguma afirmação a respeito dessa situação, ter-se-ia que encontrar um referencial como parâmetro para comparação. Um bom referencial para que se possa fazer a análise comportamental do pião consiste em se considerar o movimento do mesmo em relação a sua circunferência e ao seu eixo, tomando como exemplo. A partir da análise da sua circunferência, se o pião estiver girando de maneira intensa e contínua, sem se pender nem para a direita nem para a esquerda, poder-se-á dizer que o pião está imóvel em relação ao seu próprio eixo, porém, movimentando de forma circular em relação à sua circunferência. Se por outro lado, o pião começar a pender para direita ou para a esquerda, ou ir para frente, ou voltar para trás, poder-se-á dizer que o pião está se movendo em relação ao seu eixo e imóvel em relação à sua circunferência (págs. 140 -141).

Assim, Platão manifestado em Sócrates, seu personagem, conclui que (p. 141):

> Não haveríamos de ficar, portanto, embaraçados por semelhantes palavras, como não nos deixaríamos convencer que o mesmo objeto pudesse sofrer, ser ou produzir coisas opostas ao mesmo tempo, na mesma parte e em relação à mesma coisa[17].

A partir da conclusão obtida pela análise da hipótese testada, Platão chega a seguinte dedução (2006; 141):

> A fim de evitar, contudo, discutir todas estas objeções e não perder tempo em examiná-las e refutá-las, vamos considerar verdadeiro este princípio e vamos prosseguir reconhecendo que se chegarmos a conclusões diversas, deverão ser anuladas todas aquelas que tivermos deduzido desse princípio.

---

[17] Essa conclusão de Platão, manifestado pelo seu personagem Sócrates, é pioneira em relação, à terceira Lei de Newton, que afirma que: "Para toda ação existe uma reação, de mesma intensidade, e magnitude, porém de sentidos contrário".

Dessas deduções, pode-se afirmar com resultados empíricos que, os movimentos ou as faculdades principais do indivíduo, que são a ação mediante a razão, a ação gerada pela emoção, e mais, a ação provocada pelas necessidades fisiológicas do mesmo indivíduo, são diferentes entre si, e podem, ou não, agir de forma concomitante, ou de forma sucessiva, porém, cada qual sendo determinada por um tipo de comportamento diverso, atuando sobre o mesmo corpo.

Assim, a ação gerada pela razão está condicionada ao tipo de comportamento que é mais correto a ser tomado pelo indivíduo, mediante uma situação, totalmente independente de fatores emocionais. Pode-se citar como exemplo, o caso do pai que é delegado e prende o filho por este cometer um ato ilegal, um assassinato, um roubo, etc.

Já a atitude tomada mediante uma condição de emoção, se refere a situações de comportamento e de sensibilidade da pessoa e são motivadas pelo seu estado psicológico. Embora, essa faculdade tenha sua origem atendendo a um comando do cérebro, o que vai impulsionar essa ação ou movimento é o coração do ser humano ou sua parte emocional. Neste caso, a parte emocional se sobrepõe a faculdade racional do ser. Um exemplo para essa situação é o caso de uma pessoa que, por estar com pena, resolve proteger um bandido da ação da polícia, pelo fato desse último estar ferido e sendo perseguido.

Por último, no que se referem às necessidades fisiológicas, estas dizem respeito às necessidades orgânicas do indivíduo e que devem ser supridas por uma utilidade de mesma magnitude, porém, com efeitos contrários. No caso, a fome gera a necessidade de alimento e esse alimento que é processado pelo homem, se transforma em uma utilidade que, por conseguinte, vai suprir aquela necessidade, eliminando o sentimento de fome. Esses sentimentos fisiológicos geram ações que o contrapõem, no caso, fome gera necessidade de alimento; sede necessidade de líquido, no caso, a água; frio gera a necessidade de calor, portanto, para este último caso, deve-se providenciar um agasalho; calor, necessidade de frio, que vai sugerir o provimento – que é uma utilidade - de um ventilador ou de um condicionador de ar, etc.

Diante das deduções resultantes das análises efetuadas, observou-se que as faculdades são diferentes entre si e elas podem agir em separado ou de forma concomitante, o que permite afirmar até aqui, que o conceito da justiça verdadeira pode ser aparentemente extraído, até que se prove o contrário, das ações interdependentes, promovidos pelos atos advindos dos talentos do indivíduo.

Agora resta fazer a verificabilidade da ocorrência empírica dessas três faculdades, no tocante as suas manifestações no corpo do indivíduo. Isso implica em averiguar a forma e as circunstâncias em que essas manifestações ocorrem, de que elas dependem e como elas se interagem nesse corpo, de forma empírica, sequencial ou não, e, por último, quais são os reflexos das ações dessas faculdades no ambiente frequentado pelo mesmo ser.

Obedecendo a esse critério, a primeira faculdade que Platão se põe a observar são as necessidades fisiológicas. Para a investigação desses tipos de comportamentos, Platão preserva e se concentra no pressuposto de que, dependendo das circunstâncias e da condição psicológica do indivíduo, sempre quando ele faz manifestar uma faculdade por intermédio de uma ação, o mesmo se expõe a outra, que pode ser de atração ou de repulsão, que ocorre concomitantemente em resposta à ação gerada, de mesma intensidade e de mesma magnitude, porém de sentido contrário, e que por isso, tal característica dessas ações, é chamada por esse autor de eventos contrários.

Sócrates, personagem de Platão, ratifica essa situação, afirmando que (p. 140): "Portanto, acenar que se quer e acenar que não se quer, desejar e recusar, atrair e repelir alguma coisa, todas essas coisas, feitas ou sofridas, pouco importa, não podem ser consideradas uma contrária à outra?"

Quando se analisa o comportamento das necessidades fisiológicas, percebe-se que essas, se manifestam inicialmente por intermédio do sentimento de desejo. Quando esse sentimento é gerado, ele nada mais faz do que expressar uma necessidade do organismo que é exteriorizada quando o corpo do ser humano sente a falta de algo. Esse desejo de algo se caracteriza pelo aceno de que se quer ou não se quer. O mesmo sentido tem a expressão atrair ou repelir algo. Por exemplo, a sede e a fome, os apetites em geral, (p. 141) são espécies de desejo de natureza descrita, ou seja, que apontam que o organismo de um indivíduo de forma específica se encontra com fome ou com sede ou com apetite de alguma coisa. Ou com sede e fome, respectivamente, mas que se refere apenas a um sentimento de si mesmo ou do seu próprio corpo enquanto indivíduo.

Por outro lado, não querer, não desejar corresponde também a expressões que se referem a si mesmas ou a uma repulsa de um indivíduo em relação a um objeto relativo a si mesmo, e que é uma exteriorização de um sentimento de repulsão emanada pelo organismo desse mesmo indivíduo em relação a essa coisa, de forma específica. Esses são atos de repelir, afastar de si mesmos, portanto, ações ou sentimentos contrários aos primeiros, no caso, aos desejos e os apetites gerados pelo organismo do indivíduo e exteriorizados através de suas ações ou faculdades de se manifestar expondo suas necessidades orgânicas (p. 141).

Ao se analisar o grau de intensidade com que os desejos e os apetites, por intermédio das ações, exteriorizam as necessidades do organismo, observa-se que, são os sentimentos de fome e sede os que são mais imediatos (p. 142). Dessa forma, pode-se dizer que os sentimentos e as ações geradas pelas faculdades humanas, no que se refere às carências fisiológicas, se manifestam de acordo com o grau de intensidade dessas necessidades. Um indivíduo com fome ou com sede não pensará em outra coisa que não seja se alimentar, no sentido de comer algum tipo de alimento ou beber uma bebida para aplacar ou saciar os sentimentos de ausências emanados pelos seus órgãos, que se encontram carentes de tais suprimentos orgânicos e que são necessários para saciar tais desejos.

Em termos sequenciais, aparecem, por conseguinte, as sensações que se manifestam de acordo com a situação psicológica e as necessidades do organismo do indivíduo. Assim é que são geradas as sensações de calor, frio, proteção, segurança e que são enviadas para o cérebro por intermédio dos nervos sensoriais, que nada mais são do que células nervosas, que transmitem os sentimentos emanados pelos organismos do indivíduo, relativos às necessidades fisiológicas.

Em acréscimo a essa assertiva, pode-se observar também que, embora esses objetos guardem relações diretas com as demais peças relativas às mesmas características, tais coisas mantêm grau de comparabilidade, apenas entre essas características específicas e de mesma espécie. Um exemplo desse tipo ocorre, quando uma coisa é maior que a outra de mesma espécie e com as mesmas características, porém com tamanhos diferentes. No caso, uma laranja maior que a outra de mesma espécie; um tijolo maior que o outro tijolo, ambos feitos com a mesma argamassa, mas com formas diferentes de tamanho; um cachorro maior ou mais forte que outro cachorro de mesma raça e assim, por conseguinte. O dobro em relação à metade de um mesmo item, etc.

Também os mesmos atributos de um objeto podem variar de acordo com as sensações ou fatores psicológicos, apresentados pelo próprio indivíduo. Por exemplo, o ser humano pode, de acordo com a temperatura, preferir uma bebida quente em oposição a uma fria ou vice-versa, ou ainda, uma bebida morna. No que se refere à intensidade, o mesmo indivíduo poderia optar por muita bebida com alto teor alcoólico em contraposição a pouca bebida com teor alcoólico mais fraco, ou vice versa. Quando se trata do paladar, o tão propalado indivíduo poderia preferir uma bebida com mais sabor ou, em relação à mesma bebida, porém com menos sabor. No que se refere à especificidade, ocorre quando o mesmo indivíduo só aceita consumir um tipo de bebida específica.

Todas essas são escolhas naturais do homem ou mulher e que se referem também a um tipo de objeto natural e específico, portanto, essas são características de necessidades naturais imanentes ao próprio organismo do ser humano. Entrementes, quando o indivíduo escolhe um objeto em particular, essa escolha pode ser chamada de escolha acidental. É óbvio que tais desejos e preferências devem ser por objetos de boa qualidade (p. 142).

Sobre tais situações, assim comenta Platão (2006; 142):

> Todas as coisas, entretanto, que são tais em relação a outra e providas de características peculiares, estão em relação, parece-me, com um objeto que possui essas características, ao passo que, tomadas em si mesmas, essas coisas se relacionam, uma a uma, somente com o próprio objeto.

Assim, ficam demonstradas as características e as peculiaridades das faculdades orgânicas do indivíduo relativas às suas necessidades fisiológicas. O interessante a notar dessa situação é que, tais necessidades são hierárquicas e se manifestam de acordo com o estado físico e emocional do indivíduo, comandada pelas suas células nervosas e emanadas de suas necessidades orgânicas, mais imediatas e sequenciais.

Para poder melhor explicar a manifestação das necessidades orgânicas relativas a um objeto, em si mesmo, ou a uma escolha por um tipo e característica de um objeto de maneira específica, quando o indivíduo procura atender seus desejos e que são exteriorizados pelas suas ações ou faculdades e emanadas pelos seus órgãos diversos de forma respectiva, Platão, cita como exemplo, o caso da ciência e suas subdivisões.

Sobre esse tipo de cognição, assim se manifesta Platão (2006; 143):

> Não ocorre o mesmo com as ciências? A ciência em si é ciência de um conhecimento em si ou de qualquer objeto pelo qual deve subsistir como ciência, enquanto uma ciência particular e determinada tem um objeto particular e determinado. Vou explicar. A ciência de construir casas, quando surgiu, não se distinguiu das outras, a tal ponto de vir a ser chamada de arquitetura? Precisamente pelo fato de ser particular e diversa de todas as outras? E porquanto ciência de um objeto particular, não se tornou também ela particular? E não acontece o mesmo também com as outras artes e ciências?

> [...] Tudo aquilo que pode se relacionar a um objeto, considerado em si mesmo, se refere somente a si mesmo, Mas se determina com referência a um objeto determinado. Não digo, porém, que essas coisas sejam idênticas a seu objeto. Por exemplo, que a ciência das coisas sadias e doentias seja sadia e malsã, que a ciência dos males e dos bens seja má ou boa. Como, no entanto, a ciência médica não tem o mesmo objeto da ciência em si ao contrario, se ocupa de um objeto particular, a saúde e a doença, ela é por sua vez particular e por isso não se chama simplesmente ciência, mas medicina, em função de seu objeto particular.

Ao expandir sua linha de raciocínio sobre o desenvolvimento das faculdades e suas ações, Platão passa a envolver desta feita, as faculdades relativas à emoção. Com esse intento, o mesmo autor recorre à emanação do sentimento da sede. Quando afirma que um indivíduo está com sede, assevera Sócrates, personagem de Platão, em relação a uma bebida em particular, é particular também a sede. Mas no que se refere somente à sede em particular, "Não se relaciona com o muito ou o pouco, nem com o bom ou mal, enfim, nada de particular. A sede em si, diz respeito somente à bebida em si" (p. 144).

Platão dá sequenciamento ao raciocínio acima assegurando que (p. 144): "a alma, portanto, daquele que tem sede, enquanto tem sede não deseja outra coisa senão beber; é o que almeja e para isso se inclina".

Se, entretanto, continua o autor (p, 144): "quando, pois, tiver sede, se algo o faz retroceder, existe nele um princípio diverso daquele que excita nele a sede e o impele a beber como um animal porque, repetimos a mesma coisa ao mesmo tempo e em relação ao mesmo objeto não pode produzir efeitos contrários".

Do exposto Platão quer dizer que, quando um indivíduo sente sede num determinado momento, a ação requerida o induz a consumir uma bebida para saciar tal sentimento de sede, nesse momento único. Nada mais que isso. Nesse caso, tem-se um exemplo de uma necessidade fisiológica. Entrementes, se ao mesmo tempo o indivíduo sente uma repulsa em consumir a bebida, eclodindo em sua mente outra vontade, por exemplo, lavar as mãos; para esse caso específico, há ação de outra faculdade que lhe induz tomar nova atitude, superior ao sentimento de sede, e aí, o indivíduo deixará de consumir a bebida naquele momento específico, porque, é impossível para uma pessoa fazer dois movimentos contrários ao mesmo tempo.

Para atender a uma necessidade que seu organismo lhe indica como sendo mais imediata, que é de lavar as mãos, ele deixará de realizar outra ação, que é de beber a bebida demandada. Aí, nesse caso, ele tem que optar para a questão da prioridade decorrente de sua necessidade mais imediata, que lhe indicará o que é mais necessário para aquele determinado momento ou situação. Pode-se dizer que, o que o impediu de realizar a ação de consumir a bebida foi a necessidade de se realizar outra ação movida por uma emoção repentina. Isso porque, de acordo com a hipótese estabelecida por Platão e considerada verdadeira, o mesmo indivíduo não pode realizar ao mesmo tempo, duas ações que são contrárias. Como por exemplo: assobiar e chupar cana! Para esse caso específico há a manifestação repentina de duas faculdades na mente do indivíduo: uma fisiológica e outra emotiva.

Há ainda outro tipo de caso, como aquele da pessoa que tem sede de algum tipo de bebida e não quer beber. Um exemplo típico é o caso de um indivíduo que tem vício por uma bebida específica e o seu corpo o impele a consumir essa bebida, mas, porém, sua mente o faz rejeitar tal procedimento.

Platão afirma que, para esse tipo de comportamento existem duas faculdades interagindo no corpo do indivíduo: uma motivada pela razão e outra gerada pela emoção. "E o princípio que impede uma tal coisa não provém da razão, enquanto aquele que move e impele não provém da paixão e da doença?" (p. 144).

Continua Platão (2006; 144):

> Com razão, pois, consideramos esses dois princípios diversos e distintos entre si. Racional é aquele que induz a raciocinar, irracional e concupiscível, companheiro das satisfações e dos prazeres, aquele que leva a satisfazer o amor, a fome, a sede e as outras paixões.

Por intermédio desses dizeres, Platão descobre mais duas faculdades que ele define como faculdade da razão e faculdade da emoção.

A faculdade da razão é aquela que se manifesta de acordo com a temperança do indivíduo e se diferencia de pessoa para pessoa, de acordo com o grau de educação e cultura, ou seja, quando o indivíduo é influenciado positivamente pelo meio em que vive. Assim, de certa forma, pode-se dizer que, quanto maior for o grau de educação do indivíduo e de civilidade do meio em que ele vive, maior será sua cultura e factualmente, maior será seu nível de temperança e, portanto, melhor será sua capacidade de julgamento e, por conseguinte, da sua faculdade da razão ou ação motivada pela razão.

Por outro lado, há que se considerar também a faculdade da emoção. Esse tipo de faculdade, segundo Platão, se subdivide em dois tipos: a emoção concupiscível e a emoção racional.

A emoção concupiscível é aquela gerada pelas sensações e desejos materialistas, incluindo as necessidades fisiológicas, e também pelos princípios da irracionalidade, da emoção pura sem a presença da temperança, daquela motivada pelos prazeres e pelas paixões. Segundo Platão é aquela que é companheira das satisfações e dos prazeres e que leva a satisfazer o amor, a fome, a sede e as outras paixões. É a idolatria pelo dinheiro, pela bebida, pelo sexo, pelo vício de uma forma geral, de inspiração do próprio corpo, e ainda, a busca do atendimento das suas necessidades fisiológicas e de suas paixões, de forma imoderada e sem controle (p. 145).

Para reforço de tal posicionamento, Platão cita o seguinte exemplo (2006; 145):

> [...] pensando num fato que ouvi narrar há algum tempo, Leôncio, filho de Aglaion subindo um dia do Pireu para a cidade e passando sob as muralhas setentrionais, viu dois cadáveres estendidos na praça das execuções. Queria aproximar-se deles mas ao mesmo tempo era retido pela repugnância. Relutou consigo mesmo por uns momentos e cobriu o rosto. Por fim, vencido pela curiosidade, correu para junto dos cadáveres e, arregalando os olhos, exclamou: "Pois então desgraçados, saciai-vos à vontade com este belo espetáculo!".

Nesse caso, Leôncio estava sob o efeito das duas faculdades. A da razão que o induzia a seguir seu caminho de maneira natural, sem se ater a um problema já passado, o qual ele não podia mais fazer nada em relação aos cadáveres que foram executados, e outra, a da emoção concupiscência, no caso, a curiosidade, que o induzia a ver de perto tais cadáveres, mesmo se expondo ao odor de corpos putrefatos e ao horror de presenciar de perto os corpos mutilados pelos golpes das armas que lhes ceifaram as respectivas vidas. Nesse caso, a emoção concupiscência levou vantagem sobre o sentimento da razão.

Constantemente o ser humano se vê diante de tais situações e o prevalecimento de uma faculdade sobre a outra dependerá fundamentalmente do nível educacional e cultural do agente envolvido. Nesse caso, há uma relação inversa entre a faculdade emocional concupiscível e a faculdade racional. Assim, pode-se dizer que, quanto menor for o nível educacional e cultural do indivíduo, maior é a probabilidade da emoção concupiscível se sobrepor sobre o sentimento da razão e quanto maior for o nível de educação e de cultura do indivíduo, maior será a probabilidade dos sentimentos movidos pela razão se sobreporem às emoções concupiscíveis, visto que, o agente não pode realizar dois movimentos contraditórios ao mesmo tempo, conforme foi estabelecido pela hipótese considerada.

Outro tipo de emoção é a emoção racional. A emoção racional é aquela que se aproxima da razão. Essa é uma emoção mais moderada aonde o indivíduo é mais influenciado pelo nível educacional e cultural, aceitando com maior grau de temperança, as consequências e os reflexos provindos de um ato lhe infligido ou que o atingiu de forma indireta, ou, até os reflexos e as consequências do ato em que ele mesmo praticou contra outrem.

Sobre a emoção racional, assim Platão (2006; 145) observa:

> E quando alguém acha que agiu mal? Quanto mais nobre for, tanto menos haverá de se ofender por ter de passar fome, sede e experimentar qualquer outro sofrimento infligido por parte daquele que ele acha que está com a razão; numa palavra, nem pretenderia deixar que sua cólera se erguesse contra ele.
>
> E quando alguém acha que é vítima de uma ofensa? Nesse caso, não se inflama e não se indigna, e assume o partido do que lhe parece ser justiça e não suporta até a vitória, a fome, o frio e tudo o que for preciso, sem empenhar-se em seus nobres esforços até conseguir a vitória ou morrer, ou antes de ser aplacado pela razão como um cão que é repreendido pelo pastor?

Para Platão, a emoção concupiscênica é mais instintiva, mais irracional, comum em animais e também crianças em fase de desenvolvimento, mas que, se o indivíduo não for instruído, educado corretamente, esse tipo de sentimento tende a prevalecer nessa pessoa até o fim de seus dias. Por outro lado, a emoção racional diferentemente da emoção concupiscênica que é instintiva, e, portanto irracional, por outro lado, essa, a emoção racional, faz parte da alma, que vai se moldando com a evolução, o aprendizado do indivíduo e é a que mais se aproxima da razão. Na realidade, ela faz parte da razão, mas não se mistura com a razão, visto que, ela tem suas particularidades e que são diferentes da razão pura.

A diferença da razão para a emoção racional é que, a razão por si só é imparcial, é implacável, como se diria nas ciências jurídicas: "a justiça é cega". Por outro lado, a emoção racional é mais moderada, mas comedida e que se alimenta de sentimentos como o perdão, a paciência, a humildade e os sentimentos de solidariedade, enfim, dos valores morais.

Assim, Platão conclui que, a estrutura cognitiva humana, assim como a constituição do Estado, é composta de três substratos que compõem a essência do indivíduo que são, no caso, as faculdades: fisiológicas, as emocionais e a razão, assim como o Estado que se compõe de três classes sociais distintas, mas que interagem no mesmo meio quais são: os trabalhadores, os guardiões e os governantes.

Outra característica comum à composição do indivíduo e do Estado é que a formação desses três sedimentos é hierárquica em cada um deles. No homem ou na mulher, essas faculdades têm início nas necessidades fisiológicas, que fazem parte da emoção concupiscênica, perpassa pelas emoções racionais e terminam na razão que é adquirida por intermédio do conhecimento ulterior do indivíduo, como resultante do processo educacional e cultural. No Estado, os substratos começam pela classe trabalhadora, perpassa pela classe dos guardiões e termina na dos governantes que são constituídos, estes últimos, por indivíduos cultos e sábios.

Diante dessas deduções Platão (p. 146) observa que: "Chegamos finalmente, por meio de muitas dificuldades, a praticamente estabelecer que na alma de todo homem, subsistem as mesmas partes que compõem um Estado, dispostas na mesma hierarquia".

O resultado dessa conclusão é de que, finalmente pode-se trabalhar o conceito da verdadeira justiça, por intermédio da análise e interpretação da estrutura cognitiva do indivíduo, assim como foi feito com o estudo do conceito da verdadeira justiça, para o meio social ou o Estado, chegando-se à mesma conclusão, nos dois casos, sobre o que seja o conceito da verdadeira justiça.

Atendo-se fiel aos seus preceitos, Platão observa que, uma vez concluído que tanto o indivíduo quanto o Estado são dotados dos mesmos atributos, ainda que diversos entre eles, no caso, o Estado e o indivíduo, ambos podem obter o conceito da justiça por intermédio de um ou de outro. Diante disso, conclui-se que, o indivíduo educado e culto, pode ser considerado como sábio tal qual o Estado pela mesma razão, ou seja, a capacidade de ambos chegarem ao mesmo preceito mesmo utilizando-se de objetos de análises diferentes, porém com os mesmos critérios, o Estado pela interdependência mútua das classes sociais e o indivíduo por intermédio da inter-relação mútua de suas faculdades (p. 147).

Assim sendo, considerando tais fundamentos como válidos, pode-se ainda afirmar que, "se o indivíduo é corajoso, também o Estado o seja, pela mesma razão e da mesma maneira, e ainda, que em cada virtude, o indivíduo e o Estado procedam de modo concorde" (p. 147).

Se as hipóteses são válidas e as conclusões são únicas, também se pode dizer que "um homem é justo da mesma maneira pela qual o Estado é justo" (p. 147).

Agora, essa justiça transparece no Estado porque "cada uma das três classes que o compõem cumpre sua própria função" (p. 147), assim como a mesma justiça eclode no indivíduo porque, cada uma das suas faculdades cumpre a sua própria função o que faculta ao mesmo ser, de acordo com seu talento ou dom, desempenhar também sua própria função em consonância com as ações emanadas e inter-relacionadas de suas faculdades.

Em outras palavras isso quer dizer que, "cada um de nós será justo e exercerá a própria função quando cada uma de nossas faculdades exercer a própria função" (p. 147).

Por seu turno, quando se refere à questão da hierarquia das faculdades deve-se ter em mente que "à faculdade racional compete o comando porque é sábia e vigia toda a alma, ao passo que a faculdade emocional deve ser sua fiel aliada" (p. 147).

No que se refere ao desenvolvimento e à harmonização das faculdades racional e emocional, Sócrates, personagem de Platão, ainda acrescenta que, se essas duas faculdades forem realmente instruídas pelo processo da educação e da cultura, atingindo o alto nível do conhecimento e da sabedoria, tornando-se capazes de cada qual cumprir a contento sua própria função, elas "haverão de dominar a faculdade concupiscível que na alma de todo homem ocupa a extensão maior e é, por natureza, insaciável por dinheiro" (p. 147).

Por intermédio desse procedimento elas vigiarão a faculdade concupiscível que não terá como extrapolar suas funções básicas inerentes à mesma, que consiste apenas em manter suas ações, no sentido de não privar o indivíduo dos sentimentos básicos das necessidades fisiológicas, da paixão, da ambição material, porém sem se exacerbar nessas emoções. Isso porque, as faculdades racional e emocional, tratarão de dosar tais emoções concupiscênicas dentro dos níveis da temperança evitando que essas, estando grandes e fortes e enchendo-se com os ditos prazeres do corpo, não se ponha a tentar "submeter a seu domínio o que por origem não lhe toca e não venha assim a desorganizar toda a estrutura social" (p. 147).

Mais ainda, depois de atingido o nível máximo de refinamento por intermédio da instrução educacional e cultural, as faculdades racional e emotiva não deixarão de defender da melhor maneira possível, diante dos inimigos externos, a alma e o corpo, "uma deliberando e a outra combatendo, obedecendo às ordens e executando com a virtude da coragem os planos traçados" (p. 147 - 148).

Platão ainda observa que "Por isso, acho que dizemos que um homem é corajoso quando sua faculdade emocional conserva, por meio das dores e dos prazeres, os preceitos racionais sobre o que há a temer ou não" (p. 148). E que, como resultado do conhecimento científico "esse homem é sábio em virtude daquela pequena faculdade que nele se impõe e que é dotada da ciência do que é útil e para cada faculdade em particular e para as três juntas" (p. 148). Diante da interação mútua dessas três faculdades, diz-se que o corpo do indivíduo "é possuidor da temperança em virtude de sua aliança e acordo, quando a faculdade que comanda e as duas que são comandadas concedem que o comando compete à razão e não entram em discórdia entre elas" (p. 148). Tais deduções levam a afirmar que o homem será justo da maneira e pelos motivos que foram expostos nestes estudos, ou seja, quando cada um estiver executando as suas próprias funções de maneira independente e sem interferir nas demais (p. 148).

Por fim, no que tange ao conceito e à essência da verdadeira justiça, Platão conclui que, a justiça "não diz respeito ao comportamento externo, mas ao interior que envolve realmente o próprio indivíduo e suas faculdades" (p. 149).

E mais,

> [...] Graças a ela, o homem justo não permite a nenhuma das três características de sua alma exercer funções das outras duas, criando-se obstáculos recíprocos; pelo contrário, estabelece uma verdadeira hierarquia entre elas, torna-se o dominador, o educador e o amigo de si mesmo, harmoniza suas três faculdades internas como se faz com as três notas mais importantes da escala musical; a mais aguda, a mais grave e a média, com todas as notas intermediárias. Um homem como esse conecta entre si todas as suas faculdades e enquanto antes era múltiplo, se torna um indivíduo moderado e harmônico. Assim ele deverá agir tanto nas questões de dinheiro, quanto nos cuidados com o corpo, na vida política, nas relações privadas porque haverá

de considerar e definir como justo aquele comportamento que conserve e contribua para realizar essa condição interior, além de considerar como sabedoria a ciência que induza a tal comportamento. Ao contrário, haverá de definir como injusto o comportamento que leve a destruir essa condição e ignorância a opinião que leve a tal comportamento ruinoso. Platão (2006:149 - 150)

Dessa conclusão Sócrates, personagem de Platão, sentencia que "[...] não vamos dar a impressão de errar, acredito, se afirmarmos já ter encontrado o homem justo, o Estado justo e a essência da justiça tanto num como noutro" (p. 150).

Por seu turno, quando se reporta à injustiça, Platão assevera que ela eclode de um desacordo entre essas três faculdades e se caracteriza por ser "um distúrbio, uma ingerência, uma rebelião de uma parte contra o todo da alma, para comandar sem ter direito, em vez de se submeter à parte que nasceu para comandar" (p. 150). Alguns exemplos de distúrbios e desordens e que se caracterizam como injustiça para Sócrates, personagem de Platão, são a "intemperança, covardia, ignorância e maldade de todo tipo" (p. 150).

Analisando a mesma situação de outra forma, segundo o autor, pode-se dizer também que, agir mal representa a injustiça, assim como, proceder de forma correta corresponde à justiça.

Isso, em síntese, quer dizer que, as coisas sadias e doentias não são diferentes no que diz respeito à alma, do que são as coisas sadias e doentias em relação ao corpo. (p. 150).

Por último, das deduções acima sobre a justiça comparando-a com sua contrária, no caso, a injustiça, pode-se considerar também que, "as coisas sadias trazem saúde e as malsãs provocam doenças" (p. 150), ou ainda, "de modo similar, agir de modo justo engendra a justiça e agir de modo injusto, a injustiça" (p. 150),

Explicando melhor, "engendrar a saúde significa dar uma ordem aos elementos do corpo segundo sua hierarquia natural, enquanto provocar a doença quer dizer instituir semelhante hierarquia de modo não natural" (p. 151). Em adição a essa assertiva, Platão ainda acrescenta que, "pela mesma razão, criar a justiça na alma significa estabelecer uma ordem hierárquica natural, enquanto criar a injustiça significa restabelecer uma ordem hierárquica não natural" (p. 151).

Como resultado das deduções acima, Sócrates, personagem de Platão, reverbera que, "por isso, ao que parece, a virtude é como a saúde, a beleza e o bem-estar espiritual[18], enquanto o vício é doença, deformidade e fraqueza" (p. 151), e os bons hábitos conduzem à posse da virtude enquanto que os maus hábitos à posse do vício. (p. 151).

O passo seguinte da mesma análise perpassa pela comparação entre viver segundo as virtudes ou viver sob o domínio do vício para averiguar "se agir bem, ter bons hábitos e ser justo é conveniente, independentemente da opinião dos outros, ou se, ao contrário, é mais conveniente agir mal e ser injusto, contanto que sejam evitadas a punição e a necessidade de emendar-se mesmo frente ao castigo" (p. 151).

Da hipótese acima chega-se a uma conclusão natural de que, caso o indivíduo escolha viver no vício, o corpo se degenera com maior intensidade e "[...] quando o corpo se depaupera, a vida parece insuportável, apesar de todas as comidas e bebidas, toda a riqueza e todo o poder, porquanto então se altera e se compromete a natureza do próprio princípio que nos faz viver" (p. 151). Diante desse cenário a conclusão é de que, não interessa a vida porque, mesmo se fazendo o que se quer, mas não havendo meios de se livrar do vício e da injustiça e transformá-los na justiça e na virtude, não há porque viver (p. 151).

Depois de analisadas cada uma das hipóteses estabelecidas, observou-se que o Estado para ser livre e justo precisa ser criado nos fundamentos das principais virtudes, a saber: da sabedoria, da coragem, da temperança e da justiça, princípios esses que norteiam as relações de mutualidade entre as classes sociais, no caso, a dos trabalhadores, dos guardiões e dos governantes que compõem um Estado civilizado. Verificou-se ainda, por intermédio do mesmo procedimento, que tais virtudes também são encontradas na alma de um indivíduo educado e culto e que se distribuem de maneira interdependentes e hierárquicas nas suas faculdades mentais classificadas como: emoções concupiscênicas, emoções racionais e razão.

De maneira específica, verificou-se também que, essencialmente, o elemento comum que estabelece a relação de igualdade entre os valores sociais que norteiam o Estado e o indivíduo é a justiça. Em se tratando do Estado civilizado, a Justiça eclode nas relações de interdependência recíproca que existe entre as classes sociais que formam esse Estado. Por seu turno,

---

[18] Observa-se nesse exemplo que Platão fala em bem-estar espiritual e não bem-estar material. Bem-estar espiritual refere-se ao estado do espírito enquanto racional, solidário, equilibrado, dotado de virtudes morais e espirituais. Já o bem-estar material refere-se ao estado da matéria, a busca pelo prazer material fundamentado no acumulo do dinheiro, portanto, concupiscênico, ou em outras palavras, egoísta, individualista e efêmero. Fatos esses que serão tratados com maior propriedade em páginas posteriores desta obra.

observou-se ainda que, essas virtudes para adquirirem consistência, devem ser trabalhadas e gravadas de forma progressiva até se tornarem indeléveis na alma do indivíduo, pelas ações da educação e da cultura. Isso quer dizer que, o Estado, para ser civilizado precisa ser estruturado segundo esses princípios e que esses mesmos fundamentos de forma concomitante estão presentes e são emanados da alma do indivíduo quando essa, a alma, se manifesta por intermédio dos atos de suas faculdades mentais. Assim, a justiça deve ser considerada como a principal virtude responsável para estabelecer tal relação de igualdade entre as ações do Estado civilizado e da alma do indivíduo.

Por conseguinte, esse elemento comum verificado entre as ações do Estado civilizado e do homem ou mulher educado (a), no caso, a justiça, como já frisado, se manifesta, quando as atividades realizadas pelas classes sociais que compõem tanto esse Estado quanto os atos praticados pelo indivíduo educado, adquirem a capacidade de cada qual, ser capaz de exercer suas próprias funções sem se intrometer nas demais funções de outras classes sociais, no caso do Estado, ou, faculdades mentais, em se tratando do indivíduo. Assim, se a pessoa for educada e justa, o Estado será educado e justo. Se o indivíduo for sábio, educado, justo e detentor da temperança, o Estado também consequentemente será, sábio, educado, justo e detentor da temperança.

2.1.1.2.11 O fenômeno da Transmutação, como o verdadeiro fator gerador da produção e reprodução da riqueza econômica.

Essa técnica se encaixa perfeitamente no processo definido como transmutação, processo esse, que demonstra ser muito bem conhecido desde a época de Platão. Entrementes, para se entender como se processa o milagre da transmutação faz-se necessário conhecer e compreender o conceito de concupiscência e de emoções concupiscênicas.

Segundo o Dicio – Dicionário online de Português, concupiscência nada mais é do que "ambição ou desejo desmedido por bens materiais e/ou sensuais". Ou ainda, "ganância por poder, dinheiro; cobiça". Ou, "aspiração por satisfações sexuais: concupiscência da carne" [19].

Se concupiscência significa ambição, desejo desmedido por bens materiais e/ou sexuais, a emoção concupiscênica traduz-se por ser um termômetro que mede o grau de intensidade desses desejos do indivíduo, pelos bens materiais ou sexuais. Tal desejo, conforme visto anteriormente, tende a aumentar ou diminuir dependendo do grau educacional e cultural do ser. Isso ocorre porque, os indivíduos educados e cultos, e, portanto, civilizados, são dotados de temperança, e, dependendo do grau da temperança presente nesses seres, maior será o controle dessas emoções e, portanto,

---

[19] Visitado em: 08/05/2019

menor será o grau dos sentimentos desmedidos, ou, em outras palavras, menor será a sua concupiscência e, por conseguinte, o descalabro social. Analisando a mesma situação, porém, de outro extremo, maior será a concupiscência quanto maiores forem o grau de deseducação e falta de cultura do ser humano, ou, o que dá no mesmo, do seu grau de ignorância.

Assim, os desejos concupiscênicos do indivíduo, seja ele, homem ou mulher, ficam expostos aos seus apetites emocionais, principalmente quando esses anseios se referem à matéria, em detrimento das vontades espirituais. Da sua parte, os apetites emocionais são transmitidos pelas suas células nervosas até atingirem o seu subconsciente. Na concepção deste estudo, seguindo preceitos do senhor Joseph Murphy (2012), em sua obra "O Poder do Subconsciente", esse subdivide a mente do ser humano em três partes: consciente, subconsciente e inconsciente[20].

Segundo esse autor, o consciente é o componente da mente que está constantemente em contato com a parte externa do corpo e que faz a ligação entre o mundo exterior e o interior do cérebro humano, mais propriamente, com o subconsciente. É o consciente que recebe e transmite as mensagens recebidas pelos órgãos sensoriais como a visão, por exemplo, para a parte interna desse órgão, no caso, o subconsciente e o inconsciente. É o subconsciente que vai processar as informações recebidas e vai dar as respostas para o consciente de acordo com a mensagem captada. Quando a mensagem recebida pelo subconsciente é de alta intensidade e vai impactar significativamente os sentimentos do indivíduo, esse, no caso, o subconsciente vai enviar esses dados para o inconsciente, gravando-o aí, definitivamente, nessa região do cérebro. Nesse tipo de ligação sensorial, está envolvida também a emoção gerada pelo coração e que se manifesta de acordo com a maneira pela qual o ser humano percebe e analisa as informações captadas e recebidas do consciente. Nesse caso, a captação, o processamento e a interpretação da mensagem pelo subconsciente vão

---

[20] Sem se ater a mais delongas ficar-se-á restrito a uma breve exposição do funcionamento do inconsciente, do subconsciente e do consciente. O inconsciente é um tipo de receptáculo que acumula as emoções mais impactantes que ocorrem na alma do indivíduo, como, por exemplo: um acidente automobilístico de alto impacto, uma rejeição de pai ou de mãe, o presenciamento de um crime com resultado de morte, etc. Quando tais fatos ocorrem, a emoção gerada pelo impacto da ação ocorrida ultrapassa os limites do consciente e do subconsciente e atinge e fica gravado no inconsciente. Em virtude de o inconsciente ser um bolsão de absorção, pode-se dizer assim, de emoções extremamente fortes, essa informação fica retida e oculta nesse segmento do cérebro, como se ela não existisse para o indivíduo tornando-se esquecida. Passa-se um tempo, muito ou pouco, e então, quando a pessoa presencia algo semelhante e com alta intensidade, aquela emoção é acionada no inconsciente que então a projeta de volta para o subconsciente e consciente, fazendo com que o indivíduo relembre do fato ocorrido e que, para ela anteriormente, seria como se nunca tivesse existido. A parapsicologia é uma ciência até certo ponto recente e que trata muito bem desses temas correlatos. Um autor que versa muito bem sobre esses temas é o senhor Joseph Murphy.

depender ainda, no que se refere à emoção, do estágio educacional e cultural do indivíduo e que indicarão se o mesmo está num patamar elevado de civilização ou se esse é ignorante. De acordo com o estágio evolutivo do ser, a informação captada será interpretada de várias maneiras fazendo com que a reação do corpo do indivíduo se comporte de diversas formas.

Nesse aspecto, o subconsciente é uma espécie de receptáculo que tem por função receber, absorver, armazenar e acumular as informações fazendo gerar as emoções no interior do cérebro até as mesmas se tornarem indeléveis e adquirirem - de acordo com o grau de intensidade e da capacidade sensitiva do cérebro do indivíduo – formas. Por conseguinte, essas formas, se persistirem o grau de intensidade das emoções, vão se moldando e adquirindo nitidez no seu subconsciente até gerarem imagens, na sua mente.

Tais imagens, em virtude do seu formato e nitidez, vão se solidificando na mente do ser humano até se transformarem definitivamente em formas bem definidas, com identidade e vida própria, gravados indelevelmente no seu cérebro. Nesse caso, essas imagens criam um objeto imaginário na mente do ser que o faz pensar que existe realmente essa coisa, mas que, porém, só está presente na sua mente. Persistindo a intensidade dos apetites emocionais da pessoa, tal imagem, já caracterizada como um objeto, configurado imaginariamente de maneira inapagável na sua mente, é projetado para a parte consciente do seu cérebro, que imediatamente o ejeta para fora do seu corpo, transmutando-se na forma de objetos sólidos, tais como uma escultura, uma obra de arte, etc. A primeira, no caso de um escultor, já a segunda, na condição de uma obra de arte plástica, grafada por um artista plástico, ou até, em última instância, em transtornos psíquicos, como uma alucinação, por exemplo, e que é característico, esta última, de uma emoção concupiscênica forte, mais comum em indivíduos desequilibrados.

A transmutação e a transubstanciação, esta última, explicada em nota de rodapé abaixo, perpassam por todo esse processo. Em suma, a transmutação como fenômeno cerebral só se verifica, conforme frisado acima, em caso de acúmulo de energia no subconsciente do indivíduo e que perpassa pelo seguinte processo: primeiro ela adquire uma forma, essa forma vai se transfigurando, de acordo com a intensidade da emoção recebida, até possuir consistência e se transformar numa imagem; essa personificação vai transmudando-se obtendo maior nitidez e transparência na mente da pessoa, tornando-se indelével, até tomar vida própria, e depois, é projetada no consciente que, devido o grau de intensidade da imagem, imediatamente a expulsa para a parte exterior do corpo do indivíduo, transmutando-se num objeto de arte, tal como uma escultura, um quadro[21], etc., por meio do trabalho realizado pelo artista plástico.

---

[21] Um exemplo bem simples e visível de uma transubstanciação ou transmutação - visto que ambas, é praticamente a mesma coisa, com a diferença de que a transmutação verifica-se na matéria e a transubstanciação é um fenômeno que se realiza no espírito -, é a metamorfose realizada pelas borboletas e, ou, larvas. Esse fenômeno, primeiro começa no ovo de onde nasce uma larva. Essa larva posteriormente vai se transformar num casulo que pelo processo de transmutação vira borboleta adulta e que dá continuidade na transformação. Então, o fenômeno da transmutação ocorre quando a larva vira uma borboleta e que, depois, vira uma larva. Diante desse fenômeno não se pode dizer que a larva como sendo um ser vivo é uma borboleta e nem que a borboleta por também ser um ser vivo, na qualidade de inseto é uma larva, pois ambos passam por um processo intermitente. A solução para tal questionamento é a afirmação de que ambos os insetos vivem em si mesmos adquirindo ora uma forma, ora outra.

Em Economia Marx utilizou o fenômeno da transmutação, segundo ele, como será visto mais tarde quando for analisada sua obra, por intermédio da adoção da espiral de *Sismondi*, para explicar o processo de produção capitalista, que se dá pela transmutação M – D – M, na concepção do produtor, ou, D – M – D, no parecer do comerciante, aonde o dinheiro se transmuta em capital-dinheiro, de capital-dinheiro para capital-matéria prima, de capital-matéria prima para capital-mercadoria já acrescido da mais-valia ou excedente-econômico, que, por conseguinte, depois de vendida no mercado, se metamorfoseia novamente em dinheiro acrescido do excedente econômico, fazendo surgir o processo D – D', criando o mercado de moedas e que são trabalhadas pelos bancos, e que, é finalmente esta última, no caso, a moeda ou dinheiro, distribuído sob a forma de salários, juros, lucros, renda da terra, para todos os participantes do sistema, e que, em seguimento, na etapa seguinte, faz todo o processo se retroalimentar. Vale ressaltar que é esse procedimento de Marx que transformou a Economia verdadeiramente numa Ciência empírica, seguindo o mesmo processo embrionário da criação do excedente econômico desenvolvido por *Quesnay*. Voltar-se-á a tratar desse tema quando for estudado "O Capital" nesta mesma obra.

É interessante analisar que Marx adotou o processo semelhante ao de Platão e também do Apóstolo Paulo que, utilizando-se este último do mesmo fenômeno da transmutação, explicou a passagem de Cristo pela Terra, obedecendo a seguinte sequencia: Cristo (Deus) se transmuta em Cristo (homem) por intermédio do seu nascimento como filho de Maria; Cristo morre se transmutando em Cristo morto; Cristo Ressuscita (Cristo morto se transubstanciando em Cristo espírito e voltando a sua forma espiritual) e, Cristo (Deus) volta ao Céu, transmutando-se novamente na sua forma original de Filho de Deus Pai. Vale frisar que em todos esses processos o Cristo continuou sendo o Cristo, embora, enquanto estava na Terra, como Ele gosta de frisar, era apenas homem e não Deus. Nessa condição, Ele era apenas o Filho do Deus encarnado como Homem. O homem que tinha renunciado temporariamente à sua condição de Deus, para poder realizar sua missão na terra como Homem. É por isso que, enquanto Homem, Cristo fazia questão de ser chamado de "O Filho do Homem".

Vale observar que, na condição de Homem (Homem Cristo), o próprio Cristo para celebrar sua passagem pela Terra na condição de Homem, transformou o fenômeno da transmutação em transubstanciação criando assim um rito, tornando

De acordo com o demonstrado acima, no caso das emoções concupiscênicas, em alguns casos, elas são tão intensas na mente do indivíduo, que criam um desequilíbrio psíquico em sua cabeça, fazendo-o acreditar que tais coisas existem de fato, gerando-se assim, o fenômeno da idolatria, que consiste em sentimentos desmedidos por coisas materiais, também conhecidos como mundanos, tais como o vício, configurado no amor à droga, ao sexo, ao próprio corpo, à comida, às personalidades de destaques na música, na política, nos esportes, nas seitas que se dizem "religiosas", e a todo tipo de fantasia, e que, por último, resultam no descalabro social, característicos de países sem educação e sem cultura.

indelével esse fenômeno na mente e no espírito dos seus Discípulos e da sua Igreja. Por conseguinte, esse rito da transformação da transmutação em transubstanciação, foi convertido pelo próprio Jesus Cristo em rito litúrgico que foi celebrado pela primeira vez na última sexta-feira antes de seu martírio, durante um jantar e que ficou conhecida como "A Última Ceia".

Por seu turno, o rito que também se converteu em ritual, recebeu o nome de Liturgia Eucarística. Liturgia Eucarística essa que representa a oferenda do Corpo e do Sangue de Cristo pelo perdão dos pecados da humanidade. Assim, esse fenômeno se tornou indelével na mente dos fieis Católicos, se transformando num procedimento que se repete constantemente entre os Sacerdotes da Igreja Católica, durante a celebração da Santa Missa, e que vai se perpetuar até a sua volta, para decretar o fim dos tempos terrestres, conforme o próprio Cristo prometeu.

Todo esse ritual se fundamenta nos seguintes dizeres: "Quem não comer do meu corpo e não beber do meu sangue jamais entrará no Reino do Céu" João (Cap. 06; Vers. 54 – 55). Dessa forma, tem-se o fenômeno da transubstanciação e que grava a Terceira e última Aliança, que se baseia na Promessa do Retorno de Cristo à Terra, desta vez para decretar o seu fim e se criar em seu lugar a Nova Jerusalém ou Nova Terra. Essa Aliança, desta feita, foi celebrada diretamente, face a face, na matéria, entre o Filho do Próprio Deus Vivo e os homens na Terra, enquanto que, as outras duas alianças (entre o Senhor e Abraão, e depois, entre o Senhor e Moisés) ocorreram por intermédio do Senhor Deus que está Vivo e os homens, mas numa relação sublimada quando o Senhor se manifestou em Espírito em relação ao homem que estava no estado da matéria.

Vale frisar que, o novo fenômeno, que é o da Transubstanciação, pode ser descrito da seguinte maneira: Jesus (Deus Espírito) transmuta-se na matéria, por meio de todo um ritual praticado pelo sacerdote durante a celebração da Santa Missa, quando esse, o Cristo, se manifesta em espírito na hóstia e no vinho, no momento em que os mesmos são consagrados pelo Sacerdote no Altar durante o ritual da celebração eucarística. Durante esse Ritual, o Sacerdote repete o pronunciamento de Cristo afirmando que, quem não comer daquele corpo e beber daquele sangue, jamais entrará do Reino do Céu. Por conseguinte, depois da transmutação ocorre a transubstanciação quando os fiéis consomem aquele corpo e aquele sangue de Cristo e que foi gravado indelevelmente na mente e no espírito desses fiéis, através da celebração da Cerimônia Eucarística.

Em virtude do baixo nível educacional e cultural de alguns povos antigos, talvez também até devido à vida nômade e ao isolamento de algumas dessas etnias, entre esses grupos humanos tal fenômeno era comum. Diante disso, certos povos, como os maias, os incas, por exemplo, faziam imagens do sol e outros astros celestes e transformavam essas imagens em deuses, e, para agradá-los, utilizavam-se de sacrifícios humanos visando, segundo eles, aplacar a ira desses deuses, ou ainda, para fazerem pedidos comuns às tradições desses povos. A Bíblia Sagrada cita casos de sacrifícios e de existência de deuses estranhos como Baal, Moloc, Belial, dentre outros.

Isso fez com que o Senhor, conhecido como o Deus de Israel na Bíblia Sagrada, criasse até uma advertência proibindo a prática de tais atos para seu povo, considerando esses ritos como sendo pecado, para evitar a adoração a objetos gerados pelo imaginário das pessoas[22] ou imagens construídas, inspiradas em objetos celestes. Por incrível que possa parecer ainda hoje, os povos de origem milenar, alheios aos ensinamentos bíblicos e aos preceitos, já em nossos dias considerados científicos, têm como objeto de adoração a elefantes, ratos, bois, o sol, a lua, as posições do sol no firmamento do céu, a posição da lua nesse mesmo firmamento, etc.

Entrementes, o fenômeno da criação de imagens é um processo natural, imanente na mente do indivíduo, que sempre existiu e continuará existindo. O ideal é que a pessoa considere esse evento como uma característica inata do cérebro humano e que é gerado, dependendo do grau de intensidade da emoção, pelo próprio indivíduo e da sua sensibilidade emotiva. Tal acontecimento pode se manifestar da mesma forma tanto numa pessoa evoluída, aí definida como emoção racional, quanto no indivíduo ignorante ou bárbaro, por intermédio da emoção concupiscência. Isso não quer dizer que as pessoas humildes, detentoras de educação espiritual, tais como os filósofos, alguns religiosos e outras pessoas especiais, que possuem um nível sensitivo e espiritual elevados, não possam gerar imagens consideradas como racionais, que são originadas pela fé e comprovadas cientificamente, pelas ciências que investigam tais fenômenos. No entanto, nessas pessoas, as imagens, a fé e a descrição de tais acontecimentos ocorrem de uma maneira serena, natural, sem quaisquer tipos de altercações. Nesse caso específico tal fato faz parte da educação espiritual que é um fenômeno característico de pessoas com grau de temperança elevada e que independe, esta última, no caso a temperança, do nível de educação material que a pessoa adquira, mas sim, e tão somente, da

---

[22] Depois falou o Senhor nestes termos. Eu sou o Senhor teu Deus, que te tirou do Egito, da casa da Servidão. Não terás deuses estrangeiros diante de mim. Não fará para ti imagem de escultura, nem figura alguma de tudo o que há em cima no céu, e do que há embaixo na terra, nem de coisa que haja nas águas debaixo da terra. Não as adorarás, nem lhes darás culto: porque eu sou o Senhor teu Deus. (Êxodo, cap. 20; vers. 01 a 05).

educação espiritual ou educação do espírito, fator crucial para que a pessoa adquira um nível de bem-estar espiritual elevado.

Um exemplo muito interessante da emanação da força da emoção racional gerada pela ação da parapsicologia é a cura de um cego de nascença, apresentada pela Bíblia Sagrada, no livro de São João (Cap. 09; Vers. 01- 07), como é apresentado abaixo:

> E passando Jesus, viu a um homem que era cego de nascença: e seus discípulos lhe perguntaram: Mestre, que pecado fez este, ou fizeram seus pais, para nascer cego? Respondeu Jesus: Nem foi por pecado que ele fizesse, nem seus pais: **mas foi para se manifestarem nele as obras de Deus. Importa que eu faça as obras daquele que me enviou, enquanto é dia: a noite vem, quando ninguém pode obrar**[23]. Eu, entretanto, que estou no mundo, sou a luz do mundo. Dito isto, cuspiu no chão, e fez lodo do cuspo, e untou o lodo os olhos do cego, e disse-lhe: Vai, lava-te na piscina de Siloé (que quer dizer o enviado). Foi ele pois e lavou-se, e veio com vista

Da transcrição acima cabe observar a profundidade e a sutileza das palavras proferidas pelo próprio Cristo, mas que, porém, não foram entendidas pelos seus discípulos. O texto deixa claro que, Jesus Cristo estava plenamente consciente do trabalho que ele deveria fazer. Diante da presença do cego de nascença e de seus discípulos, o Messias estava calmo, sereno e muito atento às ações que o mesmo iria praticar e que realmente praticou, curando o cego por intermédio de emanações cerebrais extremamente fortes, que fez com que todos os que estavam em sua volta ficassem assustados com tal prodígio.

Outro exemplo mais extraordinário desse tipo de fenômeno, no caso, da criação de imagens ou da demonstração do poder de controle emocional e emanação de energias cerebrais, que se verifica por meio das emoções racionais, descrito pela Bíblia, conforme Paixão (2017)[24], é a ressurreição de Lázaro, realizada por Jesus Cristo[25]. O próprio Cristo, sobre isso se manifesta de forma contundente, mas que, também não foi entendida pelos seus discípulos, por intermédio dos seguintes dizeres.

---

[23] O grifo é nosso
[24] Idem.
[25] Evangelho de São João (Cap. 11; Vers. 01 – 44).

> Estava, pois enfermo um homem chamado Lázaro que era da aldeia de Betânia, onde assistiam Maria e Marta suas irmãs. (e esta Maria era aquela que ungiu o senhor com o bálsamo, e lhe limpou os pés com os seus cabelos; cujo irmão Lázaro estava enfermo). Mandaram, pois, suas irmãs dizer a Jesus: Senhor, eis aí está enfermo aquele que tu amas. E ouvindo isto Jesus, disse-lhes: **Esta enfermidade não se encaminha a morrer, mas a dar glória a Deus, para o Filho de Deus ser glorificado por ela.** [...] Disse-lhes, pois Jesus então abertamente: **Lázaro é morto. E eu por amor de vós folgo de me não ter achado lá, para que acrediteis**[26]. Mas vamos a ele. João (Cap. 11; vers. 01 – 15).

Novamente, é interessante analisar a maneira como o Cristo se refere á morte de Lázaro, como sendo um fenômeno jamais visto e inimaginável para todos os presentes. Nesse episódio, Cristo quis deixar comprovado que Ele é realmente o Filho de Deus, o Senhor do Universo. Durante a realização desse milagre, pode-se observar no relato de São João que, em nenhum momento Jesus Cristo entrou em contato com o corpo de Lázaro. Tendo chegado à casa de Maria e Marta, irmãs de Lázaro, já há quatro dias passados da morte do enfermo, Jesus Cristo se ateve a ficar do lado de fora da casa das irmãs. Diante de um aglomerado de pessoas que foram ao velório e ficaram para confortar Marta e Maria, Jesus Cristo e seus apóstolos, depois de terem chegado ao local, ficando a algumas dezenas de metros da casa de Marta e Maria, o Messias apenas se ateve a perguntar às irmãs onde estava o corpo do falecido. As irmãs levando-o ao local aonde se encontrava o corpo e acompanhado pelos curiosos, em plena luz do dia, o Messias se posicionou do lado de fora do sepulcro e sem manter quaisquer tipos de contato com o corpo, e muito menos sem entrar no túmulo, Cristo se pôs a rezar com muita intensidade, a ponto de seu rosto ficar vermelho. Depois de certa altura, o Filho de Deus emitiu um alto brado e diante da multidão de pessoas, pediu que Lázaro saísse do túmulo, o que foi prontamente atendido, com este último já vivo, com o corpo todo coberto de faixas.

De forma objetiva e clara, cumpridas todas as exigências para que um fato se torne científico, não há como afirmar que esses dois

---

[26] O grifo é nosso.

acontecimentos não sejam uma prova cabal de uma ação dessa natureza[27]. Paixão (2017) depois de ter estudado praticamente todos os fenômenos que podem ser considerados como científico na Bíblia, afirma que, nesse Livro há três fatos inequívocos de fenômeno científico praticado por Jesus, o que comprova, segundo essa autora, que Jesus Cristo é o Verdadeiro Messias. Os três fatos que permitem essa assertiva, conforme visto dois acima – a cura de um cego de nascença e a ressurreição de Lázaro - são: a cura do cego de nascença, João (Cap. 09; Vers. 1 – 41); a Ressurreição de Lázaro, João (Cap. 11; Vers. 01 – 44) e a aparição de Jesus Cristo a Tomé João (Cap. 20; Vers. 24 – 31).

De volta às análises, vale afirmar que a diferença básica entre essas duas emoções, no que se refere ao fenômeno de criação de imagens pelo cérebro é que, a pessoa deseducada vai interpretar aquela situação de uma maneira totalmente diferente da pessoa educada podendo levar até, a desequilíbrios emocionais tais como: a loucura, a idolatria, a prática de ocultismo, dentre outros. Por outro lado, quando tratado na ótica da emoção racional, o fenômeno da geração de imagens dá vazão a estudos diversos realizados por ciências até recentes, tais como: a parapsicologia, a psiquiatria, a psicologia, e até ao estudo religioso. Por exemplo, esse fenômeno é muito

---

[27] Segundo Caroline Faria, "Comprovar" significa "confirmar", "corroborar", ou ainda, "evidenciar" e "demonstrar" algo. A comprovação científica é, pois, o ato de (com)provar através de experimentos (evidências, demonstrações) diretos ou indiretos, ou ainda por métodos probabilísticos (demonstrações matemáticas) a veracidade de alguma hipótese ou teoria com base no "método científico".

Assim como o "método científico" não constitui uma forma exata de proceder (como uma "receita de bolo", ou um "manual"), mas antes um modelo de pensamento baseado no "mecanicismo/reducionismo" que norteia as pesquisas científicas, a "comprovação científica" de teorias nem sempre segue um mesmo procedimento ou caminho. Porém, podemos encontrar pontos comuns na comprovação de teorias científicas.

O primeiro passo é sempre a publicação da teoria e de eventuais experimentações ("eventuais", porque o cientista tanto pode formular a hipótese com base em experimentos que ele mesmo realizou, como pode somente formulá-la baseado nos trabalhos realizados por outros cientistas) em algum periódico especializado. No caso de haver pesquisas que levaram a formulação da hipótese, o cientista deve fornecer todos os dados referentes à pesquisa com o intuito de que ela possa ser reproduzida (e testada) por qualquer pessoa em qualquer lugar e produza os mesmos resultados.

De modo geral, ao publicar sua teoria, o cientista sempre expõe os métodos utilizados, ou o raciocínio que o levaram a chegar àquela(s) conclusão(ões). Assim, outros cientistas podem questionar ou corroborar a hipótese formulada. Disponível em: https://www.infoescola.com/autor/caroline-faria/4/ Visitado em: 16/05/2019.

comum e muito estudado pela religião Católica, no que diz respeito ao estudo da existência dos fenômenos dos milagres e ao processo de beatificação e a santificação de algumas personagens religiosas, criando-se assim, os Santos da Igreja Católica. Dentro do estudo da Igreja Católica, o fenômeno mais comum e considerado como fundamental para o credo e também citado pelo próprio Cristo é o fenômeno da fé, que consiste em acreditar sem ver. João (Cap. 20; Vers. 29).

Assim, pode-se dizer que, quando o Senhor condena a criação e adoração de imagens do Céu e da Terra, o mesmo se refere às emoções concupiscênicas que levam à loucura e idolatria e não às emoções racionais que levam a estudos científicos, portanto, sérios. Uma bela prova disso é que, o Senhor orientou a Moisés que colocasse em cima da Arca da Aliança (Êxodo, 15: 17 – 22), dois querubins, que são espécies de anjos. Outro fenômeno extraordinário e já comprovado cientificamente, deixando os pesquisadores boquiabertos é a transformação da hóstia sagrada e do vinho sagrado em carne e sangue[28] reais que, depois de devidamente analisados e pesquisados, descobriu-se que, tanto a hóstia que virou carne quanto o vinho que virou sangue, são de origem do povo judeu, o mesmo povo o qual Cristo pertenceu.

Nesse caso, há uma exteriorização das emoções do indivíduo e que o coloca numa situação diferenciada em relação ao fato existencial ou não. Dessa maneira pode-se dizer que, praticamente tudo que é criado pela mente do homem ou da mulher deve-se ao grau de intensidade de suas emoções, e que, de acordo com esse grau de intensidade, gera-se uma diferenciação de emanações no comportamento e na ação, de indivíduo para indivíduo.

Lógico que, o comportamento emocional do ser humano vai depender, conforme já exposto, do seu nível de educação e de cultura. Isso porque, como também já foi frisado, é a educação e cultura que moldam tanto os sentimentos quanto as emoções do homem ou da mulher. Sentimento diz respeito à alma na sua forma natural inata ao indivíduo, comum a todos os seres vivos, como por exemplo: o ato de gostar; de não gostar; sentimento de dor; sentimento de vitória em relação a um fato que gera uma emoção de alegria, etc. O ato praticado pode também resultar em um resultado negativo e que vai gerar uma emoção de tristeza, de dor, etc.

Tais sentimentos são gerados pelos órgãos sensitivos do indivíduo, definidos como: tato, paladar, audição, visão e o olfato e que são transmitidos

---

[28] Ver Milagre Eucarístico de Lanciano ocorrido no Século VIII na cidade italiana de Lanciano, Outro caso, é o do milagre Eucarístico de Buenos Aires, ocorrido na cidade de Buenos Aires, em 1996. Milagres dessa natureza com provas verídicas comprovadas por autoridades científicas já são encontrados em vários endereços eletrônicos disponíveis na Internet, bastando para isso apenas pesquisar, por parte dos interessados, motivo pelo qual não se fazem necessários comentários adicionais.

pelas suas células nervosas até o cérebro. O cérebro, por conseguinte, registra tais fatos, e que, por conseguinte, acionam o coração do ser humano fazendo emanar as emoções.

A emoção, por seu turno, é o comportamento que é gerado pelo tipo de sentimento e do grau de temperamento, que se manifesta no ser humano e que vai depender basicamente de suas condições psíquicas. Assim, por exemplo, o sentimento de gostar pode produzir até três tipos de emoções diferentes, quais sejam: a paixão, o amor e a lascívia. Já o ato de não gostar pode gerar o desprezo, a aversão, o rancor. O sentimento de dor por seu turno pode provocar: o ódio, a raiva, o medo, etc. Tais estados da alma indicam as condições psíquicas da pessoa, como por exemplo: a alegria, a tristeza, a depressão, etc.

De maneira geral, as condições psíquicas são alimentadas pela exposição do individuo ao conhecimento, que se dá por intermédio da educação e da cultura que é praticada, ou que é comum no meio em que a pessoa vive. E até mesmo, por outro lado, do grau de violência ou civilidade do próprio meio; fatos esses que causam sentimentos diversos na capacidade perceptiva do ser humano. É da análise desses tipos de comportamento que se determina o nível de sabedoria e de inteligência que moldam os costumes e as tradições existentes em cada povo, e que, por seu turno, emolduram o nível de barbárie ou civilidade dessa etnia ou da própria comunidade.

São desses sentimentos comuns, dessas emanações, que surgem o Estado, como se fosse um receptáculo, um bolsão de acúmulo dessas energias e que, por seu turno, reflete o grau evolutivo por que passam as classes sociais que o compõem. Dessas emanações, são a educação e a cultura seus principais instrumentos de formação e ostentação.

Assim é que se diz que, num Estado estulto, o tipo de emoção que prevalece é a emoção concupiscênica, aonde o ser humano é mais exposto aos prazeres e aos desejos por dinheiro, às paixões, ao instintivo, aos vícios do sexo, da droga, da violência, ao irracional, enfim, a má educação que é externada.

Já por outro lado, num Estado civilizado, o que prevalece é a racionalidade, a compreensão, a solidariedade, o respeito mútuo e o desejo da paz e da prosperidade para todos, e que, segundo Platão, são os pilares de um Estado rico, forte e consolidado, portanto, civilizado, enfim, onde prevalecem os sentimentos do bem-estar espiritual.

Agora, a condição desses dois Estados, nesses estágios, o bárbaro e o civilizado, principalmente o bárbaro, não é eterna, ambos podem sofrer mudanças, e a força motriz para tal, é o prevalecimento dos valores educacionais e culturais que se manifestam, na sabedoria, na coragem, na temperança e na justiça, que devem estar presentes e assumir as diretrizes no processo evolutivo de ambas as entidades.

O elemento comum desses sentimentos que prevalecem tanto no Estado civilizado quanto no Estado bárbaro são as emoções. Assim, por intermédio da educação e da cultura acumulada, o Estado pode sair da condição de bárbaro para o estágio civilizado se os valores das virtudes acima citadas prevalecerem.

2.1.1.2.12 Determinando o perfil do guardião (homem ou mulher) considerado ideal para fazer a defesa do Estado

Depois de encontradas e de decifradas as quatro virtudes principais, no caso, a sabedoria, a coragem, a temperança e finalmente, a justiça, que determinam as ações de um Estado civilizado e de um indivíduo verdadeiramente sadio, no que diz respeito ao regulamento de suas perfeitas faculdades mentais, Sócrates, personagem de Platão, induzido por seus amigos, Adimanto, Céfalo, Trasímaco, Glauco e Polemarco dá sequência a construção do Estado ideal, proposto por Sócrates, analisando desta feita, as suas principais formas em consonância com a alma do indivíduo, não sem antes analisar, o processo de procriação e a educação dos filhos depois de seu nascimento, bem como do melhor tipo de procedimento que deve ser adotado no processo educacional, na relação entre as mulheres e seus filhos.

Neste caso específico, o desafio que Platão tem pela frente é tentar responder de uma forma breve, ao seguinte questionamento: - Qual é o elo que se estabelece na relação entre os defensores e as mulheres, bem como aos filhos, e à educação dos jovens, no período que decorre entre o nascimento e a escola, e mais, a idade decisiva para eles? (p. 155).

Para atender a esse desafio, Platão (2006; 156 – 157) no papel de Sócrates, assevera que:

> Para os homens que nasceram e foram criados do modo como expusemos anteriormente, a meu ver, não há outra maneira de ter e tratar corretamente os filhos e as mulheres, a não ser seguindo aquela trilha que andamos traçando para eles desde o começo porque, segundo nossos planos procuramos tornar os cidadãos semelhantes a guardiões de um rebanho.

Diante do exposto, o mesmo autor considera que se deve seguir o plano já traçado por eles para se criar o perfil ideal necessário para um guardião e que terão de atribuir também às mulheres, a mesma natureza e a mesma educação. Seguindo essa metodologia, de acordo ainda com Platão, logo ver-se-á se tal procedimento é conveniente ou não. (p. 157).

Nessa concepção, a mulher deve ser educada também na função de guardiã e como tal deve receber o mesmo tipo de educação que o homem, embora ela seja considerada mais fraca que esse, tanto no exercício das mesmas funções quanto no recebimento da mesma instrução. No caso, na arte da música (educação) e da ginástica (cultura), mais a arte da guerra (manejo das armas e da equitação) (p. 157).

Platão ainda observa que, antes de tudo, se deveria decidir de comum acordo, se essas ideias seriam ou não exequíveis e se deveria permitir que as mesmas pudessem ser discutidas por quaisquer pessoas independentes de seu grau de educação e cultura. Segundo ainda o mesmo autor, "tudo isso deveria ser feito no sentido de verificar se a natureza da mulher poderia participar de todas as tarefas dos homens ou de nenhuma delas ou ainda de algumas sim e de outras não e, finalmente", em qual categoria ela pertenceria na arte da guerra. Por intermédio desse procedimento, Platão considera que se poderia chegar a uma conclusão verossímil e boa. (p. 158).

Isso feito, o primeiro ponto a considerar é que no Estado fundado por Sócrates, personagem de Platão, e seus amigos, todo indivíduo deve exercer a função que mais condiz com sua natureza. O segundo ponto é o de que, não obstante, a mulher é, segundo sua própria natureza, muito diferente do homem (p. 159). Como consequência natural desses fatores, deve-se impor ao homem e a mulher funções diversas a cada um dos dois, segundo sua natureza.

Agora, apesar disso, o fato em destaque é: - Como atribuir a homens e mulheres a mesma função sem cair na contradição em afirmar que homens e mulheres devem exercer as mesmas funções apesar de serem por natureza, quase completamente diferentes? (p. 159). Esse passa a ser o principal problema, ou seja, como atribuir a homens e mulheres as mesmas funções se ambos são muito diferentes um do outro segundo a própria natureza de cada um?

Em outras palavras, isso implica dizer que, é fundamental reconhecer sob todos os aspectos que diversidade de natureza implica diversidade de função, mas mesmo assim, para o propósito desta questão, deve-se considerar também que, embora homem e mulher sejam de natureza diversa, é imprescindível conferir ao homem e a mulher, as mesmas funções. Esse é o problema crucial da discussão.

Na realidade, para Platão, esse é um problema aparente, porque, quando se faz essa proposição está se analisando apenas a questão visível da natureza da mulher e do homem, e não, a sua capacidade de desempenho nas funções.

De acordo com esse autor, para se evitar discussões estéreis dessa natureza, faz-se necessário, antes de se atribuir as funções para ambos, homem e mulher, deve-se primeiro, dividir tais funções por tipo, isto é, definir que tipo de trabalho pode ser atribuível a homens e mulheres, para se evitar contradições triviais. É essencial considerar ainda que, se for descoberto que o sexo masculino e o sexo feminino diferem na propensão a uma arte ou a certa função, faz-se necessário conferir as funções, respeitando essa diversidade. Entrementes, se se constatar que a única diferença é que a mulher gera e pare e o homem fecunda não se deve admitir como verdade absoluta, que a mulher seja diferente do homem no que tange a atribuição de funções, fazendo prevalecer a hipótese de que, defensores e suas mulheres deveriam desempenhar as mesmas funções (p. 161).

Cabe ainda observar, no caso de cargo público, qual a arte ou função pública para a qual mulheres e homens não seriam igualmente idôneos, mas sim, tivessem inclinação diversa. Entrementes, essa questão é fácil de solucionar a partir do ponto em que se reconhece no tocante à administração do Estado, que não se reserva nenhuma função especial destinada às mulheres (p. 161).

Assim sendo, "na administração do Estado não há nenhuma função própria do homem ou da mulher enquanto tal, mas as inclinações são casuais em ambos e por natureza a mulher tem o mesmo e todo o direito de assumir funções como o homem, embora ela seja inferior". (p. 162). Nesse caso, quanto à aptidão feminina, deve-se considerar apenas o seu talento ou dom no que se refere à atribuição de cargos e funções.

Isso feito, conclui-se que, no que tange ao homem e à mulher, ambos têm a mesma inclinação para defender o Estado, diferenciando-se apenas no fato de que a mulher é fraca e o homem é mais forte. Diante disso, deve-se acentuar que o Estado pode escolher mulheres para fazerem a sua defesa visto que, "elas também são capazes disso e por natureza são semelhantes aos homens" (p. 162).

Diante das conclusões obtidas pela breve análise, no que se refere à igualdade de aptidões entre os homens e as mulheres para o desempenho de funções disponíveis na gestão do Estado, tal fato deve gerar a criação de leis específicas para tratar dessa questão e estabelecer as condições a fim de que, esses atributos vigorem. Platão acrescenta que, essas leis não são impossíveis nem utópicas, visto que são conforme a natureza. Para ele (Platão) ainda, as disposições vigentes contrárias a tais normas são inaturais o que permite a supremacia exclusiva das mesmas, em toda sua extensão, profundidade e legitimidade. (p. 163).

Considerando que homens e mulheres não são iguais, Platão, manifestado em seu personagem Sócrates, ainda assevera que, esse é o melhor método de educação para que se possam obter os homens e as mulheres mais bem qualificados para administrar o Estado, o que permite deduzir que, além dos homens, essa é a melhor lei a ser aplicada pelo Estado para poder selecionar e preparar seus defensores do sexo feminino. Dessa maneira, a criação dessas diretrizes deve ser considerada como a primeira fase do estabelecimento do processo da introdução da relação da educação da mulher, na organização do Estado civilizado.

Para dar sequenciamento nos debates é imprescindível ter em mente que, todas as leis precedentes seguem outra. (p. 164). O passo seguinte versa sobre o processo de procriação, criação e educação dos filhos dos defensores, com a finalidade de se constituir nova safra de futuros guardiões do Estado civilizado.

Diante dessa observação, deve-se partir do pressuposto de que, todas as mulheres dos defensores deveriam ser comuns a todos. Nenhuma delas deveria conviver em particular com nenhum deles e também os filhos deveriam ser criados segundo esse mesmo critério. Tudo isso para que se possa ter, os futuros melhores defensores para o Estado. (p. 164).

Entrementes, Platão, no papel de Sócrates, considera que esse princípio seria muito difícil de ser considerado como possível e útil, mas, porém, o mesmo é exequível. (p. 164). Se for exequível, afirma Platão: "[...] não acredito que se possa duvidar da utilidade e das enormes vantagens que adviriam em ter as mulheres e os filhos em comum. Creio, no entanto, que será ferozmente contestada a possibilidade de pôr em prática tal lei" (p. 164). Não obstante, mesmo sendo difícil, para que se possa extrair o suprassumo da referida questão, ou seja, obter os melhores defensores para atender os interesses do Estado civilizado, deve-se partir por hipótese, desse pressuposto.

Para isso, é necessário que se faça a escolha das melhores mulheres, da mesma maneira como foi feita a dos homens. Depois disso é imprescindível separar os homens e as mulheres que sejam afins por natureza, unindo-os num mesmo ambiente e fazendo-os desfrutar do mesmo espaço para facilitar a convivência, o relacionamento e por fim, a prática do sexo. Ao mesmo tempo é crucial proibir todas as indecências do sexo e providenciar para que se tenha um ambiente agradável aonde todos os cidadãos e cidadãs se sintam felizes. (págs. 165 – 166).

Por conseguinte, após o estabelecimento dessas prerrogativas, deve-se providenciar a celebração do matrimônio, uma vez que os mesmos seriam os casais mais úteis ao Estado. (p. 166). O cruzamento ou sexo deve ser no melhor vigor da idade, no caso, da mulher, dos 20 aos 40 anos, e dos homens, dos 30 aos 55 anos, para que se possa ter os melhores filhos ou guardiões.

Fora desses períodos estabelecidos, tanto para os homens quanto para as mulheres, procriações, independentes dos interesses dos pais, para doação dos filhos ao Estado, não serão admitidos. Todos os filhos fora dessa faixa etária serão descartados pelo Estado.

Agindo dessa maneira, ter-se-á os melhores machos e as melhores fêmeas para viabilizar a procriação dos guardiões para garantir a defesa da Nação. Agora, todo o processo de escolha dos casais deve ficar em segredo, sendo do "conhecimento exclusivo dos governantes de modo a manter o rebanho dos defensores o mais longe possível da discórdia" (p. 167).

Por seu turno, representando os governantes, serão os magistrados que terão a incumbência de escolher os melhores homens e as melhores mulheres, providenciar a união desses e separá-los dos piores casais, de forma que, os filhos dos primeiros sejam aceitos enquanto que os filhos dos casais considerados inferiores, devem ser descartados e escondidos se se quiser fazer perpetuar a qualidade e a força dos guardiões.

O número dos pares e, por conseguinte, dos casamentos devem ser definidos pelos governantes, de acordo com a necessidade do Estado. "[...] para que se mantenha invariável, se possível, o número de cidadãos, suprindo as baixas causadas pelas guerras, doenças e outros flagelos desse tipo, de tal modo que o Estado não cresça nem diminua demasiadamente em população" (p. 167).

Conforme já frisado, todo o procedimento utilizado para se realizar a escolha e separação dos melhores casais, isolando-os dos demais pares, considerados mais fracos e, portanto, classificados como casais inferiores, deve permanecer em segredo, deixando transparecer que todo o processo de formação dos pares foi efetuado, por intermédio de sorteio, pelos governantes. Além disso, "é preciso organizar com muita astúcia os sorteios dos pares, de tal maneira que os fracos acusem não os governantes, mas a sorte pelo par que lhes coube". (p. 167).

Tudo isso com a finalidade de se evitar que esses culpem o Estado pela má sorte na escolha entre os casais, principalmente da parte dos casais inferiores, impedindo que se crie discórdia, procurando sempre os governantes, garantir um ambiente saudável e de felicidade entre os procriadores e os, não procriadores, para o Estado. (p. 167).

Aos defensores que se destacarem nas guerras e na defesa dos interesses do Estado, esses receberão honras e recompensas especiais, principalmente de ficarem com mais frequência com as mulheres, visando da parte do Estado, que esses gerem o maior número possível de filhos fortes, nos mesmos moldes do pai (p. 167).

Para a garantia da tutela e a educação dos filhos dos melhores casais escolhidos pelo Estado, deverão ser criadas "comissões especiais compostas de homens, de mulheres ou de ambos, visto que as magistraturas, comuns a homens e mulheres tomarão cuidado dos recém-nascidos" (p. 168).

Platão (2006:168) ainda observa que:

> Os filhos nascidos de homens valentes serão levados ao berço comum e confiados a amas de leite que terão habitações à parte num quarteirão específico da cidade. Ao contrário, os filhos dos menos vigorosos e dos outros que tiverem nascido com alguma deformação serão mantidos escondidos, como convém, em local desconhecido e secreto.
>
> Os membros dessas comissões se encarregarão também de nutrir as crianças, levando as mães ao berço quando tiverem leite e empenhando-se com todo cuidado para que nenhuma delas reconheça o próprio filho. Se não tiverem leite, indicarão outras mulheres para o aleitamento, tomando medidas para que o mesmo não dure por muito tempo. Quanto às vigílias e outros pequenos cuidados necessários em tais circunstâncias, serão confiados a amas e aias.

Fato interessante a anotar dessa lei criada e estabelecida por Platão se resume no ponto em que, segundo ele (Platão), depois de passados a idade do homem e da mulher procriarem para o Estado, esses serão liberados para se unirem com quem quiser, "exceto com a filha, a mãe, as filhas das filhas e as ascendentes da mãe. Isso deverá valer também para as mulheres, excetuando-se o filho, o pai, os ascendentes e os descendentes destes" (p. 169). O mesmo autor ainda observa que essa união pode ser concedida, porém com a prerrogativa de que tais casais não mais poderão gerar filhos. Caso filhos nasçam dessa união deverão ser abandonados.

Platão (p. 169) ainda assevera que, não haverá quaisquer distinções entre os pais, as filhas e os demais parentes que não foram mencionados, prevalecendo essa a mesma classificação para todos.

Em extensão a esse parágrafo Sócrates, personagem de Platão (2006: 169), ainda acrescenta que:

> [...] Mas a contar do dia em que coabitarem, as crianças nascidas até o sétimo e o décimo mês serão consideradas filhos, sendo varões e filhas, sendo mulheres; essas crianças, por sua vez, os chamarão de pais, e seus filhos serão netos desses e serão chamados avós e todos aqueles que nasceram no período em que seus pais procriavam para o Estado, serão considerados irmãos e irmãs. De modo que não possam tocar-se mutuamente, como dissemos a pouco. A lei, porém, poderá permitir união entre irmãos e irmãs se o sorteio o indicar e se o oráculo de Pítia o ratificar.

Dessa forma ficou estabelecido como deveria ser a vida em comum das mulheres e dos filhos em relação aos defensores do Estado e que devem prevaleceria a partir de então, não deixando quaisquer tipos de dúvidas quanto à exequibilidade desse tipo de relacionamento, de maneira natural, fazendo valer na prática essa lei. (p. 169).

O seguimento do processo da criação do Estado civilizado em sua nova fase perpassa, por conseguinte, em se averiguar quais seriam os impactos desse tipo de relacionamento na sociedade civil, começando por se "perguntar qual seria a maior vantagem para ela a que deve convergir a obra do legislador, e qual seria o pior defeito? Depois, seria necessário examinar se nosso projeto está em conformidade com o modelo do bem e contrário com o do mal". (p. 170).

2.1.1.2.13 Estabelecendo as diferenças entre o que seria o Estado civilizado em relação ao que é o Estado bárbaro.

Para atender a esse novo critério, necessário se faz definir quais os conceitos que se encaixariam como sendo o bem, para definir o Estado civilizado de Platão, e o seu contrário, que se classificariam como sendo o mal, para poder enfim conceituar o Estado soberano comandado por um rei ou um tirano onde, nesse último caso, era comum a tirania, o conflito armado e a escravidão. De acordo com essa concepção, cabe fazer essa diferenciação a partir próprios conceitos como seguem:

De acordo com Platão, o pior desses conceitos que se encaixam como sendo extremamente mal para o Estado civilizado é a discórdia, e o maior bem, a concórdia. A discórdia é negativa porque torna o Estado uma entidade divergente, e a concórdia, por outro lado, o transforma num organismo único (p. 170).

Outro elemento comum que deve ter o Estado criado por Platão é a coesão. Isso porque, esse tipo de sentimento leva a comunhão dos indivíduos tanto no prazer quanto na dor. Além disso, segundo Platão, esse é também um fator crucial para alicerçar a base psicológica do Estado. É aquele fundamento que afirma que "a união faz a força!". Ou ainda, é aquele tipo de sentimento que prevalece "sempre que todos os cidadãos solidariamente se alegram e se entristecem pelos mesmos sucessos e pelas mesmas desgraças" (p. 170).

O sentimento contrário a essa situação é a divisão, que leva "a privatização desses sentimentos, quando alguns se desesperam e outros se alegram, por um mesmo fato ocorrido ao Estado e aos cidadãos" (p. 170).

No caso da discórdia e, por conseguinte, da divisão que prevalece na privatização, segundo Platão, essa situação eclode quando a maioria dos cidadãos fala "isto é meu, isto não é meu", com relação aos bens de outrem (p. 170). Cenário esse, que era comum na Grécia Antiga do tempo de Platão, marcada pela divisão e a concorrência entre as Cidades-Estado gregas, aonde predominava o individualismo exacerbado, o desejo de conquistas entre as próprias Cidades-Estado, a competição com tudo e para com todos, e com elas, os conflitos armados motivados por jogos de interesses, as guerras e outras contendas diversas, alimentadas pela ganância, a cobiça e a soberba, promovendo todo tipo de discórdia, que muito incomodavam Platão.

Por outro lado, o Estado é mais bem governado quando os seus habitantes dizem "isto é meu, isto não é meu" com relação às mesmas coisas e nas mesmas condições, tornando o bem um objeto comum a todos sem quaisquer tipos de distinções, com o prevalecimento da harmonia e o respeito mútuo entre seus concidadãos (p. 170).

Em outras palavras, isso significa dizer que, o Estado é mais bem governado quando o mesmo se assemelha a um indivíduo único, ou seja, quando tudo que diz respeito ao Estado é uníssono, compartilhado por todos nas mesmas condições e de acordo com os mesmos critérios.

Depois de estabelecidas as diferenças que prevalecem entre um Estado civilizado e um Estado soberano, mas tirânico, incluindo nesse último, as Cidades-Estado gregas, da época de Platão e, admitindo-se a existência do cenário, com o prevalecimento do Estado civilizado desse autor, pode-se afirmar que "[...] se também um só dos cidadãos vive uma situação boa ou ruim, um Estado como esse assumirá como própria essa situação e se alegrará ou se entristecerá junto dele" (p. 170).

Depois de assimiladas essas premissas para o reconhecimento do perfil de um Estado bem governado, ou seja, civilizado, restam averiguar a situação do "nosso Estado e examinar as analogias com o que acabamos de dizer, a fim de verificar se lhe cabem ou não" (p. 171) tais prerrogativas.

Ao se fazer a referida analogia entre todas as hipóteses acima citadas (concórdia, coesão, sentimento único partilhado entre Estado e indivíduo) para que se tenha um Estado civilizado - onde prevalece o mesmo critério de classificação e divisão entre as classes sociais, inclusive a dos defensores, estruturados segundo os fundamentos da educação e da cultura, alicerçadas estas duas últimas, nas virtudes da sabedoria, coragem, temperança e justiça -, não houve quaisquer discordâncias entre essa analogia e as premissas necessárias para a formação do Estado civilizado.

Para Sócrates e seus amigos, a causa principal do encaixamento harmônico do Estado civilizado com o Estado ideal, em detrimento do Estado soberano tirânico, foi o estabelecimento da hipótese de, para que se tenha um Estado civilizado, é fundamental a posse em comum entre todos os guerreiros, das mulheres e dos filhos. Essa seria a máxima vantagem para o Estado visto que, não haveria como surgir processos e acusações recíprocas, e, em consequência, "não alimentariam contendas que surgem entre os homens por causa do dinheiro, dos filhos e dos parentes" (p 173).

Mais ainda, "não haveria de surgir tampouco processos por violência e sevícias, porquanto poderíamos dizer que é belo e justo que entre coetâneos se defendam mutuamente das agressões estabelecendo como um dever a defesa da pessoa" (p 173).

Diante de todos os fatos e circunstâncias analisadas, "aos mais velhos seria concedida, a faculdade de comandar e mesmo punir os mais jovens" (p.173) e, de acordo com esse mesmo fundamento:

> Evidentemente, um jovem não se atreveria, sem autorização, a agredir ou ferir uma pessoa mais velha, nem mesmo se arriscaria a ofendê-la de outra maneira, porquanto para detê-lo bastariam estas duas barreiras: o temor e o respeito. O respeito devido aos pais o impediria de tocar em alguém e o temor o faria recear que os demais viessem em socorro do ofendido, fossem eles filhos, irmãos ou pais. Platão (2006: 173 – 174).

Num Estado criado segundo esses critérios, numa situação de guerra, os filhos, já como guerreiros, não conhecendo seus pais, que possivelmente estão lutando a seu lado, na ânsia de protegê-los, mesmo não os conhecendo, lutarão como leões visando salvaguardar suas vidas. O mesmo acontecerá com os pais e entre todos os guerreiros. Os guerreiros, agindo entre eles dessa forma, tornarão esse exército imbatível. Da mesma maneira será em todas as atividades e em todos os tipos de relacionamentos que houverem dentro desse Estado. Com o intuito de proteção, respeito e solidariedade entre seus habitantes, prevalecerá, a união, o amor e o pensamento único dentro do Estado civilizado (p. 174).

Para Platão, não existindo privatizações, entre os defensores "não haveria perigo que os demais cidadãos entrassem em discórdia entre eles mesmos ou com todos" (p. 174).

E mais, considera ainda Platão (2006: 174) que:

> Nem pretendo enumerar os mínimos defeitos de que estarão isentos porque não vale a pena: os pobres não serão obrigados a cortejar os ricos, não haverão de conhecer os embaraços e os cuidados que envolvem a educação dos filhos e as preocupações para a indispensável manutenção dos escravos. Essas, com efeito, os obriga ora a tomar dinheiro emprestado, ora a negar suas dívidas e quase sempre a arrumar dinheiro a qualquer custo para deixá-lo à disposição das mulheres e dos servos. Esses são, caro amigo, alguns dos inconvenientes claros, vis e indignos de serem mencionados.

Vale relembrar que, o que viabilizou a perfeita harmonia e sustentabilidade entre o Estado civilizado criado por Platão e o Estado ideal, independente e solidário que deve existir, empiricamente falando, foi o estabelecimento do critério de que as mulheres tenham em comum com os homens, "a educação, o cuidado dos filhos e a guarda dos outros cidadãos" (p. 175).

Diante disso, resta dizer que, todas as premissas foram validadas concatenadas com os princípios para a formação do Estado civilizado, o que garantem a validade do estudo e abre espaço para a continuidade das investigações, na ótica estabelecida por Platão (p.175).

Ciente da validade das suas análises Sócrates, personagem de Platão, dá continuidade aos seus estudos afirmando que "só nos resta agora ver se também entre os homens é possível estabelecer a mesma vida em comum que reina entre os outros animais e em que modo isso pode ocorrer" (p. 175).

2.1.1.2.14 A averiguação da possibilidade da implantação da doutrina de defesa existente entre os animais selvagens no meio dos defensores do Estado

Inicialmente para atender a esse último princípio, é necessário que os guerreiros levem seus filhos, já de certa idade e já sendo cavaleiros bem treinados, para assistirem os combates, montados em cavalos mansos e velozes, com a finalidade de garantir a fuga em caso destes serem também atacados. Isso deve ser feito para que os filhos possam participar com maior experiência em guerras futuras, assim como fazem os animais, visto que esses últimos combatem mais ferozmente na presença de seus filhotes. Com a finalidade de evitarem maiores perigos aos filhos durante as guerras, os guerreiros devem escolher os combates menos ferozes para os levarem (p. 176). Seus comandantes deveriam ser "homens maduros e com experiência para serem seus guias e preceptores" (p. 177).

A escravidão deve ser reservada aos bárbaros e não ao povo grego. Um grego jamais deveria escravizar outro grego. Deve-se ter em mente que, a inimizade entre parentes é designada de discórdia, aquela entre estranhos é chamada de guerra. (p. 180). Lembrando que, no caso de discórdia, pode-se dizer que o Estado está doente e discorde. Ainda no caso de discórdia, em havendo essa situação, as partes envolvidas estariam demonstrando desamor à Pátria. Em caso contrário, jamais eles ousariam dilacerar desse modo sua mãe e nutriz (p. 181).

Em se prevalecendo o caso de amor à Pátria, no caso, à Grécia, terminadas as hostilidades, os gregos deveriam se reconciliar na paz e punindo apenas os autores da discórdia, que quase sempre são poucos (p. 181). Fazendo analogia ao comportamento dos animais que agem, praticamente dessa forma, em bandos e de forma solidária, pode-se dizer que sim, é possível estabelecer entre os homens a vida em comum que prevalece entre os animais.

Em continuidade ao seu projeto, Platão reconhece que, apenas em palavras, ou, em teoria, Sócrates e seus amigos de fato, conseguiram construir um Estado civilizado, considerando-o como sendo bom. Para ele (Platão), essa é a verdade. Entrementes, o mesmo também admite que, nem sempre é possível transformar em realidade tudo que se cria em teoria ou em palavras. Isso porque, é praticamente impossível transformar em realidade, precisamente tudo que se discutiu em palavras, ou teoria, até então (p. 183).

Todavia, a palavra ou teoria, não perde valor mesmo quando isso ocorre porque, segundo o mesmo Platão, é também verdade afirmar que é perfeitamente possível transformar em realidade, uma coisa tal como ela foi concebida na imaginação. Ou, é lógico que a realidade se aproxime mais da verdade menos que da palavra ou teoria, apesar das aparências (p. 183).

Reconhecendo a premissa apontada acima, Platão pondera que, entretanto essa situação pode ser contornada, se Sócrates e seus amigos descobrirem como governar um Estado da maneira o mais próxima possível da verdade que eles construíram por intermédio das suas palavras ou teoria. Se os mesmos conseguirem realizar essa façanha, terão descoberto a possibilidade de concretizar tudo como foi planejado anteriormente (p. 183).

Seguindo esse raciocínio, pode-se afirmar que, a descoberta da maneira ideal de governar será o elo entre a realidade e a verdade criada por eles, na forma de Estado civilizado em palavras ou teoria. Procedendo assim, Sócrates e seus amigos terão transformado a verdade ou Estado civilizado criada em teoria, na realidade de fato.

2.1.1.2.15 A tentativa de Platão de transformar o Estado Ideal criado em teoria, na realidade de fato, por meio do estabelecimento da maneira exemplar de governar, que deve ser adotada para tal fim.

Trabalhando esse fato como verdadeiro, Platão pondera que, mesmo considerando as limitações da oportunidade de transformar seu Estado civilizado criado em teoria ou palavras em realidade, na medida do possível, ele buscará concretizar essa missão até onde for exequível.

Então, o próximo desafio de Sócrates e seus amigos será estabelecer o perfil ideal do melhor governante para o Estado civilizado criado por eles e como esse governante deve proceder. Esse processo é o que Platão define como sendo, a terceira onda e que ele considera que é mais complicado de ser resolvido que as duas primeiras.

Acatado o próximo desafio, Platão, dá início às investigações, por intermédio do estabelecimento da hipótese, que consiste na análise do "problema sucessivo e ilustrar qual o defeito que atinge as cidades que possuem governos diversos do nosso e qual mudança irrelevante – de um elemento ou de dois, ou mesmo de poucos, em número e qualidade – leva um Estado para um sistema de governo semelhante ao nosso" (p. 184).

O primeiro passo, para isso, é escolher o governante. De acordo com os critérios estabelecidos e o perfil delineado ao longo da criação do Estado civilizado, Sócrates, personagem de Platão, para espanto de seus amigos e interlocutores escolheu como o homem ideal para assumir a posição de governante, o filósofo, e a partir daí, passou a justificar o motivo de sua escolha.

Sócrates, personagem de Platão, tornou fático seu ponto de vista por intermédio dos seguintes dizeres:

> Se nos Estados os filósofos não se tornarem reis ou se aqueles que agora são chamados reis e soberanos não se dedicarem verdadeira e seriamente à filosofia, se não forem necessariamente excluídas as pessoas que aspiram somente a uma ou à outra, não haverá para os Estados, caro Glauco, remédio para os males que os afligem, nem, ao que parece, para o gênero humano, como não poderá jamais se realizar e ver a luz do solo Estado perfeito que ora expusemos em teoria. [...] Platão (2006:184).

Diante da surpresa geral de todos ali presentes, Sócrates, deu continuidade às suas justificativas com o propósito de inicialmente, explicar a qual tipo de filósofo o mesmo estava se referindo visto que, segundo ele, não são todos os tipos de filósofos que podem ocupar tal cargo.

Continua Sócrates com sua tese inicial afirmando que "esclarecido esse ponto, procuraremos nos defender mostrando que a uns compete naturalmente ocupar-se da filosofia e governar e a outros convém limitar-se a obedecer aos governantes sem se imiscuir em suas decisões" (p. 185).

O ponto crucial aqui, segundo Platão, é definir inicialmente o conceito de filósofo a fim de poder separá-lo daqueles que se assemelham ao filósofo sem o ser realmente.

Para Platão, filósofo verdadeiro é aquele que ama por inteiro o conhecimento e com isso aspira por inteiro à sabedoria. Por isso o verdadeiro filósofo demonstra gosto por todo saber e se dedica com alegria ao estudo sem jamais se enjoar (p. 186). São aqueles que se comprazem em contemplar a verdade. (p. 187). Verdadeiros filósofos são aqueles que conseguem chegar a captar o belo em si e contemplar sua essência (p. 187). Então, pode-se dizer também que, filósofo é aquele que consegue definir corretamente o conhecimento, como sendo, o resultado do perquerimento do indivíduo que "acredita na existência da beleza absoluta e consegue descobri-la dentro de si e nas coisas que dela participam, sem, no entanto confundir essas com sua essência e a essência com estas" (p. 188). Dessa forma, pode-se dizer também que, todo filósofo busca perscrutar a essência sem, no entanto, confundi-la com as aparências encravadas na beleza do ser. É todo aquele que busca a verdade que emana da essência do ser e a partir dessa verdade consegue distinguir as aparências, no caso, a beleza, que envolvem essa essência. Enfim, o filósofo é o indivíduo que busca a verdade da essência do ser distinguindo-o das aparências a fim de conceituá-las da maneira correta (p. 188).

Definido o conceito da filosofia, resta separá-la daquilo que lhe assemelha, que aparentemente se mistura com ela, mas que na essência, é o seu contrário, ou seja, que se fundamenta na aparência, e que não consegue identificar e definir a essência do ser. Ou, em outras palavras, é aquele que se fascina com a beleza do objeto, consegue opinar sobre sua beleza sem, no entanto, conseguir identificar sua essência, como se observa nas análises apresentadas a seguir.

Para Platão, diferentemente dos filósofos, os não filósofos, ou seja, os seres ambiciosos, "se não poderem comandar um exército, comandam um terço de sua tribo. Se não lhes for dado receber honrarias de personalidades poderosas e acima de seu grau, se contentam em sentir-se estimados por pessoas de classe inferior e decadente, porquanto são ávidos por toda espécie de honra" (p. 186). Portanto, são pessoas vaidosas e que aspiram as honrarias e não a verdade dos fatos, sem se concentrar para isso em descobrir sua essência, contentando-se apenas com a superficialidade das aparências.

Mais ainda, quando o indivíduo tem "dificuldade em aprender, sobretudo se é jovem e não capta ainda o que venha a ser o bem e o que não, poderíamos dizer que não ama a ciência nem a filosofia [...]" (p. 186). Esse tipo de indivíduo é caracterizado como aquele que não consegue definir corretamente o conhecimento como sendo, o tipo de aprendizado em que, mesmo acreditando na existência da beleza absoluta das coisas, e descobri-la dentro de si mesmas, consegue separá-las da sua essência, classificando-a como mera aparência.

Para Platão, a essência é a emanação da existência do ser, enquanto que, a aparência, não deixa de ser mera opinião sobre o ser (p. 188). Assim, segundo Platão, a pessoa dotada do verdadeiro conhecimento é aquela que consegue distinguir a diferença entre essência do ser e sua aparência, enquanto que, a pessoa apenas de opinião, seria aquela que se baseia apenas na aparência e não consegue fazer a distinção entre a essência e a aparência do ser. A primeira é o filósofo enquanto que a segunda é o não filósofo (p. 188),

Platão define ainda o ser como uma coisa cognoscível, enquanto que, a aparência, é classificada como coisa incognoscível. As coisas cognoscíveis possuem uma faculdade, que é a do conhecimento e a coisa incognoscível pertence à outra faculdade, que é da aparência. Enquanto que a faculdade do conhecimento está em um extremo oposto ao da ignorância, a aparência é um termo intermediário entre esses dois extremos. Então, dessa forma, não se pode chamar a aparência como um fator associado à ignorância, e muito menos, a um ponto relacionado ao conhecimento. Logo, a aparência pode ser classificada como senso comum característica do homem comum[29] situada entre o ser (conhecimento) e o não ser alguma coisa (ignorância), enquanto que, o conhecimento, em si, é a faculdade inerente da filosofia e dos filósofos e que se fundamenta na essência do ser (p. 192).

Essa situação pode ser demonstrada por intermédio do seguinte exemplo, exposto por Platão (2006:192- 193):

> Descobrimos, pelo que parece, que as múltiplas opiniões do comum dos homens sobre o belo e sobre todo o resto giram, por assim dizer, entre o não ser e o ser puro e simples. [...] Isso deveria ser considerado como objeto da opinião, não do conhecimento, porque com esta faculdade intermediária captamos o que ocupa o espaço entre o ser e o não ser.
>
> Aqueles, portanto, que vêem a multiplicidade das coisas belas, mas não o belo em si e são incapazes de seguir aquele que os guia a isso e sabem ainda compreender a multiplicidade das coisas justas mas não a justiça em si, e assim por diante com relação a todo o resto, diríamos que esses possuem uma opinião sobre cada coisa, mas não conhecem nada daquilo sobre que a possuem.
>
> Mas aquele que contempla cada coisa em sua essência imutável, não diríamos, que, esse sim, tem conhecimento antes que opinião?
>
> Não poderíamos dizer, portanto, que uns abraçam e amam as coisas que são objeto de conhecimento e outros daquelas que são objeto de opinião. Não se lembra que dissemos que esses últimos gostam das belas vozes, das belas cores e assim por diante, mas não conseguem levar em consideração a existência da beleza em si?

---

[29] Voltar-se-á a tratar desse tema quando for trabalhada a obra de Alfred Marshall, nos capítulos posteriores.

Erraríamos, portanto, se os chamássemos de amantes da opinião antes que filósofos? Eles teriam porque se irritar profundamente conosco por falarmos assim?

Em decorrência, deveriam ser chamados filósofos e não amantes da opinião aqueles que abraçassem a essência de cada coisa?

2.2 PARTE II DE: A REPÚBLICA

Agora, segundo Sócrates, personagem de Platão, depois de ter finalmente distinguido a diferença do filósofo para aqueles que não o são, resta analisar as consequências de tal descoberta e averiguar a qual dos dois tipos de indivíduos deveria ser confiada o governo dos Estados[30] (p. 10).

Enfim, Platão, resume o conceito de filósofo e de não filósofo afirmando que "são os filósofos aqueles que podem compreender o que é eternamente imutável, ao passo que não o são aqueles que se perdem na multiplicidade das coisas mutáveis" (p. 10).

Por conseguinte, para o mesmo autor, deveria ser escolhido como guardião aquele entre os dois (filósofo ou não filósofo), que fosse capaz de manter em vigor as leis e os costumes da república (p. 10). Aquele que pode estabelecer e conservar as leis humanas sobre as coisas belas, justas e boas. Desse modo estabelecer-se-ia como guardiães, estes ou aqueles, que conhecem a essência de cada coisa e não são inferiores a eles, nem em experiência, nem em qualquer outra virtude (p. 11).

Então, de acordo com essa versão, resta procurar identificar o perfil do governante como aquele que tenha agregado em si, tanto o perfil do filósofo, ou seja, aquele que se preocupa com a essência de cada coisa e a do guardião, que acumula na sua personalidade, as virtudes da sabedoria, da temperança, da coragem e da justiça. A partir dessa concepção, Platão, busca identificar esse perfil para o governante ideal, pode-se assim dizer.

Agora, por conseguinte, o mesmo autor considera que, o ponto ideal para início da análise seria explicar de que maneira o governante poderia acumular essas duas qualidades, no caso, tanto o perfil do filósofo quanto o do guardião. E isso perpassa pela compreensão da natureza do governante (p. 11).

---

[30] Aqui começa a análise da Parte II do mesmo Livro de Platão, "A República", Livro VI.

Assim, de acordo com a natureza do governante, "uma vez descoberta plenamente, deveríamos admitir também que essas pessoas podem reunir em si ambas as qualidades e, por esta razão, só elas poderiam ser colocadas para reger os destinos dos Estados" (p. 11)

Em se tratando da natureza filosófica, de acordo com as ponderações de Platão, "devemos reconhecer que elas anelam sempre captar o que lhes pode desvendar aquela essência eterna que não pode ser alterada pela geração e pela corrupção" (p. 11). Além disso, continua o autor, "os filósofos amam toda essa essência e não omitem dela voluntariamente qualquer parte pequena ou grande mais preciosa ou menos". (p. 11).

Outras características indispensáveis no filósofo é a sinceridade, o amor pela verdade e a busca incessante pela sabedoria.

Dessa forma, o filósofo de verdade, de acordo com sua natureza, segundo Platão, é aquele que dirige os seus próprios desejos para o conhecimento e para as outras atividades intelectuais, visando o puro prazer da alma e despreza os prazeres físicos. "Um homem de tal caráter é, portanto, moderado e em nada ávido, pois as razões que levam outros a correr atrás de riqueza sobre ele não exercem influência alguma" (p. 12).

Mais ainda, o filósofo verdadeiro não admite uma natureza vil e mesquinha porque considera que "a mesquinhez espiritual é o pior obstáculo para quem aspira a abraçar de modo definitivo a totalidade das coisas humanas e divinas" (p. 12).

Por outro lado, "se ao contrário, o intelecto é dotado da grandeza e da visão total dos tempos e dos seres" (p. 12), nem a morte é considerada como um mal para o verdadeiro filósofo, pois perante a eternidade ela não tem significado algum. Diante do exposto, não se pode dizer que, "um homem equilibrado, isento de avidez, de mesquinhez, de soberba, de vaidade, seja intratável e injusto?" (p. 13).

Platão ainda assevera que "a alma propensa para a filosofia e aquela que não o é, se poderá constatar se ela é, desde jovem, justa e branda ou insociável e intratável". (p. 13). Mais ainda, o não filósofo demonstra dificuldade em aprender porque não o faz com interesse, obtendo com isso, pouco êxito. Em decorrência disso, o mesmo acabaria por sentir desgosto e ódio de si próprio e do estudo. (p. 13).

Depois de várias observações de natureza semelhante às que foram apresentadas acima, finalmente Sócrates, personagem de Platão, conclui que, para assumir um cargo de tamanha responsabilidade e de competência como o de governante, só poderia ocupá-lo, um indivíduo dotado naturalmente de memória, de vontade de aprender, de generosidade, de elegância, além de possuir uma afinidade íntima com a verdade, com a justiça, com a coragem e com a temperança (p. 14).

Entrementes, depois de todo esse longo debate de ideias e evolução de conteúdo, Sócrates, personagem de Platão, sofre pesado rebate de Adimanto, um dos seus interlocutores, sobre a indicação do filósofo como o governante ideal, que se dá por meio dos seguintes dizeres[31](Platão, 2006; págs.: 14 - 16).

> Estas razões são realmente irrefutáveis. Mas é o costumeiro efeito que você cria sobre os ouvintes. Pouco versados na arte de perguntar e naquela de responder, a cada nova pergunta são levados a distanciar-se do problema central. Como no final da discussão esses desvios se acumularam, eles acham que seu fracasso foi enorme e contrário a suas primeiras afirmações. Como os maus jogadores de damas são imobilizados pelos mais hábeis e não sabem mais que peça mover, assim também esses, no final, são imobilizados e reduzidos ao silêncio nesse outro jogo de damas, não com as peças, mas com as palavras. Na verdade este é o único resultado. Digo isto a propósito do problema atual porque se poderia objetar que, mesmo sendo impossível replicar com palavras a cada uma de suas perguntes, observa-se na realidade que os que se deram à filosofia, sem a intenção de completar sua educação enquanto jovens e depois largar os estudos, mas continuando por longo tempo durante a vida, se tornaram em sua maioria indivíduos estranhos, para não dizer de todo intoleráveis, e mesmo aqueles que parecem os mais equilibrados nessa atividade e que você exalta, como único resultado que conseguiram foi o de se tornarem inúteis em suas cidades.
>
> Diante do exposto, Sócrates faz a seguinte indagação a Adimanto: - Então, você acha que quem assim fala não seja sincero?

---

[31] Esta parte da obra de Platão será mantida na sua íntegra pelo motivo delas instigarem a profundas reflexões!

Adimanto responde: - Não sei e gostaria de ouvir seu parecer.

Sócrates: - Pois fique sabendo que esses, segundo meu modo de ver, dizem a verdade.

Adimanto: - Mas então, com que fundamento se pode dizer que os Estados não haverão de se livrar dos males que os afligem antes que sejam governados pelos filósofos que acabamos de reconhecer que são inúteis?

Sócrates: - A essa pergunta respondo com uma comparação.

Adimanto - Parece-me que você não costuma exprimir-se por comparações.

Sócrates – Muito bem! Foi você que me envolveu numa discussão por certo espinhosa e ainda tenta me tornar vítima de seus gracejos. Escute, porém, esta comparação e haverá de compreender melhor ainda o quanto me custa discorrer sobre semelhantes coisas. O modo de tratar os homens mais equilibrados no Estado em que vivem é mais duro que qualquer outro. Ninguém no mundo é tratado assim. Para traçar um quadro que sirva também de defesa, é preciso recolher elementos de objetos diversos, como os pintores misturam diversas espécies e pintam animais metade bode e metade cervo e outros monstros desse tipo. Imagina, pois, uma cena como esta em muitos navios ou num só: um comandante mais alto e mais robusto que toda a tripulação, mas um tanto surdo e míope dotado de escassos conhecimentos náuticos; marinheiros em briga entre si para dirigir o navio, sendo que cada um deles reclama para si a função sem jamais ter aprendido a arte da navegação nem estar em condições de dizer com qual mestre e em que circunstâncias aprendeu alguma coisa, afirmando ao contrário que ela não pode ser aprendida, além de estarem todos prontos a matar quem se arrisque a discordar. Eles cercam o comandante, pressionando-o sempre mais insistentemente para que lhes entregue o comando. Os que se sentem preteridos matam e lançam ao mar os que foram preferidos. Depois inutilizam o comandante, embebedando-o com licor com vinho ou qualquer outra bebida, e se apoderam do navio. Passam a comer e a beber, consumindo as provisões e navegam como podem navegar pessoas desse tipo. E mais, elogiam e chamam de verdadeiro marinheiro e comandante, experiente em náutica, qualquer um que esteja em condições de ajuda-los a usurpar o comando, usando para com o comandante a persuasão ou mesmo a violência. Quem não os ajuda é ofendido como inútil e sequer têm em mente que um verdadeiro comandante tem de observar o ano, as estações, o céu, os astros, os ventos e tudo o que se refere à sua arte. Pouco se lhes dá que alguns estejam de acordo e outros não, nem acreditam que seja possível aprender a teoria e a prática da pilotagem e depois exercer concretamente o comando. Se isso viesse a acontecer num navio, você não acha que um verdadeiro comandante seria chamado pela tripulação de nave reduzida a tal estado de lunático, falastrão e inútil?

Adimanto: - Certamente.

Como pôde ser visto no pequeno texto acima, Platão, depois de criar e descrever em teoria, o perfil do filósofo, como sendo o personagem ideal para exercer a função de governante, visando governar o Estado com eficiência, equilíbrio e disciplina, acaba por destruir completamente esse personagem classificando-o como cidadão inútil.

Na realidade, Sócrates, personagem de Platão, destruiu esse personagem na teoria, para ver se conseguia transmutá-lo, ou, em outras palavras, recriá-lo na prática, com o objetivo de averiguar se o mesmo teria condições de suportar a intensidade das críticas e das perseguições que lhe seriam destinadas, se esse ocupasse realmente a função de governante.

Interessante afirmar que, Platão fez esse prodígio por intermédio da severa crítica ao sistema de gestão governamental que existia em sua época, e que, conforme dito anteriormente, muito o incomodava. Logicamente que

Sócrates fez isso por intermédio da citação de um exemplo hipotético existente na gestão de um navio ocupado por lunáticos, e demais espécimes de indivíduos, no caso da população grega existente na época, citadas pelo próprio Platão, mas que, o mesmo, fez questão de o manter oculto por causa da violência que poderia a ele ser dirigida pelas autoridades de sua época.

Por certo, essa versão pode ser confirmada pelas próprias palavras de Platão que afirma que, na realidade não é o filósofo que é inútil, mas sim, é a sociedade que se encontra doentia e que nessa miopia, não consegue identificar a importância e o papel que o verdadeiro filósofo desempenha para a fundamentação e a organização de uma sociedade evoluída e sábia. Para esses, o filósofo desempenha um papel de inutilidade porque a própria sociedade na sua selvageria, não consegue identificar a necessidade e a importância de pessoas equilibradas e sóbrias para poder orientá-las. Isso pode ser visto claramente no parágrafo seguinte, elaborado pelo próprio Platão.

> [...] não acho que você teria necessidade de analisar os detalhes dessa comparação para compreender que a mesma representa o comportamento dos diversos Estados com relação aos verdadeiros filósofos.
>
> Primeiramente, portanto, transmita esta comparação aos que se maravilham que nos Estados os filósofos não são tratados com honras e tente convencê-los de que seria muito mais surpreendente que ocorresse o contrário.
>
> Pode dizer também que eles têm razão ao constatar que os filósofos mais equilibrados são tratados como inúteis para a sociedade. Diga-lhes, porém, que essa situação deve ser atribuída aos que não se servem deles e não às pessoas equilibradas, porque não é natural que o comandante se ponha a rogar aos marinheiros que acatam seu comando ou que os sábios devam bater à porta dos ricos. Quem falou tal bobagem se enganou. Na realidade, quem está doente, rico ou pobre, é que deve bater à porta dos médicos, quem tiver necessidade de guia deve procurar quem possa guia-lo, quem governa não deve mendigar aos súditos para que se deixem governar por ele se realmente tiverem necessidade disso. Você não haverá de errar, contudo, se comparar os

políticos atuais aos marinheiros que descrevemos há pouco e que consideram inúteis lunáticos os verdadeiros comandantes. Platão (2006:16).

Ao mesmo tempo, no transcorrer do texto e que não foi apresentado acima, Platão, cita os personagens que destruíram, de certa forma, a essência da filosofia, como sendo os sofistas, ou seja, aqueles indivíduos que se maravilham com a beleza das coisas, a admiram, porém não conseguem definir sua essência e nem separá-la do todo em que se baseia a aparência das coisas, que se fundamentam apenas no senso comum, com a finalidade de atender aos anseios daqueles que se apegam ao comodismo intelectual e a sinecura, na forma que será apresentada nas páginas seguintes, e que, pede-se para que o leitor esteja atento a essas afirmações de Platão.

Esta é a razão pela qual não é fácil que o comportamento melhor seja apreciado por aquele que se comporta do modo exatamente oposto. Mas o descrédito maior e mais veemente que a filosofia prova vem dos que se dizem filósofos mas não o são. Como você lembrava, estes fazem com que os inimigos da filosofia sustentem que os que a ela se dedicam são no mais das vezes desonestos, e que as pessoas mais equilibradas se demonstram inúteis. Reconheci que essa sua afirmação era bem fundada. Platão (2006:16).

Depois de destruído o personagem do filósofo, classificando-o de inútil, desta vez, Platão tenta recriá-lo na prática, com o objetivo de dar consistência ao seu modelo hipotético de governante ideal, por intermédio dos seguintes dizeres:

Gostaria que explicássemos agora o motivo pelo qual quase todos os filósofos são desonestos, mostrando, se possível, que a culpada disso não é a filosofia?

Vamos, portanto, retomar ao ponto em que descrevíamos o caráter de um homem de futuro honesto e a partir daí vamos retomar a discussão. Se você se lembrar, atribuíamos a ele, sobretudo o esforço contínuo e total para ser sincero porque um impostor não pode participar da verdadeira filosofia. Platão (2006:17).

Desta feita, com o objetivo de redefinir os fundamentos filosóficos necessários ao verdadeiro filósofo, visando fazer valer o conceito criado de governante ideal e que deve ser atribuído a esse pensador, Platão finalmente delineia o seu conceito, por intermédio do estabelecimento dos critérios mínimos necessários para que se possa identificar tal personagem dentro do contexto social, agora, de uma maneira empírica, e obedecendo a todos os princípios definidos anteriormente, para se moldar o seu perfil em teoria.

> Seria defender mal a filosofia afirmar que aquele que realmente ama a cultura está naturalmente pronto a lutar pela essência e não contemporiza sobre a multiplicidade dos objetos a que se atribuí a existência, ao contrário, vai infalivelmente além e sem renunciar a seu amor antes de ter chegado à essência de cada uma das coisas com o instrumento apropriado da alma, apropriado enquanto afim? E depois de ter atingido o verdadeiro ser e a ele estiver unido, gera a inteligência e a verdade, e depois ainda conhece vive e se nutre realmente, e só então, não antes, terão fim suas dores como que de parto? Platão (2006:17).

Outro ponto a ser acrescentado na descrição acima é que, um homem que se identifica com esse perfil jamais acataria a mentira, por menor que fosse. Em seguimento a esse raciocínio, adiciona-se ainda que, o vício seja um mal inadmissível nesse tipo de comportamento e que, em oposição a isso, uma vez a verdade sendo acatada como o principal dos nortes a ser seguido, contempla-se em sua essência as demais virtudes explicitadas anteriormente, na coragem, na generosidade, na facilidade de aprender e na boa memória (págs. 17; 18).

Nesse contexto, uma vez redefinido o perfil do verdadeiro filósofo, desta vez, de acordo com o fundamento empírico da questão, volta-se a averiguar, os porquês ou a razão pela qual essa natureza se corrompe, de acordo com os preceitos da materialidade dos fatos.

Esse ponto, Sócrates, personagem de Platão, resume na seguinte expressão (2006:18):

> É preciso, porém, estudar a razão pela qual essa natureza se corrompe, por que em muitos perece e somente em poucos se conserva. Exatamente naqueles poucos que são considerados não desonestos, mas inúteis.

Depois passaremos a analisar as características dos falsos filósofos, quem são e qual seu objetivo, inapropriado e superior a suas forças, por que andam cometendo erros de todo tipo, difundindo o descrédito de que você falava com relação à filosofia.

Segundo Platão (p. 18), para levar à frente as suas análises, primeiro é preciso considerar que a existência de um indivíduo que possua todos os atributos indispensáveis necessários a um verdadeiro filósofo é raro. Entrementes, em que pese tais indivíduos com todos os atributos do verdadeiro filósofo seja raro, são muitas as causas que concorrem para leva-lo à corrupção.

Além do mais, "a afirmação mais surpreendente talvez seja a de que, cada uma das virtudes mencionadas pode corromper a alma e desviá-la da filosofia. Refiro-me à coragem, à temperança e a todas as outras que citamos" (p. 18). Acrescidas a essas, "outras coisas, todos os chamados bens materiais corrompem e desviam, como a beleza, a riqueza, a força física, as relações sociais e assim por diante" (p. 18).

Explicando essa mesma questão de outra maneira, pode-se dizer que, o problema central, o ponto crucial que leva o indivíduo dotado pela natureza dos melhores atributos ou melhores dons, para assumir o perfil do verdadeiro filósofo, ser corrompido, é o fator educacional, ou seja, da inexistência da educação em si[32].

Sabemos que uma semente de planta ou um filhote de animal, privados de nutrição, do clima e do local apropriados quanto mais vigorosos mais sofrem com estas privações porque, na realidade o mal é mais nocivo ao bem do que ao que não é bem nem mal.

Parece-me, portanto, lógico que uma natureza melhor em condições inapropriadas tenha um resultado pior que uma natureza medíocre.

De igual modo, Adimanto, podemos dizer que as almas mais dotadas são as que se

---

[32] Não se imiscuirá nesta parte do trabalho de Platão porque esse trecho é a essência de sua obra, fundamental para entender o que foi analisado anteriormente e todo o que for acrescentado depois. Além de tudo, esta parte é crucial para que se possa entender com maior propriedade os demais trabalhos que serão tratados quando for estudado com mais propriedade a Economia e seus fundamentos filosóficos em si.

> tornam piores sob influência de uma má educação. Você acha, por acaso, que os grandes crimes e a maldade consumada procedem de um caráter medíocre, antes que de um caráter excelente corrompido pela educação errada? Por outro lado, você acha que uma natureza fraca poderia alguma vez ser capaz de produzir grande bem ou grande mal? Platão (2006:19).

Após levantar esse discurso apropriado e único, Platão dá continuidade às suas observações, afirmando que:

> Então, uma natureza filosófica como a definimos, se tiver educação apropriada, a meu ver se desenvolverá necessariamente e atingirá o ápice da virtude. Se, no entanto, for semeada e plantada em terreno inadequado, terá resultado oposto, a menos que um deus a salve. Você também, como o povo, pensa que há jovens corrompidos pelos sofistas e que esses sofistas corruptores são em sua grande maioria cidadãos privados? O maior sofista, porém, não é exatamente aquele que assim fala, visto que é capaz de formar e educar de modo pleno como quiser jovens e velhos, homens e mulheres?

> E fazem isso, quando sentados todos juntos em assembleia ou nos tribunais ou nos teatros ou no campo ou ainda em qualquer outra reunião pública, censuram ou aprovam com grande rumor uma palavra ou um fato, sempre de modo exagerado, gritando e batendo os pés de tal modo que os rochedos e o local em que se encontram ressoam e redobram o estrondo das lamentações e dos elogios. Em tal caso, que efeitos isso produz no coração de um jovem? Que educação particular poderia resistir e não naufragar sob lamentos e elogios como esses, sem se deixar arrastar ao sabor da corrente? Não acabará por aprovar o que todos aprovam e por adquirir os mesmos hábitos e se tornar um deles? Platão (2006:19 - 20).

O pior de tudo não é isso, o problema maior segundo Platão, ocorre quando "aquela concreta que esses preceptores e sofistas acrescentam às palavras quando não conseguem convencer. Você não sabe que castigam quem se mostrar relutante com a desonra, com multas e com a morte?" (p. 20).

Diante desse cenário, Platão afirma que os sofistas são imbatíveis na arte de corromper a boa educação particular do indivíduo dotado de atributos da verdadeira filosofia por intermédio da adoção de tais procedimentos erráticos aos bons costumes e a boa educação.

E mais, Sócrates, personagem de Platão, acrescenta que (2006:20):

> [...] não houve, não há e não haverá jamais uma pessoa educada na virtude que possa combater a educação ministrada por esses; pelo menos, uma pessoa humana, porque, respeitando o provérbio, se deve excetuar uma pessoa divina. É preciso convir que, numa situação política semelhante, o pouco que se salva e se torna o que deveria se tornar, pode-se muito bem dizer que se salva por vontade divina.

As críticas aos sofistas e aos seus ensaios funestos não param por ai. Em acréscimo a essas peculiaridades sofisticas Platão (págs. 20; 21), ainda observa:

> Cada um desses cidadãos privados mercenários com fama de perigosos sofistas, outra coisa não faz se não ensinar os princípios professados pelo povo em assembleia e a isso eles chamam sabedoria. Tal como, se alguém tivesse estudado os impulsos e os desejos de um animal por ele criado robusto e forte, por isso soubesse como aproximar-se dele, como tocá-la, em quais momentos e com quais estímulos poderia torna-lo mais irascível ou mais manso, quais sons o animal teria o hábito de emitir em cada circunstância e quais chamados de outros o tornariam mais manso ou mais furioso, e se todos esses conhecimentos adquiridos por sua longa convivência com o animal, fossem por ele chamados sabedoria e se pusesse a ensinar como se dominasse a técnica, muito embora

nada saiba sobre as ideias e os desejos do animal; se bons ou maus, se bonitos ou feios, justos ou injustos. Apesar disso, avaliasse tudo isso com base aos instintos desse grande animal, a seus agrados e a sua ira, sem ter outra noção a respeito, e ainda achasse bom e justo o inevitável, sem ter compreendido e sem ser capaz de indicar a outros a natureza daquilo que é inevitável e a do que se refere ao bem. Um homem assim por Zeus, não lhe pareceria um educador um tanto estranho?

Você poderia ver alguma diferença entre este e aquele que acha que sabedoria é conhecer o que agrada ou não em relação à pintura, à música ou à política ao povo variado reunido em assembleia? Quem se mistura ao povo para lhe mostrar uma poesia, uma obra de arte ou um projeto político se torna escravo da maioria mais que o necessário e a assim chamada necessidade de Diomedes o obriga a fazer o que agrada a eles. Fosse isso bom e realmente belo, você já ouviu alguma vez que eles o explicassem de maneira que não fosse ridícula?

Mais ainda, "[...] seria possível que alguma vez o povo admita a existência do belo em si, distinto das muitas coisas belas, e de qualquer coisa em sua essência, distinta das muitas coisas singulares?" (p. 21). Diante disso, pode-se dizer, segundo Platão, que o povo não é filósofo e que, aquele indivíduo que se dedique à filosofia verdadeiramente, será desaprovado pelo povo e por aqueles outros cidadãos privados, que se misturam com o povo para agradá-lo. (p. 21).

Para Platão, o indivíduo dotado de dons filosóficos, ou seja, da temperança, da facilidade para aprender, de boa memória, de coragem e de generosidade, enfim, que apresenta seu corpo evoluindo em harmonia com seu espírito, desde criança se destaca entre os demais. E é justamente por se destacar que o mesmo chama a atenção da maioria que o cerca, principalmente entre os familiares. A partir de então, com a evolução e com o destaque desse indivíduo entre seus concidadãos, o mesmo passa a ser com o decorrer do tempo, cumulado de: elogios, honrarias e de todo tipo de homenagens, pois, aqueles que o cercam pretendem usufruir também de seu sucesso futuro. (p. 22).

Quando o mesmo chega à idade adulta, "os parentes e os concidadãos não gostariam de servir-se de seus talentos para realizar os interesses deles?" (p. 22). É nesse cenário, que então, o indivíduo passa a se alimentar de pensamentos funestos à sua boa índole, tais como: a soberba, a vanglória, e outros tipos de comportamentos irascíveis ao seu talento original, deturpando-o e o afastando das virtudes do verdadeiro filósofo.

Tal comportamento o transforma num ser oposto ao que é recomendável pela verdadeira filosofia, fazendo-o afastar da sua boa índole e transmutando-o espiritualmente num ser tão violento e malévolo quanto o mais dos perfeitos tiranos. Para Platão, um ser medíocre, ou que se situe abaixo da mediocridade, jamais teria condições de assumir uma postura tão violenta e tão irascível quanto o verdadeiro filósofo afastado de suas verdadeiras virtudes, e, o pior de tudo, foram essas mesmas virtudes que o transformaram, em decorrência da má educação, ou da convivência em ambientes inadequados à formação do bom caráter, num tirano.

Já nesse estado de coisas, quando esse tipo de indivíduo dotado de virtudes filosóficas, já cheio de manias e de vícios, se depara com um mestre ou orientador que o põe a par da verdade, afirmando "que ele não possui o bom senso necessário e que este não se adquire sem um empenho total você acha que aquele, submerso por tantos vícios, o haveria de escutar facilmente?" (p. 22).

Mesmo, se, por acaso, esse indivíduo "graças a sua boa índole e à simpatia que tem pelos discursos, fosse ele levado a segui-los, mudando e cedendo às atrações da filosofia, que fariam a seu ver, as pessoas próximas a ele na iminência de perder sua companhia e as vantagens decorrentes?" (p. 22). De acordo ainda com Platão (p. 22), para evitar que isso ocorresse, seus comparsas e bajuladores, "não fariam qualquer coisa, não diriam de tudo para dissuadi-lo e para reduzir à impotência seu conselheiro, armando-lhe ciladas em segredo e em público e arrastando-o aos tribunais?" (p. 22).

Em acréscimo ao exposto acima, Platão (2006:23) ainda assevera:

> Pode notar, portanto, que não deixamos de ter razão ao dizer que também as virtudes de uma índole filosófica, se acompanhadas por uma má educação, em certa medida são responsáveis pelo desvio de tal vocação como os chamados bens de fortuna; a riqueza, e toda outra vantagem, similar.
>
> Esta é, caro amigo, a ruína e a grande corrupção da natureza mais dotada da melhor

> vocação que, como dissemos, é muito rara. Entre esses indivíduos surgem os piores responsáveis pelas piores calamidades do Estado e dos concidadãos, mas também os autores dos maiores benefícios, se a sorte os conduz na direção certa. Pelo contrário, uma índole medíocre jamais faz qualquer coisa de extraordinário para ninguém, nem aos cidadãos privados nem ao Estado.

Em decorrência, essa pessoa se afasta da verdadeira filosofia deixando seu espaço vazio e a mercê de impostores que são atraídos pela beleza e refinamento dessa, que é, uma das mais nobres artes.

> Esses homens, que se desinteressam totalmente por alcançar a função vital para a qual haviam nascido deixando a filosofia só e abandonada, vivem uma existência inapropriada e falsa, enquanto se aproximam da filosofia, como se essa fosse órfã de pais, outras pessoas indignas para desonrá-la e conferir-lhe aquela má fama de que falava também você, ou seja já, que dentre seus cultores alguns não servem para nada e a maioria merece todo tipo de castigo. Platão (2006:23).

Assim, abandonada e sem o apoio de seu representante legal, ou seja, daquela pessoa a qual foi destinada, desde o seu nascimento, para ocupar o cargo maior de filósofo, defensor da verdade e das virtudes inerentes a essa função, a filosofia fica entregue às mãos de pessoas despreparadas e sem nenhuma qualificação, que lhe permita apresentar a desenvoltura e competência necessárias, para exercer tal cargo, e que os fazem assumir uma nova denominação, de sofistas, por exemplo, ornados de seus sofismas. Platão (2006:23), ainda salienta que:

> E não sem fundamento. De fato, homens de nenhum valor, à vista daquela praça desocupada, mas cheia de nomes e aparência deslumbrante, deixam com prazer sua profissão obscura para se lançar à filosofia, como quem sai da prisão para se refugiar no templo. E estes são exatamente os mais hábeis em seu ofício. Apesar do abandono a que está reduzida, a filosofia é, no

entanto, de maior prestígio que as demais artes e muitos, ambiciosos mas mal dotados, quase mutilados fisicamente pelo exercício das artes e ofícios, acabrunhados e degradados espiritualmente pelos trabalhos manuais, exatamente por esse prestígio aspiram a ela.

Por fim, Platão ainda observa que "e quando indivíduos indignos da cultura se aproximam dela sem terem direito, que pensamentos e opiniões poderiam produzir senão sofismas, para chamá-los por seu verdadeiro nome? Certamente, nada de nobre, nada que fosse produto de uma inteligência genuína". (p. 24).

Além de tudo, conforme frisado, o número de pessoas dotadas das verdadeiras virtudes filosóficas, dignas de assumir o papel e desempenhar bem a sua função na área da filosofia, é muito restrito, o que leva Platão (2006:24) a afirmar que:

> Talvez uma natureza bem educada, cuja nobreza tenha sido conservada pelo exílio e que permaneceu fiel a si mesma por falta de corruptores; ou uma grande alma, nascida em pequeno Estado, que menospreza os negócios de seu Estado e talvez também um pequeno número de pessoas que justamente despreza sua profissão e com boas qualidade se voltam para a filosofia. [...] Quem faz parte desses poucos e tenha saboreado a doçura e a felicidade de tê-lo, compreende de modo profundo a loucura do povo e o fato de que nenhum homem político, a bem da verdade, nada faz de sensato e que não existe aliado em que apoiar-se para socorrer a filosofia. Mas, como um homem caído no meio das feras, não quer contribuir com suas injustiças e, incapaz de se opor a tanta selvageria, antes de poder ser útil a sua cidade e a seus amigos, morre inútil para consigo e para os outros. Levando em consideração tudo isso, ficando tranquilo e cuidando de si mesmo, como um homem que se abriga sob um muro da poeira e da chuva tangidas por um vento tempestuoso, vendo os demais cheios de ilegalidade, se contenta em viver livre da injustiça e da impiedade desta existência e esperar sereno, benevolente e cheio de esperança pela libertação.

Para Platão, considerando a peculiaridade da função do filósofo e dos tipos de governos existentes até então, nenhum desses Estados se encaixava de acordo com a natureza filosófica, motivo pelo qual todos se alteravam e se corrompiam. Entrementes, continua o autor, "se ao contrário, encontrar uma constituição melhor, correspondendo à sua própria excelência, então mostrará que essa natureza filosófica era realmente divina, ao passo que todos os demais caracteres e comportamentos eram tão somente humanos" (p. 25).

Platão (p. 26) ressalta que, diante da impossibilidade de aplicar verdadeiramente os princípios filosóficos na natureza dos Estados, para o período em questão, cabe aos governantes de tais Estados, criarem medidas adequadas para impedir que a filosofia, segundo sua própria natureza, não venha a perecer definitivamente. A principal atitude a ser tomada nesse sentido, segundo esse autor, é enxergar de maneira oposta a filosofia da forma como os Estados a tratavam até então.

Em seu tempo, Platão afirma que, quem tratava da filosofia eram jovens que mal saíram da infância e não tinham amplo domínio sobre a economia e os negócios. "Apenas se aproximam da parte mais difícil e a abandonam. Apesar disso são considerados hábeis em filosofia. A meu ver, a parte mais difícil da filosofia é a dialética. [...] Ao atingirem a velhice, se apagam quase todos como o sol de Heráclito [...]" (p. 26).

Para Platão (p. 26), o tratamento deve ser exatamente o contrário.

> É preciso que os meninos e os jovens se apliquem à cultura e ao estudo da filosofia de acordo com sua idade. Na adolescência, é preciso praticar a educação física porque nessa idade crescem e se tornam homens e uma boa educação física colabora de modo válido com a filosofia. Mais tarde, quando o espírito começa a amadurecer, é precisos dedicar mais tempo a ele. Quando a força física começa a diminuir, tendo de se afastar da política e da guerra, então é preciso procurar pastagens em liberdade, como animais sagrados, sem qualquer outra ocupação obrigatória, para viver uma vida feliz e, depois da morte, coroar a vida aqui vivida com um destino adequado no além-túmulo. Platão (2006:26).

Embora completamente extasiado em seu discurso, Platão considera que o mesmo pareça sem eloquência, em decorrência do fato de que, até sua época, ninguém os viu ainda confirmado pela realidade. Isso porque, "outros foram vistos se concretizarem semelhantes entre si pelos artifícios, mas não espontâneos como os meus. Jamais, porém, foi visto um homem, vivendo segundo a virtude na prática e na teoria até o mais alto grau da perfeição, ser colocado à testa de outro Estado semelhante ao nosso, nem um só, nem muitos" (p. 27).

> Tampouco, caro amigo, escutaram o bastante discursos belos e nobres, capazes de investigar a verdade com absoluta concentração por amor ao saber, discursos despidos de vãos ornatos e puras sutilezas que nada mais visam senão o privilégio e a mera disputa nos processos públicos e nos debates privados.
>
> Por isso, mesmo prevendo com temor esta ignorância, mas premidos pela verdade ousamos afirmar que nem cidade, nem constituição de Estado, nem indivíduos haverão de atingir a perfeição antes que alguém obrigue aqueles poucos filósofos, que ora são considerados não desonestos mas inúteis, a tomar as rédeas Estado, e o Estado a lhes obedecer, ou antes que nos reis atuais ou em seu filho uma inspiração divina infunda o amor pela verdadeira filosofia. Acho que seria como que absurdo pensar que uma das duas hipóteses ou ambas não possam se verificar. Caso contrário, seríamos ridicularizados com razão, como estivéssemos expondo simples quimeras. Não é Assim? Platão (2006:27).

Mesmo sabendo dessas peculiaridades, Platão se mantém fiel a suas ideias e em acréscimo a tal fundamento, ainda acrescenta:

> Se, pois, jamais aconteceu no decorrer dos séculos passados que uma necessidade obrigasse os grandes filósofos a se ocupar do Estado ou se nos dias de hoje isso pudesse ocorrer numa terra estrangeira, longe de nossos olhos, ou se deverá acontecer no futuro, poderemos então dizer que existiu, existe ou existirá um governo como o nosso, quando reinar no Estado a musa da filosofia. Porque não é possível que isso ocorra e nem estamos aqui fabricando fantasias, conquanto

reconheçamos também nós, que é difícil. Platão (2006:27 – 28).

Nem se deverá dizer que o povo tenha alguma culpa nesse tipo de questão porquanto o mesmo vive alheio a tais discussões, uma vez que a mesma persevera apenas entre os grupos mais abastados, politizados e que estão sempre à frente no poder.

Mas, por outro lado,

> Essas pessoas irão mudar de ideia se você não se irritar com elas mas as acalmar, libertando-as dos preconceitos contra a cultura, mostrando-lhes o que você quer dizer quando fala de verdadeiros filósofos e definindo, com o fez há pouco, sua natureza e seu comportamento, a fim de que não pensem que você está falando das pessoas que elas pensam. Convencidas disso, mudarão de ideia e darão outro tipo de resposta. Você acredita, por acaso, que alguém fique furioso com quem não se enfurece ou inveje quem não tem inveja e é meigo? Eu o previno afirmando que caracteres intratáveis assim se encontram em poucas pessoas e não entre a multidão.
>
> Você não haveria de admitir, portanto, que a desconfiança do povo para com a filosofia é provocada pelos intrusos que entraram para criar uma confusão indecente, insultando-se e odiando-se reciprocamente, e colocando sempre questões pessoais sem se preocuparem com a dignidade da filosofia? Platão (2006:28).

Em tal contexto Platão deixa explícito que, o caminho verdadeiro para libertação final do povo só se dá por intermédio de sua politização e essa mesma politização só se consegue por intermédio da sua formação educacional e cultural. Tudo isso deve ser feito para que o povo adquira consciência crítica, não no sentido de entrar em atrito com o sistema de uma maneira vulgar, sem critérios, mas sim, por intermédio do conhecimento, de análises criteriosas, bem fundamentadas e que tragam avanços nas questões politicas e sociais de uma maneira equilibrada.

Ao término desse belo discurso, Platão se põe a analisar a natureza do verdadeiro filósofo e os motivos pelos quais o mesmo não sente inveja ou rancor de seu semelhante e muito menos da multidão, na forma como o mesmo acrescenta,

> Na verdade, Adimanto, quem está inteiramente ocupado em contemplar a essência das coisas não tem sequer tempo para se envolver com as vicissitudes humanas e encher-se de inveja e rancor, acabando por litigar com os próprios semelhantes. Pelo contrário, ele se dá a contemplar objetos ordenados e imutáveis e que, longe de se prejudicarem uns aos outros, estão todos sob a ordem e a razão e, por isso, os imita e se conforma quanto possível com eles. Ou você acha possível não imitar aquilo de que alguém se aproxima com amor? Platão (2006:28).

Para Platão, um filósofo quando é verdadeiramente filósofo ele está entre o homem e o divino, mais próximo do divino do que do homem, tornando-se quanto seja possível a um homem, ordenado e divino (p. 29), E esse tipo de homem quando for "inevitavelmente induzido a inserir nos costumes humanos, públicos ou privados, aquilo que considera altivo, em vez de se limitar à própria perfeição" (p. 29), o mesmo se tornaria um mestre na arte da temperança e de qualquer outra virtude social. E o povo ao vivenciar e a entender esse princípio tornar-se-á não inimigo do filósofo, mas sim, um dos seus principais colaboradores e defensores.

Diante disso, o próprio povo se debelaria contra o sistema, tomaria o Estado[33], acabaria com seus costumes funestos, redigiriam novas leis, criariam uma nova constituição e estabeleceriam critérios mais humanos e evoluídos de convivência social, tirando assim o Estado da escuridão da barbárie, e trazendo-o para a luz da civilização.

> Se o povo se der conta que dizemos a verdade a respeito do filósofo, continuará a hostilizar os filósofos e desconfiará de nossa afirmação de que o Estado não pode prosperar se não tiver sido projetado por artistas que se sirvam de um modelo divino?
>
> Como tela de seu esboço, tomariam o Estado e seus costumes e como primeira tarefa nada fácil, teriam de tentar limpá-la. Você

---

[33] Para o propósito do presente estudo, voltar-se-á a tratar desse tema quando for trabalhada a economia política, nesta mesma obra.

> bem sabe que, diferentemente dos outros, não gostariam de se preocupar com cada cidadão em particular nem com o Estado, nem redigir leis, antes de considerarem totalmente limpa essa tela ou de tê-la tomado assim eles mesmos. Platão (2006:29).

Segundo Platão, só depois de tomado o poder, feito a limpeza necessária em sua estrutura e reconhecido o papel da organização social, sem se preocupar com o individuo em particular e muito menos com o Estado, considerando apenas as virtudes em si entre elas, tomando como primordial a justiça, a temperança, a coragem e a sabedoria, deveriam esboçar o plano da constituição levando em conta apenas além das virtudes, o princípio da solidariedade.

> Em seguida, a meu ver, lhe aplicariam as cores, volvendo os olhos para duas direções. Primeiro, para o que é por natureza, justo, belo, sábio e assim por diante; depois, para o que podem realizar humanamente, misturando e fundindo entre os costumes humanos a cor natural, baseando-se naquele princípio que subsiste no homem e que também Homero considera divino e semelhante aos deuses.
>
> Acho que por vezes haveriam de apagar e por vezes haveriam de mudar a cor até conseguir tornar, na medida do possível, divinas as características humanas. Platão (2006:29).

Assim, dessa forma, e somente dessa forma, o Estado passaria a ser dirigido por um homem sábio, amante da verdade e do ser enquanto essência, de natureza altruísta, dotado de temperança e de grande capacidade de poder decisório. Platão ainda observa que, enquanto "a raça dos filósofos não se tornar senhora do Estado, não haverá remédio para as desgraças que atingem o Estado e os cidadãos, nem poderá vir a ser realidade a constituição que estamos planejando teoricamente" (p. 30).

Uma vez o povo tomado consciência dessas prerrogativas filosóficas, passariam a se constituir em parceiros desse ideal atraindo novos líderes e homens, dotados dessa natureza, para conduzi-los com maior solicitude ao estágio evolutivo, podendo ser, até mesmo, filho de reis ou tiranos que passem a adquirir gosto natural para a filosofia (p. 30).

Para Platão, mesmo com esse pendor para a filosofia, não é fato de que, até esses não se corrompam durante os estágios evolutivos para o alcance dos requisitos necessários ao bom filósofo. Entrementes, mesmo um que se salve dentre esses e encontre um Estado acessível às suas prerrogativas já seria suficiente para que se tenha o tão propalado Estado ideal.

Nesses termos, se "um governante impusesse as leis e as instituições de que falamos não seria impossível que os cidadãos as acatassem com disposição" (p. 31), o que tornaria o projeto elaborado por Platão excelente contanto que, segundo o mesmo autor, fosse exequível.

Levando tudo isso em consideração, pode-se ainda acrescentar que "por conseguinte, a meu ver, podemos concluir que nosso projeto legislativo é ótimo se posto em execução, e que sua execução é realmente difícil, mas não impossível" (p. 31).

Assim, depois de terminado a discussão sobre os porquês que devem ser os filósofos a ocuparem o cargo de governante do Estado ideal e como os mesmos devem proceder para ocupar tal cargo, o próprio Platão assevera que, falta falar ainda sobre o modo, o conhecimento e os costumes com que educar "os defensores da constituição do Estado e em que idade eles devem aplicar-se a tudo isto" (p. 31).

Para isso, segundo o próprio Platão, manifestado em seu personagem Sócrates, uma vez praticamente terminado a questão do relacionamento das mulheres com seus rebentos, faz-se necessário, retomar as análises, quase que do início, relativo estabelecimento do perfil do governante ideal para o Estado.

Diante dessa proposta, Sócrates, personagem de Platão, salienta que:

> Se você bem lembra, dizíamos que esses devem se revelar patriotas, tanto nas alegrias quanto nos sofrimentos, sem abandonar suas convicções, seja em momentos de dificuldades, seja em momentos de temor, como em qualquer outra situação imprevista. Quem não superasse essas provas deveria ser eliminado e eleger, ao contrário, como governante aquele que em todas as provas saísse incólume como o ouro provado ao fogo, cumulando-o depois de recompensas em vida e após a morte. Tudo isso já foi dito de passagem e veladamente, com receio de suscitar a dificuldade que ora aflora. Platão (2006:32)

Assim, depois de tanto refrear sua revelação de qual seria o perfil do governante ideal Platão, por fim, acaba por afirmar sem quaisquer receios, segundo ele mesmo afirma, que os melhores defensores do povo, só podem ser os filósofos (p. 32), conforme já expressado.

Fique bem atento, porém, porque provavelmente o número deles será reduzidíssimo. De fato, é preciso que tenham aquela natureza que descrevemos cujos elementos raramente se encontram reunidos num só, mas geralmente estão dispersos entre vários.

Se têm facilidade para aprender, se têm boa memória, se são inteligentes, perspicazes e assim por diante, você bem sabe que em geral não possuem também a grandeza de alma e a generosidade que os levariam a viver na ordem, na calma e na estabilidade ao contrário indivíduos desse tipo se tornam vítimas da própria vivacidade e se mostram instáveis.

Pelo contrário, os homens de caráter estável e inquebrantável, que transmitem grande confiança e que na guerra não se deixam vencer pelo temor, não tem a mesma aptidão para os estudos. São como que adormecidos, pesados e tardos de espírito, e quando devem dedicar-se a uma atividade intelectual estão sempre cheios de sono, e passam o tempo bocejando.

A nosso ver, porém, os governantes devem ter as duas características, do contrário é preciso excluí-los da educação mais apurada, das honras e do poder.

Torna-se necessário, portanto, pô-los à prova nas dificuldades, nos perigos e nos prazeres de que falamos e, além disso, coisa que menosprezamos antes, exercitá-los em diversas disciplinas para apurar se sua inteligência está apta a enfrentar as dificuldades de estudos mais acurados ou se, ao contrário, se entregam ao desânimo como aqueles que fraquejam nos exercícios de ginástica. Platão (2006:32).

Entrementes, para que o governante consiga todos os atributos necessários a sua qualificação visando ocupar tal cargo, faz-se necessário muito esforço e sacrifício, porque, se não, o mesmo se perderá durante a jornada de aprendizado. Diante disso, a preguiça e o comodismo estão totalmente descartados do trajeto, em busca das virtudes que tanto se almejam, durante a preparação e a formação dos guardiões.

Além de tudo, existe ainda a necessidade de se buscar conquistar a maior de todas as virtudes, inclusive, superior que a própria justiça e que Platão define como sendo o bem. Para Sócrates, personagem de Platão, o bem é a maior de todos os sentidos, visto que, com base no conhecimento do bem, todos os demais conhecimentos se tornam úteis e bons; sem o bem é inútil a posse de qualquer coisa. Para muitos o bem é identificado com o prazer, enquanto que, para os cultos, o bem é identificado com a atividade intelectual. Entretanto, segundo Platão, aqueles que assim pensam, entrementes, não sabem explicar o que vem a ser a inteligência e mesmo assim, e ao mesmo tempo, tentam explicar a inteligência do bem (p. 34).

Mais ainda, existem outros que procuram identificar o bem como sendo o prazer, mas, no entanto, deve-se admitir também que existem prazeres que são carregados de culpa (p. 34). Por seu turno, se for considerada essa ótica, pode-se admitir ainda, que as mesmas coisas são boas e más e, em virtude disso, surgem muitas violências e discussões (p. 35).

No meio desse cenário, não se deve descartar em acréscimo, a existência daqueles indivíduos que gostariam de considerar corretas e belas, as próprias opiniões sobre o bem, mesmo essas sendo inconsistentes para se colocar em prática e difundi-las, uma vez que, não basta possuir apenas as aparências, porquanto, todos buscam a essência desse bem e menosprezam suas aparências.

> Ora, esse bem que toda alma procura e por amor do qual tudo faz, percebendo sua existência, embora com incerteza é incapaz de compreender claramente o que poderia ser, nem de crer nele firmemente como crê em outras coisas; esse bem para o qual se está disposto a perder todas as demais vantagens, esse bem tão grande e precioso, haveríamos de dizer que ele deve permanecer oculto também para aqueles cidadãos eminentes a quem haveríamos de confiar todo o resto? Platão (2006:35).

Diante desse contexto, para Platão, a constituição de seu Estado ideal jamais estaria segura se não fosse por um defensor dotado da ciência do bem. (p. 35). Então, devido a sua importância, necessário se faz descobrir a essência dessa ciência, assim como foi feita com a busca pela essência da justiça. (p. 36).

2.1.1.2.16   Em busca da essência do "bem" que é necessário para se viabilizar a determinação do perfil do governante do Estado Ideal.

Para isso, deve-se identificar antes, qual é o rebento do bem, para tornar fácil a descoberta da sua essência. Nesse caminho, conforme visto antes, existe uma grande quantidade de coisas belas, boas e assim por diante. Mas que também, existe o belo em si, o bem em si, e que a cada uma dessas qualidades corresponde uma só ideia, que se considera como sendo única (p. 36).

Mais ainda, devemos considerar também que as coisas múltiplas são vistas, mas não são pensadas, enquanto que, as ideias são pensadas, mas não são vistas. Agora, seguindo essa premissa deve-se considerar também que, as coisas que são vistas, são vistas com os nossos olhos, e, da mesma forma que com os ouvidos, por exemplo, nós percebemos as coisas audíveis enquanto que, com os demais sentidos, se percebem as coisas sensíveis.

Nesse novo estágio de debates necessários para consolidar o sistema de gestão do Estado ideal de Platão, com o objetivo de se identificar o rebento, ou, em outras palavras, o filho da virtude do bem, deve-se recorrer à teoria dos contrários. A teoria dos contrários é o principal instrumento de análise da dialética, Deve-se lembrar!

No início das investigações, Platão afirmou que, de acordo com a teoria dos contrários, um objeto para que possa existir de fato, faz-se necessário que ele tenha um contrário, se não tiver esse contrário presumivelmente tal objeto não existe. É assim que, por exemplo, para que exista a fome, deve-se existir o alimento. Para que exista o mal, deve-se existir o bem. Para atender uma necessidade, deve-se existir a utilidade, e assim, por conseguinte. No caso, mesmo que possivelmente possa existir o objeto e não se encontrar o seu contrário, faz-se necessário que o filósofo busque identificar esse contrário, por intermédio da análise das hipóteses e do estabelecimento de possíveis conexões entre essas hipóteses, que se imaginam existirem até se chegar à hipótese ideal, que esteja o mais próximo possível da verdade, sobre o contrário do objeto existente. Assim, nessa ótica, deve-se o filósofo, trabalhar mentalmente para poder identificar esse contrário por intermédio do estabelecimento de conexões dos fenômenos relacionados à existência do objeto em análise. Como será visto adiante, é assim que Platão identifica os raios solares como um dos componentes reais da visão embora o sol não faça parte do olho e nem a visão seja parte integrante do sol mesmo que, não obstante, sem os raios do sol seja impossível existir a visão de forma transparente e perfeitamente visível.

De acordo com esse mesmo raciocínio, Platão afirma que, para que haja os sentidos, deve-se considerar a existência do seu oposto. Nesse contexto, quando se inclui a atuação dos sentidos no debate, verifica-se que há um aumento da complexidade de fatores que viabilizam a identificação dos opostos de uma dessas virtudes, em especial, no caso, da visão, pois, quando se inclui o sentido da visão, gera a dificuldade de se identificar o oposto da capacidade de ver e de ser visto.

Assim, enquanto se torna fácil identificar o oposto do sentido do ouvido que é ouvir, esse fenômeno se completa com a existência de um interlocutor ou de uma pessoa próxima que se constitui naquele que ouve. No caso da voz, ocorre a mesma coisa. Quando se emite uma mensagem pela voz, o interlocutor ao recebê-la, de imediato a decodifica, e assim, se estabelece a comunicação.

Já no caso da visão, isso não ocorre com tanta facilidade, pois, na visão, além de ser preciso que haja um objeto para ser visto, faz-se necessário que sua imagem retorne de imediato para os olhos da pessoa que o fita. Nesse caso, a captação da imagem do objeto se dá pela mesma pessoa que o decodificou. Ou seja, a pessoa emitiu uma onda que captou o objeto e ao mesmo tempo, essa mesma onda que é gerada pelo poder da visão, retorna para o seu emissor com a imagem do objeto, que é de imediato, gravada pelo seu cérebro.

Dessa maneira, para que o fenômeno da visão se complete, faz-se necessário um terceiro elemento que não participa dos sentidos do indivíduo e que viabiliza a identificação, a codificação e a decodificação do mesmo objeto, pelo olho da pessoa que o está observando. No caso, esse elemento é a luz. Por seu turno, a luz é uma propriedade de um quarto elemento que a gerou e que possibilitou a existência da vista do objeto, que é o sol.

Assim, segundo Platão, embora o sol não seja parte dos sentidos do indivíduo, ele é o principal elemento que viabiliza a existência desse tipo de sentido, ou seja, da capacidade da visão por parte desse mesmo indivíduo. Pois, se essa pessoa estivesse num local totalmente escuro, embora ela não fosse cega, não conseguiria ver nada que estivesse à sua volta, devido à inexistência da luz emitida pelo sol.

"Embora a vista resida nos olhos e quem os possuir quiser usá-los, mesmo que os objetos sejam coloridos, se faltar um terceiro elemento indispensável, você sabe que a vista nada verá, nem as cores" (p. 37). Esse elemento é a luz. Nesse caso, Platão ainda assevera que, embora a vista não seja idêntica ao sol, "nem em si mesma nem nos olhos de quem se realiza" (p. 38), a vista é a "mais solar dos sentidos". (p. 38).

Logo, pode-se concluir que, "o sol não é idêntico à vista, mas é a causa dela e como tal é um objeto da própria vista" (p. 38).

É assim que Platão identifica o sol como sendo o filho do bem. "Fique sabendo então que eu pretendia falar do sol como do filho do bem, criado à sua semelhança, que no mundo visível é análogo, com relação à vista e às coisas visíveis, à inteligência e às demais coisas inteligíveis no mundo inteligível" (p. 38).

Explicando melhor[34]:

> Você sabe que os olhos, quando se volvem para objetos cujas cores não são mais iluminadas pela luz do dia, mas somente pelos fulgores da noite, são fracos e parecem quase cegos, como se não vissem bem.
>
> Quando, porém, se volvem a objetos iluminados pelo sol, veem com clareza e sua vista é novamente pura.
>
> Julgue também que o mesmo acontece à alma. Quando ela se volve para aquilo que é iluminado pela verdade e pelo ser, capta plenamente a essência deles e dá a impressão de ser inteligente. Quando, ao contrário, se volve para aquilo que está envolto na escuridão, para aquilo que nasce e morre, ela alimenta somente opiniões e enfraquece, revirando-as de todos os modos e parece como que estulta. Platão (2006:38)

Em analogia com o bem, tal fato resulta que:

> Você pode dizer também, portanto, que somente a ideia do bem confere sua verdade aos objetos do conhecimento e ao que

---

[34] Esta parte do trabalho constitui a essência das análises de Platão. Em virtude disso serão utilizadas transcrições diretas do autor, para facilitar a análise e o entendimento do leitor sobre suas ideias originais. Cortes em tais transcrições serão efetuadas quando realmente forem necessárias por intermédio da utilização de trechos explicativos das estratégias adotadas por Platão para dar maior consistência ao entendimento sobre seus pontos de vista.

os conhece. Ela é, portanto, causa da ciência e da verdade enquanto objetos do conhecimento. Muito embora a ciência e a verdade sejam ambas belas, você deve pensar que existe algo de ainda mais belo. Correto é considerar solares a luz e a vista, mas não se deve identificá-las com o sol. Assim também a ciência e a verdade podem ser corretamente consideradas muito afins ao bem, mas, nem uma nem outra, idênticas a ele. Uma consideração bem mais elevada toca a natureza do bem. Platão (2006:38 - 39).

Mais ainda, deve-se considerar também que o sol "dá às coisas visíveis não somente a capacidade de serem vistas, mas também a vida, o crescimento e a nutrição, mesmo que não se identifique com a própria vida" (p. 39).

Considerando esse mesmo fundamento para as coisas inteligíveis, pode-se afirmar também que "do bem, elas recebem não somente o dom de ser conhecidas, mas também existência e a essência, muito embora o bem não se identifique com a essência, mas por dignidade e poder seja superior também a esta" (p. 39).

Pode-se dizer que, por intermédio da utilização de analogias intermináveis, mas também corretas, Platão, ao fazer a comparação sinérgica entre a vista e o sol, e, por conseguinte, considerar o sol como uma parte do sentido da visão, embora não seja parte do olho, mas, mesmo assim é fundamental para que o olho possa ver por intermédio da vista, o mesmo Platão, em virtude disso, define para essa questão, o sol como o filho do bem, pois sem o sol, o olho não consegue enxergar nada. Isso porque, o sol não faz outra coisa ao Planeta Terra que não seja o bem, ao enviar sua luz para este Planeta e por intermédio dessa luz, dar vida a praticamente tudo que existe na Terra, Daí porque o sol ser o filho do bem.

Assim, o sol consegue dividir tudo que existe em dois componentes: aquilo que se pode ver, mas não enxergar, e aquilo que não se pode realmente ver, devido à existência da escuridão, ou da ausência do sol.

2.1.1.2.17 A importância da existência da "alma" e de suas faculdades para se viabilizar a definição do que seja o "bem"

A partir desse ponto, Platão introduz em sua analogia, a alma e suas faculdades para poder compará-la com as ações do sol e conseguir analisar as faculdades da própria alma.

Utilizando-se ainda de analogias, o principal instrumento de investigação da dialética, Platão afirma que, também como o sol, assim é a alma. A alma tem por faculdades a capacidade de possuir dois atributos: aquela envolta na escuridão total e a outra agraciada pela luz emanada pela verdade, uma vez que, esta consegue captar a essência do bem. Por conseguinte, a essência é gerada pela busca do conhecimento, da inteligência, da sabedoria enquanto que a escuridão para a alma é o principal fundamento da ignorância e que reside numa mente vazia, sem capacidade de raciocínio e interpretação.

Agora, deixando de lado as coisas escuras da alma, no caso, aquela parte dotada totalmente da ignorância, Platão, transfere para a mesma alma, novamente por analogia, a possibilidade da existência de dois sois que são necessários para se conseguir interpretar as diferenças que existem entre as coisas visíveis e as coisas inteligíveis, que são iluminadas pela luz do conhecimento e da capacidade de interpretação.

> Pense, pois, que existem dois sóis, por assim dizer. Um domina o reino das coisas inteligíveis e o outro aquele das coisas visíveis. Não quero falar do céu para não lhe dar a impressão de criar fantasias sobre essa palavra. Você consegue, porém, distinguir essas duas espécies, a visível e a inteligível? Platão (2006:39)

Em existindo a presença do sol ou da luz da sabedoria na alma, deve-se considerar também a existência das sombras, porque senão, não teria luz, visto que, a sombra é o oposto da emanação da luz. Lembrando que, a sombra não é a mesma coisa que a escuridão, a sombra se assemelha mais a penumbra. Por seu turno, a penumbra ou sombra é gerada por um obstáculo intermediário entre a escuridão absoluta e a luz imanente do sol ou da sabedoria da alma. Isso em última instância quer dizer que, aonde tem penumbra ou sombra tem obstáculo à passagem da luz solar, mas não significa que inexiste luz. Entrementes, aonde existe apenas escuridão, inexiste sol ou luz solar. Dessa maneira pode-se também dizer que, se tem luz, tem sombra, diferente da escuridão absoluta, que é a ausência de tudo que representa luz e que faz parte da visão para os olhos ou entendimento da alma.

Dessa forma, considerando apenas a existência da sombra resultante da presença de um obstáculo para a propagação da luz, desta vez na alma, Platão, divide as coisas entre inteligíveis e visíveis.

Assim, com base nessa nova premissa, para poder fazer melhor análise, Sócrates, personagem de Platão adverte:

>Considere, por exemplo, uma linha dividida em dois segmentos desiguais, depois continue a dividi-la da mesma maneira, distinguindo o segmento do tipo visível daquele do tipo inteligível. Com base na relativa clareza e obscuridade dos objetos você vai fazer um primeiro corte correspondente às imagens. Considero tais em primeiro lugar as sombras, depois os reflexos na água e nos corpos opacos lisos e brilhantes e todos os fenômenos semelhantes a esses. Platão (2006:40).

Para este caso, as sombras existentes na alma, e também aquelas coisas que têm forma, mas não tem corpo físico, tais como as citadas por Platão acima e que são captadas pela visão, correspondem àqueles fenômenos que sabemos que existem, mas que, devido à ausência de sua parte corpórea, se torna difícil comprovar sua existência, e que, sua forma existencial só é possível de ser captada por intermédio de estudos comprobatórios. Nesse caso, esses fenômenos são chamados, segundo Platão, de coisas inteligíveis.

Ao se realizar estudos comprobatórios para identificar a essência da emanação desses fenômenos, esses estudos, entretanto, só conseguem fazer a aproximação da verdade sobre a essência do próprio bem. Por seu turno, essa verdade só é captada, mediante a relativização ou da probabilidade de sua existência. Daí porque chamá-lo simplesmente de sombra, ou coisa inteligível.

Por outro lado, a parte visível é representada pelas imagens captadas pela visão por causa dos objetos que possuem estrutura corpórea, ou seja, são seres tangíveis, e que, mesmo assim, só são possibilitadas aos olhos as contemplarem na sua forma real, devido à existência da luz do sol, e que, dessa maneira, em razão da presença desse fenômeno, a luz solar se transforma também, em um dos componentes essenciais do sentido da visão. Essas imagens, de sua parte, corresponde aos seres vivos, às plantas, a tudo o que existe (p. 40),

Agora, do mesmo modo, se pode dizer que, o mundo visível está dividido entre verdadeiro e falso, assim como, a sombra ou penumbra está para os modelos de representação científica da mesma maneira que a opinião está para a verdade. Isso porque, para explicar as sombras, os reflexos, assim como elas são, fazem-se necessários, a criação de modelos científicos, e que, sem tais modelos, a sombra é apenas uma opinião. Por seu turno, a opinião está para a verdade, como a fase intermediária está para essa mesma verdade, sem a presença de modelos científicos que a expliquem, segundo Platão.

Nesse aspecto, a opinião e a sombra, sem um modelo científico que as analise ou identifique, só ficam reconhecidas em si, apenas como senso comum.

Assim, para dar continuidade aos seus estudos, Platão introduz a utilização de modelos científicos que consigam explicar com maior propriedade o comportamento tanto da sombra quanto da luz, segundo o melhor entendimento e esclarecimento dos fenômenos existenciais na alma que são, por assim dizer, o suprassumo para o avanço da educação e da cultura.

Para explicar essa passagem, assim Platão se manifesta:

> Na primeira seção de tal segmento, a alma, usando como imagens as coisas que noutro segmento eram os modelos, é obrigada a proceder por hipóteses, ao longo de um caminho que a conduz não para o princípio, mas para o fim. Depois, na segunda seção, ela procede em direção ao princípio absoluto sem recorrer às hipóteses e às imagens, conduzindo sua pesquisa somente por intermédio das ideias Platão (2006:40).

Explicando melhor[35]:

> Vou explica-la de novo. Talvez depois do que vou dizer agora, você irá entender melhor. Você sabe, acho que os peritos em geometria, em aritmética e em cálculos semelhantes pressupõem o par e o impar, as figuras geométricas, as três espécies de ângulos e outros postulados análogos de acordo com a pesquisa que estão fazendo. Todos esses elementos eles os consideram como coisa comprovada, como premissas hipotéticas[36] tão evidentes que não requerem

---

[35]Essa metodologia, no caso, a dialética, é o procedimento preferencial utilizado por Platão, inclusive para elaborar sua obra "A República". Como o próprio processo é uma das técnicas de investigações científica criada e explicada pelo autor nesta parte de seu trabalho utilizando-se para isso, a ideia da "teoria dos contrários", conforme se viu e ainda se vê na realização deste compêndio; diante disso, serão feitas apenas transcrições das explicações realizadas pelo mesmo. Interferências serão feitas apenas na medida do possível e quando necessário.

[36] Quando da análise dessas premissas, os pensadores que se utilizam desse procedimento chegando a um ponto em que não se consegue mais ir adiante com as ideias, os mesmos se utilizam do modelo de ajuste de nome "*ad oc*", que são hipóteses

justificativa alguma. Depois, partindo destes, explicam o resto e, ao final, chegam à demonstração que procuravam.

Você sabe também que utilizam figuras visíveis e raciocinam a respeito, embora não pensem nelas, mas a seus respectivos modelos. Eles fazem os cálculos do quadrado e do diâmetro em si, não daqueles desenhados e assim por diante. Servem-se das figuras que constroem e desenham como se fossem sombras e imagens refletidas na água como se fossem imagens também elas, procurando contemplar a essência daqueles seres que se compreendem somente como pensamento. Platão (2006:40 - 41).

Em sequencia, Platão explicita com maior propriedade sobre o processo de aplicação dos modelos de análise observados acima, quando se investiga a forma inteligível que se manifesta na alma no formato de sombra ou de reflexos da luz, emanada pelo sol.

Este é o tipo inteligível de que eu falava antes, que a alma é obrigada a estudar por vias hipotéticas, sem chegar ao princípio, exatamente porque não se pode elevar acima das hipóteses. Ela se serve como que de imagens das coisas que no segundo inferior são imitadas e passa de umas às outras porque as pode considerar mais evidentes.

Agora vou dizer o que considero como segundo segmento do mundo inteligível. Ele é compreendido somente pela razão mediante a dialética que interpreta as hipóteses não como princípios, mas sim como hipóteses, como premissas e pontos de partida para chegar ao princípio absoluto de cada coisa. Alcançado este, a razão vai novamente

---

consideradas como pontes temporárias entre as premissas ou figuras utilizadas em analise, para poderem dar sequenciamento aos trabalhos. Isso, na ótica da filosofia pura, não é considerada como estratégia ideal, mas é muito utilizada nos dias atuais pelos sofistas. É mais ou menos como a ideia: se "a" é igual a "b" e "b" é igual a "c", então, isso significa dizer que, "a" é igual a "c", mas nada comprova que "a" realmente seja igual a "c" e nem que "c" seja da mesma forma igual a "a".

ao fim por intermédio da sucessão das consequências, sem qualquer referência sensível, mas passando de uma ideia a outra e permanecendo em seu âmbito até o fim. Platão (2006:41).

Em outras palavras, Platão quer dizer que, a única forma que o pesquisador pode chegar à verdade ou bem próximo dela se dá por intermédio da dialética. Isso porque, no pensamento dialético, se tem uma hipótese, devidamente testada e comprovada na sua origem como verdadeira. A partir dessa hipótese, analisa-se as suas implicações por intermédio da teoria dos contrários até encontrar sua essência. Depois de detectada essa essência, parte-se para as suas implicações e envolvimento com o mundo real.

Quando se faz análise por intermédio de desenhos geométricos semelhantes e passando-se de um desenho para outro, não se consegue chegar a nenhuma verdade visto que, o pesquisador se perde nas comparações entre esses desenhos ficando apenas nas abstrações e nos discursos uma vez que não se tem como ultrapassar tais hipóteses. Há ainda que considerar as situações *ad oc*, que tornam a pesquisa muito mais enfadonha e sem prognóstico definível. Nesse caso, essas hipóteses surgem como telhado que impede que o pesquisador chegue à luz da verdade.

No caso da dialética isso não acontece uma vez que a hipótese sendo testada antes e considerada como verdadeira, dá vazão para que o investigador descubra sua origem e, a partir de sua origem, consegue captar as implicações e consequências das ações geradas pela movimentação da essência do objeto pesquisado, tornando a pesquisa coerente com todo o processo de investigação sem maiores perturbações analíticas.

Nesse contexto, por intermédio da utilização do personagem Glauco, Platão conclui seu raciocínio como se lê abaixo:

> Parece que estou entendendo, ainda que não perfeitamente. Esse problema me parece realmente difícil. Resumindo, você quer afirmar que o conhecimento do ser inteligível obtido com a dialética é mais correto do que aquele oferecido pelas chamadas ciências, cujos princípios são hipotéticos. Hipóteses que é preciso estudar com o pensamento e não com os sentidos. Mas como os cientistas não remontam ao princípio, mas partem das hipóteses lhe parece que eles não captam plenamente essas realidades, ainda que inteligíveis com um princípio. E acho que

> você considera pensamento discursivo, não inteligência, a condição da geometria e das outras disciplinas afins, isto é, um pensamento intermediário entre a opinião e a inteligência. Platão (2006:41).

Em concordância às palavras de Glauco, agora, já na posição do personagem Sócrates, Platão, arremata:

> Você entendeu muito bem! E agora, aos quatro segmentos é preciso fazer corresponder as quatro condições espirituais: ao segmento superior a inteligência, ao segundo o pensamento discursivo, ao terceiro o consentimento e ao último, a conjectura. Depois, coloque-os em ordem segundo o princípio que tanto maior será sua evidência, quanto maior sua participação na verdade. Platão (2006:41 - 42).

Depois de identificado o filho do bem como sendo o sol e explicitadas quais são as técnicas necessárias que devem ser utilizadas para melhor definir o que seja realmente esse bem, na ótica da investigação científica e de acordo com a formação do processo educacional do indivíduo, Platão dá continuidade aos seus estudos, por intermédio da análise e da definição da outra parte que constitui um dos pilares da definição desse mesmo bem, ao lado da educação, que é, no caso, a cultura.

Para Platão, o conceito do bem é muito abrangente. Ele envolve tudo o que existe e é considerado belo, justo e necessário para a formação de um cidadão verdadeiramente educado, culto e adequadamente preparado no campo do conhecimento e das atividades práticas, para ser aceito como guardião, e, nessa posição, por conseguinte, caso ele seja aprovado nos testes e desafios por que deve passar, poder finalmente ocupar o cargo de governante do Estado ideal.

Assim, apenas ser educado não é suficiente. É preciso também que esse indivíduo tenha cultura, ou seja, possua conhecimento e prática de maneira abrangente e crítica de tudo que o cargo de governante exige e que seja necessário para um desempenho eficiente e justo do mesmo.

Diante disso, Platão considera que o bem nada mais é do que a soma de todos esses requisitos, considerados como essenciais para o bom desempenho da função de guardião e soberano. Quem é nutrido da faculdade do bem é nutrido da luz da alma.

Com o objetivo de determinar tais requisitos considerados como fundamental para dar continuidade às suas análises, Sócrates, personagem de Platão, parte para a definição da cultura, utilizando-se do seguinte relato hipotético:

> Agora, com relação à cultura e à falta dela, imagine nossa condição da seguinte maneira. Pense em homens encerrados numa caverna, dotada de uma abertura que permite a entrada de luz em toda a extensão da parede maior. Encerrados nela desde a infância, acorrentados por grilhões nas pernas e no pescoço que os obrigam a ficar imóveis, podem olhar para a frente, porquanto as correntes no pescoço os impedem de virar a cabeça. Atrás e por sobre eles brilha a certa distância uma chama. Entre esta e os prisioneiros delineia-se uma estrada em aclive, ao longo da qual existe um pequeno, muro, parecido com os tabiques que os saltimbancos utilizam para mostrar ao público suas artes.
>
> Suponha ainda ao longo daquele pequeno muro homens que carregam todo tipo de objetos que aparecem por sobre o muro, figuras de animais e de homens de pedra, de madeira, de todos os tipos de formas. Alguns dentre os homens que as carregam, como é natural, falam, enquanto outros ficam calados. Platão (2006:44).

Platão considera que, apesar desses prisioneiros viverem em estado de penúria os mesmos são semelhantes a pessoas normais, ou seja, em termos de capacidade cognitiva ambos possuem capacidades semelhantes. A diferença principal é que um é ignorante, vive nas trevas, e o outro é inteligente e sábio, em virtude da carga de luz que recebe da evolução proporcionada pelo conhecimento. Em virtude dessa situação, esses indivíduos só poderiam ver os reflexos projetados pela chama na parede da caverna e também das sombras dos objetos que desfilam diante deles (p. 44).

Devido ao tempo e também a falta de acesso aos objetos que possam existir fora da caverna eles passariam a considerar reais essas figuras que veem. A realidade para esses indivíduos consistiria somente nas sombras dos objetos que estão vendo (p. 44). Enfim, eles seriam um reflexo da ignorância total. E justamente essa ignorância é que passa a moldar as suas ações aonde os mesmos pensam que, inicialmente tudo o que era imaginário na sua mente se transforma em algo real, imutável na forma de se pensar de um bárbaro.

Vamos ver agora o que poderia significar para eles a eventual libertação das correntes e da ignorância. Um prisioneiro que fosse libertado e obrigado a se levantar, a virar a cabeça, a caminhar e a erguer os olhos para a luz, haveria de sofrer ao tentar fazer tudo isso, ficaria aturdido e seria incapaz de discernir aquilo de que antes só via a sombra. Se a ele se dissesse que antes via somente as aparências e que agora poderia ver melhor porque seu olhar está mais próximo da realidade e voltado para objetos bem reais. Se lhe fosse mostrado cada um dos objetos que desfilam e se fosse obrigado com algumas perguntas a responder o que seria isso, como você acha que ele haveria de se comportar? Você não acha que ficaria atordoado e haveria de considerar as coisas que via antes mais verdadeiras do que aquelas que lhe são mostradas agora?

Se fosse obrigado a olhar exatamente para a luz, não haveria de sentir os olhos doloridos e não tentaria de desviá-los e dirigi-los para o que pode ver? Não haveria de acreditar que isto seria na realidade mais verdadeiro do que agora se quer mostrar a ele?

E se alguém o tirasse à força dali, fazendo-o subir pela áspera e íngreme subida, libertando-o somente depois de tê-lo levado à luz do sol, o prisioneiro não sentiria dor e ao mesmo tempo raiva por ser assim arrastado? Uma vez fora, à luz do dia, por acaso não é verdade que, com seus olhos cegados pelos raios do sol, não conseguiria contemplar sequer um só dos objetos que agora nós consideramos reais?

Acho que precisaria de tempo para habituar-se a contemplar essas realidades superiores. Primeiramente, haveria de ver com a maior facilidade as sombras, depois as figuras humanas e todas as outras refletidas na água e, por último, poderia vê-las como são na realidade. Após isso, seria capaz de fitar os olhos nas constelações e contemplaria o próprio céu à noite, à luz das estrelas e da lua, mais facilmente que durante o dia, sob o esplendor do sol.

Acho que, por fim, haveria de contemplar o sol, não sua imagem refletida na água ou em qualquer outra superfície, mas em sua realidade, assim como realmente é, em seu próprio lugar.

Depois passaria a refletir que é o sol que produz as estações e os anos, que governa todos os fenômenos do mundo visível e que, de algum modo, é ele a verdadeira causa daquilo que os prisioneiros viam.

E depois? Lembrando-se de sua antiga morada, da ideia de sabedoria que lá imperava e de seus velhos companheiros de prisão, não se consideraria afortunado pela mudança efetuada e não sentiria compaixão por eles?

Se aqueles da caverna inventassem atribuir honras, elogios e prêmios a quem melhor visse a passagem das sombras e se recordasse com maior exatidão quais passavam primeiro, quais por último e quais passavam juntas, e com base nisso, adivinhasse com grande habilidade aquelas que passavam em cada preciso momento, você acha que ele ficaria com desejo e com inveja de suas honras e de seu poder ou se haveria de encontrar na condição de herói homérico e preferiria ardentemente "trabalhar como assalariado a serviço de um pobre camponês" e sofrer qualquer privação, antes que dividir as opiniões deles e voltar a viver à maneira deles?

Mais um ponto a ser considerado. Se aquele homem tivesse de descer novamente e retomar seu lugar, não haveria de sentir os olhos doloridos por causa da escuridão, vindo inopinadamente do sol?

Se, enquanto tivesse a vista confusa pelo tempo que se passaria antes que os olhos se acostumassem novamente com a obscuridade, devesse avaliar novamente aquelas sombras e apostasse com aqueles eternos prisioneiros, você não acha que passaria por ridículo e dele diriam que sua saída lhe havia arruinado a vista e que sequer valia a pena enfrenar essa subida? Não haveria de ser morto aquele que tentasse libertar e fazer subir os outros, bastando para isso que o tivessem entre as mãos para o matar? Platão (2006:45 - 47).

Por intermédio do relato acima fica claro entender o que Platão quer demonstrar. Os homens presos na caverna acorrentados e com os respectivos pescoços imobilizados por grilhões representam o indivíduo destituído totalmente de uma formação educacional. Ele não sabe ler, escrever, não tem nenhuma profissão e não conhece o seu próprio dom. Em suma, é um ignorante total. Uma pessoa como essa pode-se considera-lo como se estivesse na escuridão total. Ele não vive, apenas vê as sombras sem mesmo fazer ideia do que acontece à sua volta. Embora veja, não enxerga a vida real. Vive por viver, come por comer, é quase como um abjeto. O que o faz subir o aclive da estrada é o seu esforço realizado durante o processo de sua formação educacional quando ele entra em contato com as dificuldades existentes no mundo da sua formação pessoal, que o levará ao conhecimento e o que é necessário para que possa atingir um padrão de cultura aceitável, a fim de que o mesmo possa sair da condição de pessoa inútil, socialmente falando. O muro significa a principal barreira da ignorância que o impede de ir em frente tentando desviá-lo do caminho do conhecimento pressionando-o para que o mesmo desista de buscar sua evolução humana. Esses são os principais obstáculos e as dificuldades pelas quais o homem deve passar enquanto estiver subindo o aclive da sua formação social.

O contato direto com o sol, a chegada do lado de fora da caverna significa a liberdade plena que é atingida quando o indivíduo adquire finalmente a cultura que é um atributo que permitirá ao mesmo se relacionar em igualdade de condições com outro ser humano, poder comunicar sem constrangimento, andar pelo mundo conhecendo pessoas e culturas diferentes sem nenhum rancor, inveja, cobiça, ganância, soberba, arrogância, prepotência, falta de respeito à liberdade alheia, enfim, um indivíduo completo em termos de convivência e participação solidária no mundo em que vive. Ele, com educação e cultura se torna um ser único, sem igual e com todos os atributos necessários para ser um cidadão de bem. O resumo de tudo isso só pode ser explicado por uma palavra apenas. No caso, o Bem. Daí porque o bem ser muito mais importante para Platão, do que a justiça. A justiça é apenas um atributo do bem.

De volta ao sequenciamento das análises de Platão pode-se dizer que, finalmente, depois de efetuado o brilhante relato hipotético de homens presos e acorrentados numa caverna de onde só se podiam ver sombras e reflexos de luz, projetados na parede dessa caverna, assim como as implicações de destaque desses fatos, Platão dá início à sua fantástica analogia visando definir o que seja a cultura verdadeira, e a importância do entendimento desse conceito como auxilio na formação da estrutura da faculdade universal do bem, ao lado da cultura. Enfim, a análise da importância da educação e da cultura, como pilastras na formação do conceito mais aproximado do bem, sua abrangência e sua imponência sobre a razão, como a causa universal de tudo que é bom, justo e belo.

Agora, caro Glauco, é preciso aplicar toda esta alegoria a tudo o que dissemos antes. Compare o mundo visível à caverna e a chama que alumia ao sol. A subida do cativo para contemplar a realidade superior, você não haveria de se desiludir, se a comparasse à alma que se eleva para o mundo inteligível. Essa é minha interpretação, uma vez que você quer conhece-la, mas só Deus sabe se é verdadeira. De qualquer forma, assim penso. A ideia do bem representa o limite extremo e a custo discernível do mundo inteligível, mas quando compreendida, se impõe à razão como a causa universal de tudo o que é bom e belo. Ela gerou no mundo visível a luz e as fontes da luz, enquanto que no mundo inteligível ela mesma abre as portas da verdade e da inteligência e quem queira se portar sabiamente em particular e em público deve contemplar essa ideia.

[...] Não se maravilhe que aqueles que tiverem chegado a esse ponto não queiram mais se interessar pelas vicissitudes humanas, mas espiritualmente tendam a permanecer sempre no alto. De fato, é natural que isso aconteça, se a alegoria apresentada merece realmente crédito. Platão (2006:47).

Dando continuidade à sua fala visando chegar ao conceito final da cultura; a seguir, Platão fala do retrocesso do homem que se encontrava na ostentação e proteção do bem e que regride materialmente e espiritualmente, para a escuridão total, quando, por exemplo, perde riqueza material devido aos excessos causados pelas emoções concupiscênicas e, com isso, cai na degradação moral e na destruição da alma, em contraste com o homem que sai da escuridão da ignorância, para a beleza indescritível da luz do bem, como se passa a observar a seguir:

> Você não haveria de julgar estranho que um homem que passasse dessa contemplação divina para as misérias humanas se comportasse de modo simplório e ridículo, porquanto ainda permanece atordoado e obrigado, antes de se ter habituado convenientemente a essa obscuridade, a defender-se nos tribunais e em outros lugares das sombras da justiça e das figuras que projetam aquelas sombras ou a refutar a interpretação de tais figuras diante de quem jamais contemplou a essência da justiça?
>
> Um homem sensato, porém, haveria de se lembrar que as perturbações que afetam os olhos são de dois tipos e têm duas causas: a passagem da luz para a sombra e aquela da sombra para a luz. Aplicando isso à visão da alma, não haveria de rir tresloucadamente quando visse uma alma perturbada e incapaz de discernir alguma coisa, mas se perguntaria se não estaria conturbada pela falta de adaptação porque proveniente de uma existência mais luminosa ou se, ao contrário, estaria ofuscada por uma luz mais resplendente porque proveniente de uma condição de ignorância maior. Então, no primeiro caso, haveria de se cumprimentar por seu embaraço, tendo em vista sua condição superior, mas se lamentaria no segundo caso. Mas se quisesse rir-se desse estado, seu riso seria menos inoportuno para a alma que viesse do alto e da luz.
>
> Se isso é verdade, deve-se concluir que a cultura não é o que alguns imaginam que seja. Eles afirmam que pode introduzir a

ciência numa alma que não a possui, como se comunica visão aos que não veem.

Mas o discurso atual nos faz ver que na alma de cada um subsiste essa faculdade, junto de um órgão que torna possível o conhecimento, à semelhança dos olhos que não podem se volver das trevas para a luz sem que todo o corpo se volte nessa direção. Assim também a inteligência se deve voltar, com toda a alma, da visão do que nasce à contemplação do ser e de sua parte mais luminosa, e isto, a nosso ver, é o próprio bem. Ou não é? Platão (2006:47 - 48).

A seguir, Platão fala da importância da educação e da sua prática para fazer o homem fugir do estágio da ignorância plena e voltar todas as suas energias à busca da cultura em sua essência. Nesse caso, a educação é o fator primordial que norteia o homem no seu processo evolutivo em busca da cultura e não permite que o mesmo caia na obscuridade das emoções concupiscênicas.

Deve, pois, haver uma arte para fazer volver da maneira mais fácil e eficaz esse órgão da compreensão. Não se trata de lhe conferir a faculdade visiva que já a possui, ao contrário desviá-la de sua direção equivocada e volvê-la para a direção que deve olhar.

Também as outras faculdades chamadas psíquicas talvez sejam afins às do corpo. Quando não são inatas, podem ser adquiridas com o hábito e o exercício, mas o pensamento pelo que parece diz respeito a um objeto mais divino que jamais perde seu poder, embora, de acordo com a direção a que se volta pode-se tornar útil e vantajoso ou inútil e prejudicial. Você não entendeu ainda que as pessoas consideradas desonestas e inteligentes têm a vista muito perspicaz e observam com agudeza aquilo para que seu espírito se volta, exatamente porque seu modo de ver não é insignificante mas está voltado para um fim maléfico, de tal sorte que quanto maior é sua perspicácia tanto mais grave é o prejuízo que produz? Platão (2006:48 - 49).

Eis enfim, o que pode fazer uma educação correta, moderada e consciente na formação do guardião e na sua ascensão ao cargo de governante do Estado ideal, afastando-o dos prazeres da concupiscência desmedida.

Se, no entanto, uma alma dessas fosse submetida desde a infância a uma operação cirúrgica para lhe extrair aqueles pesos de chumbo do futuro de que é portadora e que a ela aderem por meio dos festins e prazeres semelhantes da gula, lavando-a a anelar sempre por coisas inferiores; se conseguisse se libertar desses pesos e se voltasse para a verdade, essa mesma natureza haveria de ver a realidade com a mesma perspicácia com que por ora vê aquilo para que se volve. Platão (2006:49).

Nesse caso, o Estado deve ser protegido de uma mente despreparada e sem capacidade de distinção do que é belo e grandioso para aquilo que é fugaz, vaidoso e sem crédito. O cargo de governante é o mais sublime e importante de todos, pois é daí que parte o bom exemplo e a garantia da harmonia de seus habitantes e da solicitude entre seus concidadãos. Por isso a emoção concupiscênica deve ser debelada em definitivo dentre aqueles que pleiteiam ocupar cargo tão grandioso. Tal cargo é digno de altivez, coerência, atitude, justiça, dignidade e solidariedade humana. Algo fora desses preceitos está descartável de ocupar tal cargo. Nesse caso, é o trabalho, a dedicação, a atitude e a compaixão que devem imperar.

Com base em nossas premissas, nunca seria sequer lógico confiar o Estado aos incultos e aos que ignoram a verdade, nem àqueles aos quais é permitido passar toda a sua existência no estudo. Aos primeiros, porque na vida não têm um único objetivo a perseguir em cada ação de sua vida particular ou pública. Aos segundos, porque não estariam dispostos a enfrentar isso, porquanto já se consideram em vida como que transportados para as ilhas dos bem-aventurados.

A nós, portanto, que fundamos um Estado incumbe obrigar os de melhor caráter a dedicar-se ao que definimos antes como a

> coisa mais importante, ou seja, a contemplar o bem e a se empenhar em enfrentar essa subida. Quando a tiverem galgado e tenham visto o suficiente, não devemos permitir a eles o que agora lhes é permitido.
>
> Ou seja, de ficar lá em cima, recusando-se a descer novamente entre aqueles prisioneiros e a participar de suas fadigas e de seus prêmios, por frívolos ou sérios que pareçam. Platão (2006:49).

Isso porque, o Estado ideal criado por Platão é um Estado solidário, que prima pela coerência e atitude. Nesse sentido, as mentes preparadas segundo os preceitos da educação e da cultura devem ser solícitos àqueles que não foram ou que não receberam a graça de serem educados segundo a temperança, o senso de justiça, a coragem, a sabedoria e a prática do bem.

Aqueles que foram agraciados de acordo com a melhor educação oferecida pelo Estado, devem compartilhar esse conhecimento com os menos favorecidos, como forma de gratidão ao Estado e compaixão àqueles desprovidos da luz da sabedoria e que se encontram ainda na escuridão da ignorância.

Segundo Platão, se os que são filósofos, portanto, preparados para ocupar tal cargo tivessem adquirido todo esse conhecimento sozinhos, os mesmos não teriam obrigação ou de ter qualquer tipo de sentimento solidário por aqueles que estivessem submersos no vazio da ignorância, visto que seus esforços foram individuais e sem nenhum tipo de apoio da sociedade em que eles foram formados. No entanto, se os mesmos adquiriram todo esse conhecimento pelos esforços e a comunhão de seus partícipes, esses têm por obrigação buscar se sentirem úteis e procurar retribuírem de alguma forma para com o aprendizado de seus concidadãos. Enquanto o senso comum não absorve esse tipo de reflexão, cabe à lei tratar desses princípios estabelecendo os critérios para que tal proposição seja atendida. Essa é a conclusão dessa parte do conceito do bem e que Platão resume como se vê a seguir.

> [...] a lei não visa o bem-estar absoluto de uma só classe de cidadãos, mas ao contrário procura que no Estado este seja alcançado com a concórdia entre todas as classes, seja por meio de persuasão, seja pela coação, obrigando a todas a repartir entre si a contribuição que cada uma delas está em condições de trazer para a coletividade. Se a lei assim os torna cidadãos, seu objetivo não é

o de deixa-los livres para fazer o que quiserem, mas de obrigar a cada um a colaborar para com a concórdia no Estado.

[...] não vamos agir de modo injusto com os filósofos que se formaram conosco, mas lhes colocaremos boas razões para obriga-los a cuidar dos demais concidadãos e a protegê-los. Diríamos a eles, portanto: "Em outros Estados, aqueles que se tornam filósofos têm razão em não participar dos encargos políticos, exatamente porque só a si são devedores de quanto sabem, mesmo contra a vontade de todos aqueles governos. E é justo que aquilo que se desenvolve por si mesmo, sem dever nada a ninguém por seu crescimento, a ninguém pague o preço. Nós, pelo contrário, vos formamos para vós mesmos mas também para o resto da república, como chefes e rainhas de colmeias, vos educamos melhor e de modo mais profundo do que eles e mais capazes para exercer ambas as atividades. Devereis descer, portanto, cada um por sua vez, à morada dos outros e vos acostumar a enxergar nas trevas. Quando estiverdes habituados, havereis de enxergar mil vezes melhor do que aqueles lá debaixo e havereis de compreender o que vem a ser e o que pode representar cada uma das sombras porque já havereis visto a verdade com relação ao belo, ao justo e ao bem. Assim, como homens atentos a tudo, haveremos de governar juntos o Estado, bem ao contrário do que ocorre agora, quando quase todos os Estados são governados por pessoas adormecidas que combatem pelas sombras e lutam entre si pelo poder, como se fosse um bem precioso. Esta, no entanto, é a verdade: será governado da melhor maneira e de modo mais equânime aquele Estado em que aquele que deve governar não tenha a ânsia de fazê-lo, enquanto o contrário ocorre se os governantes têm ambição pelo poder." Platão (2006:50).

Definidos os fundamentos da prática da pedagogia necessária para tornar indeléveis as principais virtudes existentes na mente humana, conhecidas essas faculdades como sendo: a sabedoria, a coragem, a temperança, a justiça e a maior de todas, que engloba todos esses fundamentos com sua prática, no caso, a ciência do bem, Platão, para viabilizar a empiricidade dos conceitos gerados, procura definir quais seriam as ciências mais apropriadas para fazerem parte da formação educacional, cultural e operacional de todos esses princípios na vida diária do indivíduo.

Nesse caso, as duas primeiras ciências mais apropriadas para serem trabalhadas para que o Estado finalmente possa atingir seus objetivos, segundo Platão, é o ensino da aritmética e da geometria. Isso porque, enquanto a aritmética ensina a contar e a fazer a análise correta do estudo dos números, a geometria é essencial para fazer o guardião aprender a desenhar as estruturas espaciais existentes, quantificar os números necessários para ocupar tais espaços com o auxílio da aritmética e a montar estratégias de combate para poder melhor tomar vantagens dos terrenos a serem trabalhados, principalmente no caso de guerra.

No cotidiano, esses conhecimentos são fundamentais para viabilizar a elaboração de estratégias e, no caso dos conhecimentos especializados, a ter domínio sobre os planejamentos: estratégicos, táticos e operacionais, que são os principais fundamentos existentes e necessários, para permitir ao homem adquirir sucesso em todos os tipos de investiduras, principalmente na área econômica e empresarial.

Antes, porém, como ressalva, cabe demonstrar o que Platão conclui com seu brilhante discurso sobre a prática do bem e a liberdade final dos concidadãos, habitantes do Estado ideal.

> [...] Só é possível encontrar um bom governo, onde a condição dos homens destinados ao poder é preferível ao próprio poder. Porque só aí haverão de ter o poder os verdadeiros ricos, não em ouro, mas daquilo que devem ser ricos os homens felizes, isto é, de um modo de vida honesto e sábio. Mas se dominarem a política os esfarrapados com fome de propriedade privada, na esperança de conseguir lucros fabulosos, um bom governo não será possível. De fato, o poder será ambiciosamente disputado e uma guerra desse tipo, doméstica e civil, acabará por levar eles próprios e aos demais à ruína. Platão (2006:51).

Partindo para a análise da importância do conhecimento e do domínio das artes da aritmética e da geometria por parte dos guardiões, e, por conseguinte, dos governantes, visando sua boa formação educacional, cultural e prática, como líderes em essência, no meio em que os guardiões fazem parte, assim Platão se manifesta a esse respeito:

> Você quer que examinemos como formar esses homens e como conduzi-los à luz, da maneira como se diz que alguns do Hades ascenderam para junto dos deuses?
>
> Parece-me, porém, que isto não é como no jogo dos meninos de lançar uma concha para o ar para ver de que lado haveria de cair, mas uma mudança espiritual de um dia tenebroso para aquele verdadeiro, uma efetiva ascensão para o ser. Isto é o que consideramos verdadeira filosofia. Platão (2006:53).

Então, sendo assim, no que diz respeito à aritmética:

> Seria, portanto, conveniente, Glauco, tornarmos obrigatória essa ciência e convencermos aqueles que são destinados a ocupar os mais altos cargos a enfrentar o estudo, não superficialmente, da aritmética até atingir com a inteligência pura a compreensão da natureza dos números, não para a compra e venda como fazem os comerciantes e mercadores, mas para a guerra e para facilitar ao espírito a passagem do devir para a verdade do ser.
>
> Entrementes falo, dou-me conta de quão bela e útil é a aritmética sob múltiplos aspectos para alcançarmos nosso objetivo, contanto que seja cultivada para o conhecimento e não para o lucro.
>
> Como acabamos de afirmar, ela transmite ao espírito um grande impulso para o alto e o obriga a refletir sobre a natureza dos números em si mesmos, sem jamais aceitar que se fale de números com referência a coisas visíveis e palpáveis. Você sabe, com certeza, que os peritos ridicularizam aqueles que tentam dividir teoricamente a unidade em si. Isto, eles não admitem. Se você tentar dividi-la, eles imediatamente a multiplicam, receando

> que a unidade não pareça mais uma, mas um amontoado de muitas partes.
>
> Você não vê, portanto, meus caro, que talvez esta disciplina é realmente indispensável para nós, visto que evidentemente obriga o espírito a prosseguir em direção da verdade unicamente por meio do puro pensamento?
>
> E você já deve ter observado que os matemáticos são rápidos por natureza para aprender todas as coisas e que as inteligências tardas, se educadas e treinadas na aritmética, se tornam pelo menos um pouco mais perspicazes? Platão (2006:56 - 57).

Por conseguinte, em se tratando da geometria, assim se manifesta Sócrates, personagem de Platão:

> Útil é, sem dúvida, para a guerra. De fato, há muita diferença entre ser perito em geometria ou não para a finalidade de estabelecer o local de um acampamento, tomar posição, estreitar ou alargar fileiras e executar todas as outras manobras em campo de batalha e em marcha.
>
> Para esse fim, contudo, é suficiente uma pequena parte da geometria e da aritmética. O que nos importa é examinar se sua maior e mais elevada parte possa trazer alguma contribuição para tornar mais fácil a contemplação da ideia do bem. E esse efeito, nós o dissemos próprio das ciências que impelem o espírito a voltar-se para o lugar onde está o mais feliz dos seres que de todos os modos é necessário contemplar.
>
> Logo, se a geometria obriga a contemplar o ser em si é útil, caso contrário, não.
>
> Não há ninguém que, por pouco conhecedor de geometria que seja, não possa negar que essa ciência é exatamente o

contrário do que pensam sobre ela os que dela fazem uso.

Eles falam dela de modo bastante ridículo e mesquinho. Sem jamais perder de vista os usos práticos, falam em traçar quadrados, em partir de uma dada linha, em acrescentar outros elementos e assim por diante. Em vez disso, essa disciplina deve ser cultivada inteira e exclusivamente para o conhecimento.

Não conviria admitir também outra coisa?

Que se deve estudar a geometria para conhecer o ser em si e não o que nasce e morre.

Em decorrência disso, meu caro amigo, ela pode atrair o espírito para a verdade e produzir um pensamento filosófico que volva para o alto aquela faculdade que agora nós, por falta de objetivo, volvemos para baixo.

Por isso, envidaremos todo esforço para que os cidadãos de nosso belo Estado não negligenciem de modo algum a geometria, porque até suas vantagens secundárias não são de pouca monta.

Aquelas que você mesmo lembrou, referindo-se à guerra e a todas as disciplinas. A geometria proporciona facilidade em aprendê-las e subsiste total diferença entre aquele que a conhece e aquele que não. Platão (2006:58 - 59).

Diante do exposto Platão reitera que essa disciplina deve ser imposta aos jovens (p. 59) ao lado da aritmética.

Em seguimento de suas análises, Platão faz referência a uma terceira ciência a ser imposta ao estudo dos jovens, como fazendo parte dos requisitos das ciências essenciais para transformá-los em verdadeiros guardiões, tanto na teoria quanto na prática, no caso, o estudo dos cubos e dos objetos que possuem profundidade (p. 60), que nada mais são do que uma extensão da própria geometria incrustadas na segunda e terceira dimensões e, por conseguinte, faz referência ainda à introdução de uma quarta ciência, que no caso é a astronomia.

A astronomia[37], segundo Platão, que se ocupa dos sólidos em movimento (p. 60) deve ser introduzida como fazendo parte das ciências do currículo básico da educação, porque ela trata dos estudos dos movimentos dos astros e que permite a análise e interpretação das estações, dos meses e dos anos, como auxílio nas tomadas de decisões na agricultura, na navegação e também nas estratégias de guerra. (p. 59).

2.1.1.2.18 A dialética, reconhecida como a melhor de todas as metodologias científicas para se ensinar ciência aos jovens aspirantes a defensores do Estado.

Platão afirma que é importante o estudo dessas ciências por causa da relação de afinidade que existe entre elas e que são úteis para a pesquisa do belo e do bem. E esse tipo de aprendizado principalmente no que se refere à astronomia, não é vão no que trata do estudo desses dois fundamentos, embora os astrônomos procurem "as relações numéricas nas consonâncias audíveis, mas não descem aos problemas, ou seja, até a análise de quais os acordes que são consonantes e quais são dissonantes e de que deriva essa diferença" (p. 63).

Considerando esse fato, Platão ressalta:

> Acredito que o estudo de todas essas disciplinas que descrevemos possa trazer uma contribuição para nosso objetivo e não se configure como um trabalho inútil se conseguirmos compreender a estreita afinidade que reina entre elas. Caso contrário, resultará em pura perda. Platão (2006:64).

E o instrumental ideal para esse tipo de estudo segundo Platão, é a dialética, por que:

> [...] Ainda que seja puramente inteligível, é imitada pela faculdade da visão, quando, como dizíamos, se esforça em contemplar os seres e

---

[37] A astronomia serviu como base para, além das viagens de circunavegação e a descoberta do novo mundo, também de alicerce ao surgimento de outras ciências derivadas do estudo dos astros tais como: a astrofísica, a física cósmica, a física quântica, dentre outras ciências dessa área do conhecimento.

os astros e até mesmo o sol em sua essência. Assim também a dialética, quando tenta atingir, sem o auxílio dos sentidos mas com o simples raciocínio, a essência de todas as coisas e a isso não renuncia antes de ter compreendido como pensamento puro a essência do bem, alcança os limites do mundo inteligível como a vista atinge os limites do mundo visível. Platão (2006:64).

Fascinado pelas contribuições e pela importância da dialética na busca pela essência do ser e que dá toda base e sustentação de uma ciência pura e avançada, Platão ainda acrescenta:

> Certamente se poderia também demonstrar que só a dialética é capaz de revelá-lo a um perito nas disciplinas que passamos em revista tornando-se impossível por qualquer outra via?
>
> Então, ninguém haveria de nos contradizer se afirmarmos que não há outra via para compreender a essência de cada coisa, pois que todas as outras artes se referem às opiniões e aos desejos humanos ou à produção e à fabricação ou à conservação dos produtos naturais e artificiais. As outras disciplinas de que falamos, a geometria e as outras correlatas, captam alguma coisa do ser, mas parece como que cochilam, pois são incapazes de ver em estado de vigília enquanto mantiverem imutáveis as hipóteses de que deles se servem sem poder explicá-las. Aquele que se funda em princípios que não conhece e coloca junto o que ignora nas passagens intermediárias e nas conclusões, como poderia transformar em ciência um semelhante aglomerado de coisas?
>
> Logo, somente o método dialético segue essa direção, relegando hipóteses, em direção ao próprio princípio para encontrar a própria justificativa, arrancando realmente aos poucos os olhos da alma do atoleiro em que estavam mergulhados e dirigindo-os para o alto, servindo-se das artes que mencionamos

como auxiliares e companheiras. Muitas vezes, pelo hábito, as designamos de ciências, mas a elas cabe outro designativo mais claro de "opinião", mas mais obscuro que o de "ciência". Acima, em algum lugar, nos servimos da expressão "pensamento discursivo". Acredito, no entanto, que não compense discutir sobre designativos a propósito de assuntos tão importantes como os nossos.

Meu parecer é que continuemos designando "ciência" a primeira parte, "pensamento discursivo" a segunda, "consentimento" a terceira e "conjectura" a quarta. Essas duas últimas juntas vamos designá-las "opinião" e as duas primeiras, "pensamento". A opinião se refere ao devir, o pensamento à essência. E a essência está para o devir como o pensamento está para a opinião. O que o pensamento é com relação à opinião, o é também a ciência com relação ao consentimento e o pensamento com relação à conjectura. Para não multiplicar nossa discussão mais ainda que antes, vamos deixar de lado, Glauco, o modo de dividir em duas espécies o gênero dos objetos que caem sob a alçada da opinião e dos que se referem ao inteligível. Platão (2006:65 - 66).

Em virtude do exposto acima, Platão considera dialético todo o discurso que colhe a essência de cada coisa, ao passo que, aquele que não consegue fazer isso, menor será a sua capacidade de pertencer à esfera do pensamento quanto menos poder explicar a razão a si mesmo e aos outros fundamentos, que levam a expressões do conhecimento. (p. 66).

Tal conclusão leva à consideração de que, no que se refere à educação dos discípulos que se cria e educa teoricamente, não se deve jamais deixá-los privados da razão e nutridos pelas linhas da irracionalidade, sem base do conhecimento dialético, comandar a república, revestidos dos cargos supremos (p. 67).

Assim sendo, para Platão, a dialética passa a ser o "coroamento das outras ciências e que não exista nenhuma outra que possa ser colocada mais alto ainda, ao contrário, que esta estaria no vértice de todas as demais" (p. 67).

No que se refere ao perfil mais apropriado para ocupar o cargo de governante, deve-se escolher aquelas pessoas de maior temperança, mais corajosas e se possível, mais belas, além de serem nobres e severas no seu ofício, e já adaptadas à educação rigorosa e de resultados almejados. (p. 67).

Isso, segundo Platão (2006:67), quer dizer que:

> É preciso que tenham uma mente ágil e disposição para aprender, porque nos estudos difíceis a gente se cansa muito mais do que nos exercícios de ginástica e o cansaço é tanto mais tedioso quanto menos é condividido pelo corpo.
>
> É preciso procurar uma pessoa rica de memória, constante e infatigável, do contrário, quem você acha que gostaria de submeter-se a esforço físico e ainda levar a bom termo um estudo de tamanha exigência?

Segundo Platão (p. 68) já na sua época, os que se ocupavam da filosofia e, portanto, pessoas que se consideravam aptas a desempenhar o cargo de governante eram indivíduos bastardos e preguiçosos. Esse cargo deveria ser de ocupação exclusiva dos indivíduos nobres.

Para esse autor, os que deveriam se dedicar à filosofia não poderiam ser indivíduos claudicantes perante a fadiga sendo, por metade preguiçoso e por metade laborioso. A causa disso, segundo esse mesmo autor, decorre da dedicação mais aos "exercícios físicos, a caça e todas as atividades físicas, mas não se tem gosto para estudar, escutar, pesquisar e em tudo isso se encontra aborrecimento. Mas claudica também aquele que orientar toda a sua atividade na direção oposta" (p. 68).

As pessoas aptas ao cargo de filósofo e, por conseguinte, governante, deveriam também ser amantes da verdade e detestar tanto a mentira voluntária quanto a involuntária e ainda não admitirem a ignorância, não se deixando ficar nesse estado, "como suíno que gosta de rolar no barro" (p. 68).

> Não menos cuidado se deve ter em discernir o bastardo do nobre com relação à temperança, à coragem, à magnanimidade e a todas as outras virtudes. O cidadão e o Estado que não sabem indagar e discernir essas coisas, com muita imprudência confiam qualquer coisa a coxos e bastardos, tratando a

uns como amigos e servindo-se de outros como governantes. Platão (2006:68).

Segundo ainda Platão, no tocante à vigília e atenção dos educadores e formadores do perfil ideal do guardião, ou filósofo, ou aspirantes ao cargo de governantes:

> Nós, pelo contrário, devemos redobrar de atenção a respeito de tudo isto. Se nós, por meio de uma tal educação e de tal exercício, tomarmos homens bem estruturados no corpo e no espírito, a própria justiça não nos haverá de censurar e haveremos de salvar a república e o governo. Haveríamos de executar exatamente o oposto, se houvéssemos de confiar essas disciplinas a gente estranha e haveríamos de cobrir a filosofia de maior descrédito ainda daquele que goza atualmente. Platão (2006:68).

Agora, por conseguinte, Platão (2006; págs. 69 – 70) indica a quem se deve educar e como se deve proceder. Não mais os adultos mais sim os jovens, como se observa:

> [...] não vamos nos esquecer que nossa primeira escolha recaia sobre pessoas de idade, mas agora isto não será mais possível. [...]
>
> Por isso, a aritmética, a geometria e todos os pressupostos culturais da dialética devem ser estudados desde a infância, sem, no entanto conferir ao ensino uma forma coercitiva.
>
> Porque o homem livre nada deve aprender sob coação. Na realidade, os exercícios físicos não prejudicam o corpo, mesmo se feitos à força, mas o que se faz penetrar à força na alma não há de ficar nela por longo tempo.
>
> Portanto, meu caro, nada de educar à força os meninos nos estudos mas procure educá-los por meio dos brinquedos e assim

você poderá discernir ainda melhor as inclinações de cada um deles.

Em todas as fadigas, disciplinas e riscos, aqueles que se revelarem mais resistentes deverão ser separados num grupo especial.

Logo depois de terem concluído os cursos obrigatórios de ginástica. Durante esse período de dois ou três anos é impossível agir de outra forma, porquanto não há como conciliar o estudo com o cansaço e o sono. Além do mais, esses cursos são por si próprios uma prova não desprezível das capacidades de cada um na ginástica.

Passado esse tempo, uma escolha será feita entre os de vinte anos, concedendo-lhes distinções especiais. Será preciso também repropor a eles o que na infância já haviam estudado sem ordem, conferindo-lhe uma visão de conjunto, a fim de lhes mostrar a afinidade recíproca das disciplinas e a natureza do ser.

Certamente, esse é o único método seguro para aqueles que já possuíam rudimentos.

Não deixa de ser também a melhor prova para reconhecer quem possui predisposição para a dialética e quem não a tem. De fato, é dialético somente aquele que consegue ter uma visão abrangente.

Será necessário, pois, fazer esse exame individuando os melhores e os mais constantes no estudo, na guerra e nas outras atividades prescritas pela lei. Depois, quando tiverem atingido trinta anos, se procederá à seleção com distinções ainda mais importantes, provando-os com a dialética para averiguar quem seria capaz de chegar à verdade e ao ser, sem a ajuda da vista e dos outros sentidos. Neste ponto, é preciso tomar todas as precauções, meu amigo.

Entrementes, Platão apresenta reservas em relação ao ensino da dialética em sua época. Para ele, esse método estava muito defeituoso e se encontrava numa confusão total pelo fato de que os educadores que se ocupavam dela para ensinar, se encontravam numa situação embaraçosa e, "dignos de compaixão" (p. 70).

Para justificar tal crítica, Platão procura explicar melhor seu ponto de vista a esse respeito, da seguinte maneira:

> Acontece com eles o mesmo que ocorre com um filho ilegítimo, criado em meio a grandes riquezas, no seio de uma família ilustre e poderosa, rodeado por aduladores. Uma vez adulto, percebe que seus pais não são aqueles que o criaram, mas não encontra os verdadeiros. Você teria condições de me dizer como haverá de se comportar com os aduladores e com seus pais de adoção antes e depois de chegar, a saber, que havia sido adotado? Você quer saber minha opinião a respeito?
>
> Suponho que haveria de honrar seu pai, sua mãe e seus supostos parentes mais que os aduladores, menos facilmente haveria de suportar vê-los em necessidade, se esforçaria para não ofendê-los por palavras ou por seu comportamento e haveria de obedecer nas coisas mais importantes a eles do que aos bajuladores. Assim haveria de agir enquanto desconhecesse a verdade.
>
> Uma vez descoberta a verdade, suponho que haveria de demonstrar menor atenção e menor respeito para com os supostos pais do que para com os aduladores. A estes haveria de obedecer muito mais do que antes e seguiria seus conselhos, estaria mais assiduamente com eles mesmo em público, sem mais se preocupar muito com os supostos pais e parentes, a menos que fosse dotado de um caráter excepcionalmente nobre. Platão (2006:70 - 71).

Fazendo analogia desse exemplo com a dialética praticada em sua época e que ele tanto critica, Platão enfatiza:

> [...] desde a infância, temos opiniões sobre o correto e o belo que nos foram inculcadas por nossos pais a quem obedecemos e dedicamos nosso respeito.
>
> Existem também, no entanto, opiniões contrárias e mais agradáveis que adulam e atraem para si nossa alma, muito embora não possam convencer aqueles homens que tenham um certo senso de equilíbrio que respeitam por isso as máximas tradicionais e a elas permaneçam fiéis.
>
> Pois bem! Quando a um homem se perguntar "O que é o belo?" e a razão desmentir a resposta que deu por tê-la aprendido do legislador, quando mediante uma refutação veemente e constante for levado a crer que isto não é mais belo que feio e assim se proceder com relação ao justo, ao bem e ao que ele mais respeita, o que você pensa que ele vai fazer depois com o respeito e com a obediência?
>
> Quando, portanto, tiver perdido o respeito por aqueles valores antigos mas não tiver encontrado ainda os verdadeiros, a única saída para sua vida não será talvez a busca daquilo que o lisonjeia?
>
> E, de respeitoso que era da lei, haverá de se transformar num rebelde, a meu ver.
>
> Assim sendo, a condição daqueles que fazem esse uso da dialética não é previsível e, como eu dizia antes, não é de desculpar?
>
> Então, você deve educar com imensa cautela para a dialética seus discípulos de trinta anos, a fim de não expô-los do mesmo modo e torná-los dignos de compaixão.

Já não seria grande precaução preservá-los da dialética enquanto forem jovens? De fato, eu acho que você não esqueceu que os rapazes, apenas tenham provado a dialética, a usam como um jogo para rebater sempre, imitam os contraditórios e eles próprios contradizem outros, comprazendo-se em puxar e morder, como fazem os cãezinhos com os que deles se aproximam.

Após tantas disputas, de que ora saem vencedores, ora vencidos, acabam por cair numa desconfiança total com relação a tudo o que dantes acreditavam e, em decorrência, junto deles cai em descrédito diante dos outros toda a filosofia.

Um homem de idade mais madura, porém, não haveria de incorrer em semelhante loucura. Pelo contrário, haveria de imitar quem quiser discutir e procurar a verdade, antes que brincar e contradizer por diversão. Agindo desse modo ele mesmo se mostrará mais equilibrado e tornará sua profissão estimada e não desprezada.

Mesmo tudo o que eu disse antes foi ditado pela precaução de não admitir à dialética o primeiro que se apresenta, destituído de talento, mas somente os de caráter disciplinado e constante. Platão (2006:71 - 72).

Para equacionar o problema da má interpretação e análise que os filósofos de sua época já faziam em relação à dialética, Platão (p. 73) propôs o seu ensinamento como uma disciplina à parte, com duração de cinco anos de aulas teóricas e mais quinze anos de aulas práticas, para torná-la uma arte assídua e enérgica no ensino da busca pela essência do ser e da verdade única. Só assim ter-se-á o Estado, filósofos capazes de assumir a função de governantes, sejam eles homens ou mulheres, e que estejam verdadeiramente preparados na forja da disciplina, com preparação suficiente para desprezarem as honrarias recebidas, "considerando-as mesquinhas e vãs." (p. 74). Ao contrário, para esse autor, esses indivíduos preparados pela forja da educação e da cultura por intermédio da dialética, deverão ter elevada estima pela correção e a honra recebida, durante todo o período preparatório para o atingimento dessa posição hierárquica. Ao mesmo tempo a justiça deverá ser respeitada como o seu bastião, sendo considerada para isso, na condição de "o valor supremo e indispensável, e colocarem-se a seu serviço para torná-la mais vigorosa e organizarem seu Estado da maneira seguinte".

Isto é:

> Haverão de mandar para o campo todos os cidadãos acima de dez anos, haverão de manter seus filhos distantes dos atuais costumes dos pais, haverão de educá-los segundo seus costumes e suas leis que serão as que propusemos acima. Por este processo, nosso Estado se tornará próspero de modo rápido e fácil e o povo que o viu nascer tirará o máximo proveito disso. Platão (2006:74).

Assim, dessa forma:

> [...] Ficou estabelecido, portanto, Glauco, em nossa discussão que num Estado governado à perfeição tudo deve ser comum: as mulheres, os filhos, a educação em seu conjunto, bem como as ocupações na paz e na guerra e os melhores em filosofia e na arte da guerra devem ser os soberanos.
>
> Reconheçamos também que, uma vez estabelecidos no poder, os governantes devem guiar os soldados e aloja-los nas habitações que descrevemos, comuns a todos, onde ninguém terá nada como próprio. Além dessas habitações, estabelecemos, se você se lembra, as normas segundo as quais podem ter alguma coisa para si mesmos.
>
> [...] Achávamos que ninguém pode ter nada daquilo que agora os outros têm e que, na qualidade de atletas da guerra e de defensores, tivessem de defender a si mesmos e aos concidadãos, recebendo como compensação o sustento anual por parte dos outros cidadãos.
>
> [...] mas agora que chegamos ao fim desse problema, vejamos de que ponto partimos para

esta digressão e vamos retomar o caminho de antes. Platão (2006:76).

2.1.1.2.19 A Digressão necessária para se analisar os principais tipos de Estado existentes na época de Platão comparando-os com seu Estado ideal

Com o término da explicação dos fundamentos que se devem adotar para o estabelecimento dos procedimentos pedagógicos relacionados à operacionalização dos conceitos da dialética e de todo o processo de preparação e formação do governante ideal para comandar o Estado hipotético, agora Platão parte para fazer uma digressão, buscando melhor averiguar quais eram os tipos de Nações que existiam realmente em sua época e quais formas de governo predominavam nesses Estados, com a finalidade de analisar sobre qual desses regimes se aproximavam mais da definição hipotética do seu Estado ideal. Para atender esse intento Platão recorre ao personagem Glauco para que esse o auxilie de volta no início de sua análise, agora para identificar os tipos de Estado que existiam na sua época e quais formas de governo predominavam nesse período.

Assim responde Glauco a Sócrates, personagem de Platão:

> Não é difícil. Depois de ter falado do Estado, quase nos mesmos termos de há pouco, você dizia que é bom aquele semelhante ao que você planejou, bem como o indivíduo que a ele se adapta, muito embora você desse a entender de estar em condições, pelo que parece, de sugerir um Estado e um indivíduo ainda melhores. De qualquer forma, você acrescentava que, se esta forma de governo é justa, as demais são errôneas. Se bem me recordo você disse que existe quatro formas de governo, das quais compensa falar para trazer à luz seus defeitos e que existem quatro tipos de indivíduos que correspondem a elas. Tomando em consideração todos esses indivíduos e confrontando-os, teríamos detectado o melhor e o pior e teríamos comprovado se o melhor seria o mais feliz e o pior o mais infeliz, ou não. Mal lhe perguntei quais seriam essas quatro formas de governo, tomaram a palavra Polemarco e Adimanto e você chegou até aqui porque se empenhou em responder a eles. Platão (2006:76 - 77).

Devolvendo a fala a Sócrates, personagem de Platão, Glauco a repassa com uma pergunta ao indagar-lhe o que Platão ou Sócrates, queria dizer com as quatro formas de governo que o mesmo citou no início de seus debates:

> Não é difícil. As quatro formas de que falo são comuns e têm seus nomes precisos. A primeira, a mais elogiada é a de Creta e de Esparta. A segunda, também segunda em elogios, é chamada oligarquia e é uma forma de governo repleta de graves defeitos. A terceira, oposta à segunda mas que vem logo depois, é a democracia. Por fim vem a nobre tirania, superior a todas as outras, quarta e suprema enfermidade de um Estado. Ou você poderia vislumbrar alguma outra forma de governo que possa ser disposta numa classe bem precisa? As monarquias hereditárias e os principados que podem ser comprados e outras formas semelhantes se incluem em nossas categorias e podem ser encontradas entre os bárbaros bem como entre os gregos.
>
> Você sabe que há necessariamente também entre os indivíduos outras tantas categorias quantas são as formas de governo? Ou por acaso você acha que essas brotam de um carvalho ou de uma pedra e não do caráter dos cidadãos que as arrasta para a direção para a qual pende? Platão (2006:77).

Para Platão, as formas de governo variam de acordo com os caráteres dos indivíduos. Assim, segundo ele, "se as formas de governo fossem cinco, também os caráteres dos indivíduos deveriam ser cinco". (p. 78). Depois de já haver falado sobre o sistema de governo aristocrático, efetuado em páginas anteriores, considerando bom e justo, Platão dá continuidade às suas análises, colocando sob enfoque, o que ele mesmo considerou como sendo os piores.

Assim se manifesta esse autor sobre os piores sistemas de governo:

> Cumpre agora passar em revista os piores. O homem que gosta de sucesso e das honrarias, segundo a constituição espartana. Depois, o oligárquico, o democrático e o tirânico. Assim, considerando o homem mais

> injusto em confronto com o homem mais justo, haveremos de completar nosso exame e descobrir qual a relação que subsiste entre a justiça pura e a injustiça pura com referência à felicidade e à infelicidade individuais. Ficaremos sabendo se convém procurar a injustiça, de acordo com o conselho de Trasímaco, ou a justiça, segundo o discurso que estamos desenvolvendo. Platão (2006:78).

Imbuído desse pensamento, Platão estabelece os critérios mais adequados para sua análise, como se vê:

> Como começamos a estudar os caráteres nas outras formas de governo antes que nos indivíduos porque nos parecia mais claro dessa maneira, assim também agora cumpre-nos estudar primeiramente a timocracia (não saberia mesmo como chamá-la, se timocracia ou timarquia). Depois vamos examinar o homem timocrático. A seguir, a oligarquia e o homem oligárquico, sucessivamente a democracia e o homem democrático; em quarto lugar, vamos chegar a um Estado tirânico e, olhando na alma de um tirano, vamos procurar nos tornar bons juízes da questão que nos propusemos. Platão (2006:78).

Assim, o primeiro passo sugerido por Platão, é tentar explicar como pode surgir a timocracia (sistema de governo em que preponderam os ricos) a partir da aristocracia. O segundo ponto a considerar para este tipo de análise é reconhecer que as formas de governo mudam de acordo com os interesses de quem detém o poder, e essa mudança decorre ainda do estado espiritual do governante. Platão considera que, se esse indivíduo estiver em harmonia consigo mesmo é impossível qualquer tipo de mudança, por menor que seja. (p. 78).

Considerando essas hipóteses iniciais Platão então, se pergunta:

> Como então, nosso Estado poderia ser perturbado e os defensores e governantes poderiam estar em desacordo entre eles e com os outros? Você quer que invoquemos as musas, como faz Homero, para que nos digam

como começou a sobrevir a discórdia e, brincando e se divertindo conosco como se fôssemos crianças, o explicassem para nós em tom trágico e num estilo sublime, como se estivessem falando sério? Platão (2006:79).

A partir desse ponto, Platão procura explicar como surgem as formas de governo e como essas de distribuem e se misturam ao longo da evolução histórica da humanidade, de acordo com o nível de educação e da cultura, incluindo no conceito de cultura, além do conhecimento, os hábitos e os costumes de cada povo. De uma maneira geral, o que determina essas mudanças, notadamente falando, são a formação educacional e a estrutura cultural do indivíduo e que vai determinar sua forma de vida, que poderá ser na civilidade ou na selvageria, tendo a degradação moral ou emoções concupiscênicas como termômetro decisivo, para estabelecer tais mudanças.

Para tornar esse conceito universal e atemporal, Platão faz uso do modelo hipotético do Estado ideal por ele criado e, a partir daí, utilizando-se sempre do processo dialético, parte para a determinação da origem ou definição dos conceitos de cada sistema de governo, resultantes das características obtidas por tais investigações. Isso é feito por intermédio da elaboração de um esboço que vai servir de base e estruturação de todas as formas de governo que o mesmo analisar. Tal esboço nada mais é do que uma estruturação matemática extraída da combinação dos números, sendo os números inteiros considerados como representando o período de uma década inteira, século, período e assim sucessivamente, o que corresponde ao ciclo completo compreendendo o início, o meio e o fim dos sistemas de governo. Já os números fracionários representam os intervalos compreendidos entre essas décadas ou ciclos, e que determinam as mudanças, os acertos e as convulsões sociais, tendo sempre as emoções concupiscênicas, principalmente dos governantes, como referencial crucial para o estabelecimento dessas altercações. Tal esboço, resultado da combinação e da estruturação desses números, conforme já afirmado, servirão de parâmetro universal e atemporal visando a: organização, análise e interpretação de todas as formas de governo que o mesmo for trabalhar.

É da explicação desse modelo que Platão trata, na forma como se vê abaixo[38]:

---

[38] As transcrições longas foi uma questão que ocupou várias horas de debates durante a elaboração desta obra. Conforme exposto anteriormente, a norma culta, mais na área da investigação científica pura, sugere que essas transcrições sejam evitadas ao máximo por parte do pesquisador. A orientação é que elas sejam substituídas por citações indiretas. No entanto, o autor entende que a supressão pura e simples das transcrições tira um pouco da leveza e da instigação intelectual do leitor, principalmente se ele não for exímio conhecedor da área de pesquisa em estudo. Como esta obra é de

[...] É difícil que um Estado organizado como o vosso venha a se desmantelar. Como, porém, tudo o que nasce se corrompe, nem essa organização é eterna e um dia vai se desagregar. E a desagregação vai ocorrer da seguinte maneira. Não só as plantas com raízes, mas também os seres vivos sobre a superfície da terra estão sujeitos à fecundidade e à esterilidade espirituais e físicas, sempre que as revoluções periódicas concluem os ciclos de cada um dos seres, curtos para aqueles de vida breve e longos para aqueles de vida longa. Aqueles que vós educastes como vossos governantes, embora sábios, não haverão de conseguir adivinhar, nem com a razão nem com a experiência, os períodos de fecundidade e de esterilidade de vossa raça, porquanto haverão de fugir de seu alcance. Assim sendo, haverão de colocar no mundo filhos no momento errado. Para a raça divina, o período fecundo está compreendido dentro de um número perfeito 1. Para a humana, ao contrário, é o número menor, dentro do qual a multiplicação de raízes e de potências, em três distâncias e em quatro limites (de elementos que determinam a assimilação, a dissimilação, o crescimento e a diminuição) tornam correspondentes e congruentes entre si todas as coisas. Sua base epítrita, unida ao número cinco e elevada à terceira potência, se exprime em duas harmonias. Uma de um número igual de vezes, cem vezes cem. A outra, composta de fatores em parte iguais e em parte diversos, isto é, de cem quadrados das diagonais racionais de cinco, cada uma diminuída de uma unidade, e de cem quadrados das

---

cunho mais abrangente que procura atender as mais diversas áreas do conhecimento tais como: a história, a administração, a contabilidade, a ciência política, a área jurídica, além da economia e os mais diversos campos de investigação tanto científica quanto não científica, achou-se por bem, manter as transcrições longas, principalmente para viabilizar análises comparativas diretas e indiretas e instigar os grupos interessados a consultar os originais e também fazer comparações analíticas com suas respectivas áreas do conhecimento. Dessa forma, as transcrições aparecem como uma maneira de tornar a leitura do texto mais leve e menos técnicas, optando assim mais por um texto, conotativo que denotativo, isso sem fazer perder a qualidade das pesquisas realizadas.

> diagonais irracionais, diminuídas de duas unidades, e de cem cubos de três.
>
> Este número geométrico preside em seu conjunto os nascimentos positivos e negativos. Quando vossos guardiões o ignorarem e unirem de modo inoportuno os jovens às moças, os filhos que nascerem não serão nobres nem afortunados. Seus predecessores haverão de colocar na chefia do Estado os melhores dentre esses. Mas, indignos da sucessão, apenas guindados aos cargos dos pais, começarão por desinteressar-se de nós, ainda que sejam guardiões, fazendo pouco caso da música e depois da ginástica e, em decorrência, vossos jovens haverão de se tornar mais incultos. Dentre eles haverão de surgir governantes pouco interessados em zelar pelo Estado e em discernir as raças de Hesíodo, como aquelas de ouro, de prata, de bronze e de ferro que dentre vós haverão de surgir. A mistura do ferro com a prata e do bronze com o ouro haverá de produzir a desigualdade, a desproporção e a desarmonia que, ao se entrechocarem sempre dão lugar à guerra e à inimizade. Essa deve ser considerada a origem da discórdia, onde quer que se verifique. Platão (2006:79 - 80).

Como afirmado acima, partindo da hipótese do Estado ideal criado por ele e seus pares, Platão afirma que essa composição do Estado não é perene. Cedo ou tarde tal quadro vai deteriorar devido a ações de corrupção ou, em outras palavras, da presença das emoções concupiscênicas, marcadas pelos descendentes das famílias nobres, com interesse mais pela fortuna e pelo aproveitamento das regalias, das manias, do que pelo zelo e interesse pela disciplina, pelo respeito mútuo e pela organização desinteressada entre os descendentes dos guardiões e dos governantes. A corrupção desenfreada fará com que o Estado se desmantele, dividindo-se e assumindo características intermediárias entre a aristocracia e a oligarquia. (p. 80). Com essa divisão, também o governo se tornará intermediário, assumindo, ora forma de aristocracia de um lado, ora forma de oligarquia do outro, mas com um fator novo na gestão. Esse fator corresponderá ao potencial desse governo intermediário de, além de apresentar a alternância entre aristocracia e oligarquia, a capacidade de possuir características próprias.

Dessa forma, tal governo haverá de imitar a forma precedente do sistema de gestão pública, no que tange ao respeito pelos governantes, mantendo a abstenção dos guerreiros aos trabalhos agrícolas, preservação dos manuais de ação, na guerra e na paz, na organização das refeições comunitárias e manutenção dos exercícios de ginástica e das artes marciais. (p. 80 – 81).

Por seu turno, no que se refere ao surgimento das características próprias do novo sistema de governo, uma vez que esse passará a ser governado por indivíduos de caráter instável e ambíguo, prevalecerão os sentimentos concupiscênicos e com eles, o medo pelo retorno ao poder dos sábios, no caso, os filósofos, e tal quadro terá como consequência para o Estado, a tendência mais para a guerra do que para a paz, fazendo aflorar a grande admiração para com a astúcia, e a mania de combater ou provocar guerras constantemente (p. 81).

Homens assim não seriam, portanto, ávidos por dinheiro, como ocorre nos Estados oligárquicos, selvagens que em locais sombrios adoram o ouro e a prata, porquanto haverão de ter caixas e cofres privados onde colocar e esconder seus bens. Encerrados no recinto de suas casas como num ninho afastado, aí haverão de gastar elevadas somas para com suas mulheres e para qualquer outro que lhes dê prazer.

Haverão de ser, portanto, ávidos por dinheiro que conseguem em segredo e ao qual prestam culto, ao mesmo tempo em que são impelidos pelo desejo a serem pródigos dos bens alheios. Dados aos prazeres secretos haverão de transgredir a lei como os filhos fogem dos pais conquanto educados não pela persuasão mas pela coação, e isso porque já terão desprezado a verdadeira musa da palavra e da filosofia, dando preferência à ginastica em detrimento da música. Platão (2006:81).

Segundo Platão, nessa forma de governo o bem e o mal se misturam, apresentando ainda, uma característica peculiar que é o "domínio da emotividade que provoca intriga e ambição" (p. 81). Outro ponto que Platão considera neste tipo de análise é a sua abordagem geral sem entrar nos seus detalhes. Na realidade, a finalidade dessa espécie de estudo segundo o mesmo autor, é apenas distinguir as características do homem mais justo daquele mais injusto, visto que, "passar em revista todas as formas de governo com todas as suas características peculiares, sem menosprezar detalhe algum, seria tarefa infinitamente delongada" (p. 81).

Em continuidade das análises, Platão considera que neste tipo de governo o perfil do governante, quanto ao seu caráter, é de um indivíduo ambicioso, mais arrogante, mais inculto, embora não de todo. Ele é amante da música (educação) e das discussões, mas totalmente desprovido de eloquência. Nesse aspecto, segundo o mesmo autor:

> Um homem desse tipo seria duro com os escravos, sem chegar a despreza-los como quem possui uma educação perfeita; seria afável com os homens livres, extremamente obedientes aos governantes, cioso de poder e de honrarias, decidido a comandar, não com o poder da palavra ou com outro expediente similar, mas somente por meio de seus dotes e empreendimentos militares, dado com paixão à ginástica e à caça.
>
> Um homem desses pode desprezar o dinheiro enquanto é jovem, mas quanto mais envelhece, tanto mais haverá de amá-lo porque seu caráter está propenso aos negócios e sua inclinação à virtude é impura, uma vez que privada de seu fiel guarda. Platão (2006:82).

No caso, esse fiel guarda a que Platão se refere, é a aliança da razão com a música (educação), que segundo o mesmo autor, na vida, "esse é o único meio de conservar para sempre a virtude que já se possui. E esse é o jovem timocrático, imagem dessa forma de governo" (p. 82).

A seguir, Platão define a formação desse indivíduo que, segundo ele, "ainda jovem, tem no pai um homem honesto, que vive num Estado malgovernado, que foge das honrarias, do poder, das causas judiciais, de todo embaraço e prefere permanecer obscuro para não se envolver em problemas" (p. 82).

Vivendo com o pai que prefere o obscurantismo à luta e a busca por *status,* poder e honrarias, e de outro, com uma mãe ambiciosa que gosta de festejos, honrarias e bajulação e que em virtude disso, reclama do marido que "pouco se importa com o dinheiro, não luta e não se envolve em litígios privados, nem nos tribunais e na política, mas suporta indolentemente as ofensas dos outros" (p. 83), esse jovem terá a formação de seu caráter de maneira duvidosa.

Envolto nesses problemas conjugais, o jovem passa a sofrer da parte da mãe, pressões psicológicas dirigidas contra seu pai que o acusa de só pensar em si mesmo, não demonstra apreço por ela e é indiferente até mesmo em lhe dirigir possíveis ofensas (p. 83). "Por todos estes motivos, ela o odeia e começa a dizer para o filho que o pai dele é um homem covarde, fraco demais e tudo o que as mulheres dizem normalmente em tais casos" (p. 83).

Além dessa alienação parental lhe imposta pela sua mãe contra seu pai, o filho ainda, segundo Platão, sofre em ouvir críticas dirigidas contra seu pai até mesmo pelos seus servos, "supondo com isso dar provas de afeição por eles" (p. 83).

> [...] Ao verem o pai que não cobra judicialmente um devedor ou algum desonesto, incitam o filho a punir a todos quando adulto e a ser mais homem que o pai. Saindo de casa, o rapaz assiste outras coisas desse tipo. Nota que são tachados de imbecis e desprezados aqueles que na cidade só cuidam do que lhes compete, ao passo que os outros são enaltecidos e elogiados. Ao ouvir e ver tudo isso, o jovem, que vinha escutando seu pai e observando seu comportamento, o confronta com o dos outros e é atraído por ambos os lados. Por seu pai que irriga e fortalece a razão do jovem e pelos demais que, ao contrário, cultivam a parte concupiscível e aquela emotiva de seu caráter. Sua índole não é má, mas andou frequentando más companhias e assim acaba no meio, arrastado por uns e outros, entregando o domínio de si mesmo ao partido intermediário, ambicioso e emotivo, e se torna, ao cabo de tudo, soberbo e ambicioso. Platão (2006:83).

Segundo Platão, esse é o perfil da segunda forma de governo e também o mesmo é o perfil do segundo tipo de indivíduo. (p. 83). Acrescenta-se que, segundo Platão, tal estrutura governamental não é um regime perfeitamente definido, visto que ele está entre o Estado ideal criado por esse autor e seus parceiros e o regime oligárquico.

Assim, de acordo com Sócrates personagem de Platão, a forma seguinte de governo, depois da timocracia é a oligarquia. Em seguida, então, Platão passa a desvelar os segredos da oligarquia narrando como ela se forma, a partir do desmantelamento da timocracia.

Antes, porém, Platão conceitua a oligarquia como sendo "a organização do Estado fundada sobre a renda, aquela em que os ricos governam e os pobres são privados de todo poder" (p. 84).

Depois, Sócrates, personagem de Platão, expõe como a oligarquia toma o espaço da timocracia, da seguinte forma:

> A ruina da timocracia decorre daquele cofre cheio de ouro que cada um possui como bem particular. Em primeiro lugar porque inventam todo tipo de ocasiões para se entregar aos gastos e a isto, eles mesmos bem como suas mulheres, dobram as leis.
>
> Depois, eu acho, andam se espiando e se roendo de inveja um para com o outro, tornando o povo igual a si próprios.
>
> A partir desse momento, passam a entregar-se desenfreadamente para amealhar mais riquezas e quanto mais as apreciam, tanto mais desprezam a virtude. Mas entre a riqueza e a virtude não subsiste aquela diferença que, se ambas postas nos pratos de uma balança, uma não pode subir sem a outra baixar?
>
> Assim sendo, se num Estado a riqueza e os ricos são estimados, a virtude e os honestos são desprezados.
>
> Acaba-se por procurar sempre mais o que se aprecia e descurar o que é objeto de desprezo.
>
> Por fim, esses homens, de começo tão só ambiciosos, se transformam em negociantes interesseiros, passando a admirar e a elogiar os ricos, a quem entregam o poder, enquanto os pobres são objeto de desprezo.

> Passam então a fixar por lei o limite da constituição oligárquica, estabelecendo uma renda tanto mais elevada quanto mais forte for a oligarquia e tanto mais baixa quanto mais fraca for e proibindo o acesso a cargos públicos a quem não atinge essa renda com seu patrimônio. Essa lei é imposta por força das armas ou ainda com o terror.
>
> Temos ai, em breves palavras, o que vem a ser esta forma de governo. Platão (2006:84 - 85).

O passo seguinte dado por Platão é explicar as características e os defeitos desse tipo de regime. Para esse autor, dentre os defeitos apresentados por tal regime, o primeiro é o seu próprio limite. Esse limite seria dado apenas pela posse da renda, ou seja, pela excessiva centralização da renda em mãos de um restrito grupo, fazendo excluir as demais classes da sociedade do acesso ao poder e a riqueza social, e em consequência, os mesmos passam à criação de outros critérios para acesso à ocupação de cargos importantes, necessários à formação do governo e que passam a ser baseados no poder aquisitivo da classe mais rica da população. (p. 85).

Outro defeito alarmante detectado nesse regime consiste na existência de dois Estados presentes num só. No caso, o dos ricos e o dos pobres tornando eterna a rivalidade desde a sua estruturação.

> Além do mais, não há muita vantagem para um governo assim, porquanto não poderia sequer enfrentar uma guerra, por ver-se obrigado a entregar as armas ao povo e a temê-lo mais que os próprios inimigos. Ou, por outra, não se servir dele, revelando-se radicalmente oligárquicos também nas batalhas, além do fato de não querer, por avareza, contribuir para o custeio da guerra.
>
> Além disso, lhe pareceria justo o que já desaprovamos, isto é, empregar no mesmo Estado os mesmos cidadãos concomitantemente na agricultura, no comércio e na guerra? Platão (2006:85).

Ainda há outros pontos a serem considerados no comportamento da população desse tipo de governo, como por exemplo, a prodigalidade desmesurada, que pode acabar por levar grande parte dos indivíduos abastados à situação de penúria total e ao estabelecimento da instabilidade socioeconômica desse Estado, em contrapartida ao fortalecimento dos indivíduos abastados, que acumulam a riqueza obtida do flagelo daqueles antes poderosos, e que caíram na miséria.

Nesse caso,

> A possibilidade de vender todos os próprios bens e de comprar os dos outros e, depois de tê-los vendido, a faculdade de permanecer no Estado, sem dele participar como comerciante, nem como artesão, nem como cavaleiro, nem como soldado de infantaria, sem nenhum título, a não ser o de pobre e indigente.
>
> Certamente, nos Estados oligárquicos não há preocupação quanto a isso. Caso contrário, não haveria alguns cidadãos riquíssimos e outros absolutamente pobres.
>
> Considere também isso. Quando era rico e gastava, esse cidadão era por acaso mais útil ao Estado no que tange ao que falávamos antes? Ou só se fazia passar por um dos governantes, sendo na realidade nem governante nem súdito no próprio Estado, mas somente um esbanjador dos próprios bens?
>
> Se assim achar, pois, podemos dizer que esse flagelo do Estado nasce numa família como num favo nasce o zangão, flagelo da colmeia?
>
> Aqui, porém, Adimanto, subsiste uma diferença, porquanto a divindade não deu o ferrão a nenhum zangão alado, ao passo que, a esses de duas patas, alguns os tornou inofensivos, enquanto outros foram dotados de um terrível ferrão. Aqueles privados de ferrão acabam por se tornarem velhos esfarrapados, enquanto todos aqueles dotados de ferrão engrossam o número dos malfeitores.

> Parece, pois claro que em qualquer Estado onde houver miseráveis, haverá também ladrões, assaltantes, sacrílegos e malfeitores de toda espécie.
>
> Mas você não vê que nos Estados oligárquicos há miseráveis?
>
> Não deveríamos, portanto, acreditar que neles existam muitos malfeitores dotados de ferrão, contidos continuamente à força pelos governantes?
>
> E não deveríamos afirmar que a situação deles haveria de ser tributada à ignorância, a má educação e à organização do próprio Estado?
>
> Esse é, portanto, o Estado oligárquico e esses seus defeitos, se não forem ainda mais numerosos.
>
> Concluímos também com a descrição sobre a forma de governo chamada oligarquia, aquela governada com base na renda. Vamos ver agora como nasce e como se comporta o homem que se enquadra nesse Estado. Platão (2006:86 - 87).

Em continuidade às suas investigações sobre como seria o perfil do sistema de governo chamado oligarquia, Platão passa a analisar, seguindo sua estratégia, a maneira pela qual nasce e como se comporta o homem que se enquadra nesse Estado.

Como a narrativa de Platão é simples, transparente e não deixa dúvidas quanto à sua originalidade, segue-se a análise, por intermédio de transcrição dessa versão, uma vez que, tentativas de explicá-las além desse parâmetro seria por demais, inútil e sem quaisquer princípios de necessidade.

Seguindo sua própria estratégia, Platão se põe a explicar, como se dá a passagem do espírito do homem timocrático para o oligárquico da seguinte maneira:

> O filho de um homem timocrático começa por imitar seu pai e seguir suas pegadas. Depois vê que ele de improviso cai

em desgraça, batendo contra o Estado como um navio bate contra os escolhos. Isso porque, depois de ter sacrificado seus bens e a si mesmo como estrategista nos exércitos ou como chefe de qualquer outro cargo relevante, é levado aos tribunais pelas calúnias dos sicofantas e perde a vida ou é exilado ou fica privado dos próprios bens e dos direitos de cidadão.

Vendo e suportando todas essas desgraças, meu amigo, este, já temeroso e esbulhado de seus bens, desbanca do trono de sua alma a ambição e a emotividade, eu acho, e se lança aos negócios. Poupando até sordidamente e empenhando-se como poucos, paulatinamente consegue fazer fortuna. Depois de tudo isto, você não acredita que esse homem faça subir ao trono de sua alma o espírito de cobiça e de avareza, concedendo a elas o absoluto império de si mesmo, ornando-o com a tiara e as faixas e colocando-lhe às mãos a cimitarra?

Quanto à razão e à coragem, acho que as coloca a seus pés, de lado e de outro, e passa a servir aquele espírito de cobiça e avareza. Obriga à primeira a não calcular e a não estudar senão os meios com os quais possa aumentar seu próprio dinheiro e, à segunda, a não admirar e a não respeitar senão a riqueza e os ricos, além de não deixar-se elogiar por qualquer outro mérito, a não ser pela posse de dinheiro e de tudo o que possa multiplica-lo. Platão (2006:88).

Segundo ainda Platão, a transformação por que passa o indivíduo de origem timocrática, o torna em tudo semelhante à forma de governo de que nasce a oligarquia (p. 88). Agora, em seguimento, segundo o mesmo autor, resta averiguar se o perfil do próprio indivíduo surgido da timocracia se torna, por seu turno, igual ao novo regime analisado, no caso, a oligarquia.

Diante disso, o primeiro quesito é a origem do novo perfil do indivíduo. Nesse quesito, tanto o sistema de governo oligárquico quanto o indivíduo emigrado da timocracia para esse novo regime são adoradores do dinheiro. O segundo ponto em comum é que, devido ao seu amor incondicional pelo dinheiro, já reconhecidos como agentes econômicos e ativos, ambos só se interessam em atender as exigências necessárias para esse fim, ignorando outras formas de gastos, voltados para a formação educacional e a cultura, considerando-os como inúteis e refreando outros tipos de desejos nesse sentido (p. 88). Dessa forma, esse indivíduo "é um homem sórdido, faz dinheiro com qualquer coisa, sempre a aumentar seu tesouro, um daqueles que o povo admira. Por acaso, não é esse o homem que espelha fielmente a oligarquia?" (p. 88).

Muito bem. Preste atenção ainda nisto. Não poderíamos afirmar que por sua incultura surjam nele desejos semelhantes aos dos zangões, alguns miseráveis, outros maléficos, apenas contidos em seus limites por suas outras preocupações?

Você sabe, portanto, para onde se deveria olhar para descobrir sua maldade?

Para a tutela dos órfãos e para qualquer outra ocasião semelhante que se lhe apresente em que se pode agir desonestamente sem temor algum.

Por isso mesmo, não é evidente que esse homem, nas demais relações em que conquista boa reputação de justiça, reprime seus maus impulsos com um louvável disfarce, mas sem persuadi-los que assim seria melhor nem os aplacando com a razão, e sim premido pela necessidade e pelo medo, porquanto treme pelo resto de seu patrimônio?

E, por Zeus, na maioria desses homens, quando se trata de gastar o dinheiro dos outros, esses desejos aparecem como zangões.

Um homem desses não pode fugir ao contraste interior, pois não é uma só pessoa, mas duas, porque nutre desejos inconciliáveis, mesmo que geralmente os melhores sobrepujem os piores.

Por isso, acho que é mais respeitado, que muitos outros, mas a verdadeira virtude de uma alma em harmonia e concordância consigo mesma foge para bem longe dele.

Quando se trata de disputar uma vitória ou qualquer outro prêmio individual em jogos no Estado, o homem parcimonioso é um concorrente fraco porque não quer gastar dinheiro em competições de prestígio, receoso de poder despertar os desejos pródigos que o levem a colaborar com a ambição. Por isso, como verdadeiro oligárquico, combate utilizando poucos recursos e, no mais das vezes, perde, embora conserve seus próprios bens.

Haveríamos de hesitar ainda para configurar uma semelhança entre o Estado oligárquico e o homem poupador e mercantilista? Platão (2006:88 - 89).

Terminado de analisar o perfil do homem oligárquico e suas semelhanças e diferenças com esse tipo de regime, Platão dá seguimento em suas análises, desta vez, averiguando as características e as semelhanças entre o homem democrático e a sua *mater*, no caso, o regime democrático.

Para Platão, o regime democrático surge como causa do desmantelamento do sistema de governo oligárquico. Isso se dá em parte pela excessiva centralização da renda nas mãos de grupos restritos e cada vez mais abastados e poderosos, e, em parte, por outro lado, pelo aumento do desejo pelos prazeres, regalias e honrarias que esses cargos oferecem, fazendo com que aqueles indivíduos mais pródigos e dotados de intemperança, gastem suas riquezas de maneira desenfreada e sem critérios. Os gastos excessivos e a consequente dilapidação do patrimônio por parte das famílias mais abastadas derivam do afastamento desses grupos das virtudes e também pelo desapego à educação e à cultura.

Segundo o mesmo Platão, esse quadro tende a se agravar em virtude da ocorrência dos direitos das sucessões quando os herdeiros, totalmente destituídos de capacidade de gestão do patrimônio, pródigos, se põem a gastar indevidamente e a esbanjar toda a herança adquirida, transferindo-a por intermédio de dívidas e gastos mal feitos, a outras pessoas também faustas, mas que se tornam cada vez mais abastadas devido ao processo de transferência dessa riqueza para suas mãos.

A passagem da oligarquia à democracia não seria acaso determinada, quase sempre, pela insaciabilidade dos próprios desejos, pela necessidade de se tornar o mais rico possível?

Os governantes, devendo seus postos à sua riqueza, não querem refrear por lei os jovens que se entregam à libertinagem e impedir-lhes que dilapidem seus patrimônios, porque, na realidade, querem compra-los e emprestar dinheiro a juros para esses jovens, a fim de se tornarem ainda mais ricos e poderosos.

E já não se torna evidente que num Estado os cidadãos não podem apreciar a riqueza e ao mesmo tempo cultivar neles o espírito de moderação, porque inevitavelmente haverão de menosprezar a riqueza ou a temperança?

Assim, os governos oligárquicos, permitindo que se dedicassem a libertinagem, reduziram por vezes à pobreza homens de condição não ignóbil.

Eu acho, porém, que esses permanecem no próprio Estado, providos de ferrões e bem armadas, alguns como devedores, outros desonrados, outros ainda a um tempo devedores e desonrados, repletos de ódio e de vontade de atacar os outros cidadãos e sobretudo aqueles que lhes subtraíram os bens, enfim, ansiosos por fazer eclodir uma revolução.

Os agiotas, que caminham de cabeça baixa fingindo não vê-los sequer, destroem com sua riqueza quem quer que ceda ante a ganância deles e, enquanto multiplicam os juros de seu capital, multiplicam no Estado os zangões e os miseráveis.

Mas não querem eliminar essa desgraça nem quando está para se incendiar, evitando de impedir a cada um de suar seus próprios bens conforme seu agrado e de fazer uma lei especial para suprimir esses desregramentos.

Uma segunda lei contra os esbanjadores para obrigar os cidadãos a voltar-se à virtude. De fato, se esta impusesse que a maior parte das transações voluntárias fosse feita com o risco para quem empresta, no Estado seriam levados a efeito menos negócios vergonhosos e menos desgraças haveriam de surgir, como aquelas, que há pouco citamos.

Em vez disso, os governantes, por todos estes motivos reduziram a esta situação os súditos, enquanto eles e seus jovens filhos se entregam ao luxo, à inércia física e espiritual, incapazes de resistir, por preguiça, aos prazeres e à dor.

Sem cuidado algum por todas as coisas, excetuando-se os negócios, não se preocupam com a virtude como não o fazem com os pobres.

Nessas condições, quando os governantes e os súditos se encontram lado a lado em viagens ou em quaisquer outras ocasiões de encontro ou numa procissão ou na guerra ou numa travessia por mar ou durante o serviço militar ou quando se observam reciprocamente no próprio momento do perigo, os pobres certamente se saem muito bem em confronto com os ricos. Melhor ainda, muitas vezes, um pobre robusto e bronzeado, em ordem de batalha ao lado de um rico que cresceu à sombra e com muita carne supérflua vê que este não tem fôlego e é incapaz. E você não acha que ele vai pensar que essas pessoas se enriqueceram por causa de sua covardia e que os pobres, encontrando-se juntos, se encorajariam dizendo: "Essa gente está em nossas mãos, não vale nada!".

Assim como um pequeno agente externo basta para deixar enfermo um corpo

> fraco, chegando por vezes a deixa-lo em mau estado, assim também um Estado em situação análoga por um motivo fútil, enquanto uns pedem socorro a outro Estado oligárquico e outros a um Estado democrático, adoece e combate contra si mesmo e por vezes, sem que o socorro externo intervenha, eclode a guerra civil.
>
> A democracia se estabelece, portanto, a meu ver, quando os pobres vencem, massacram alguns, mandam para o exílio outros e, com os restantes, dividem em condições de igualdade o governo e as magistraturas que, no mais das vezes, são distribuídas por sorteio. Platão (2006:90; 91 - 92).

Assim, segundo Platão, o que destrói a oligarquia é o amor excessivo à renda, fazendo surgir a ganância, a soberba, os excessos e os esbanjamentos da fortuna. Esse quadro provoca o aumento do número dos miseráveis em contraposição ao número dos ricos que se reduzem cada vez mais. Devido a elevação da quantidade de miseráveis e também daqueles que antes eram ricos e se tornaram pobres, vêm as desavenças e as lutas por posição social, poder, e até mesmo, pela fuga da miserabilidade. Enfim, nesse estado de coisas, a democracia surge da degradação humana, proporcionadas pela imoralidade, pela impiedade, avareza e pelo amor incontido pelas regalias e os prazeres que a posse do dinheiro pode proporcionar. Todos esses fatores associados ao aumento do individualismo e da concorrência desenfreada pelos melhores postos, no poder oferecidos pela posse da fortuna, fazem derrocar a oligarquia e a ascender em seu lugar, a democracia, o símbolo máximo da baderna, como se passa a analisar a seguir, quando esse autor tece suas análises sobre a forma de governo e a constituição desse regime:

> E de que maneira esses governam? Como se constitui esse regime? Claro que o cidadão que o acata deve ser chamado democrático.
>
> Antes de mais nada, os cidadãos são livres e o Estado respira liberdade e transparência, cada um podendo fazer o que quiser.

Mas onde reina essa liberdade, é evidente que cada um pode organizar a própria vida como melhor lhe aprouver.

Logo, sobretudo nesse regime, acho que se pode encontrar gente de todo tipo.

E talvez seja o melhor regime. Como uma peça multicolor, assim também este, tecido de todos os caracteres, pode parecer o mais belo. Assim pode parecer talvez a muitos, por exemplo, às mulheres e crianças, que admiram a variedade.

E ali é fácil caro amigo, estabelecer um governo.

Porque, graças à liberdade, contém todo tipo de governo e quem quiser, como nós agora, fundar um Estado, seria melhor chegar-se a um Estado democrático e escolher qualquer forma de governo que lhe agrade, como se escolhem os objetos na feira, e depois reproduzi-lo.

O fato de que nesse Estado não subsista a obrigação de governar, nem para quem pudesse exercer o cargo, nem de ser governado, se não o quiser, nem de combater em caso de guerra, nem de viver em paz com os outros, senão desejar a paz, e por outro lado, a liberdade de exercer o governo e a justiça, quando a oportunidade se apresentar, mesmo que uma lei o vete, esse modo de vida não é à primeira vista sumamente agradável?

E não é invejável a serenidade de alguns condenados? Num regime desses, você nunca viu homens condenados à morte ou ao exílio permanecerem, apesar disso, e passear entre a multidão como heróis como se ninguém se preocupasse com eles nem os visse?

E a tolerância e a extrema liberalidade de ideias na democracia, melhor,

> o desprezo por aqueles valores de que falávamos com respeito quando fundávamos nosso Estado, certamente não podem tornar honesto quem não tenha um caráter superior, quem desde a infância não se tenha dedicado a belos jogos e a belas ocupações. Pelo contrário, com quanta leviandade se calcam aos pés todas as coisas, sem se preocupar com as bases de onde partir para a vida política, mas limitando-se a proclamar-se amigo do povo?
>
> Estas e outras vantagens semelhantes pode ter a democracia. Seria, ao que parece, um regime agradável, desordenado e variado, garantindo igualdade para quem é igual e para quem não o é. Platão (2006:92 - 93).

Segundo o raciocínio e os conceitos definidos por Platão, essa seria a principal característica do regime democrático. Respeitados esses pressupostos, e considerando-os como verdadeiros e, portanto, válidos, Sócrates, personagem de Platão, dá sequencia às suas narrativas, desta vez apontando o perfil do homem democrático, isso não sem antes abrir um parêntese para explicar sua gênese.

De acordo com essa gênese, seguindo o raciocínio de Platão (p. 93), supõe-se que o oligarca avarento tenha um filho que a duras penas, para seguir o exemplo do pai, sendo educado nos mesmos costumes visando o acúmulo de riquezas, procura reprimir a força, todos os seus desejos de dispêndios e também todos os gastos considerados como não necessários e que afetem sua capacidade de poupar, ou seja, fazendo-o assumir a identidade da avareza pura.

Assim, para adaptar seus hábitos aos do seu pai, o filho faz a separação dos gastos que são necessários em relação aos que o mesmo considera como não necessários, para dar continuidade à acumulação de riquezas, visto que, o interesse máximo desse, é fazer fortuna, tal qual o seu pai.

Obedecendo a esse critério, o filho faz a divisão dos prazeres que lhe são necessários em relação aos que não o são. Nesse contexto, o mesmo considera como sendo necessários todos aqueles prazeres que não se têm como reprimi-los e que lhe é útil satisfazê-los, visto que, os mesmos são essenciais para a sua vida.

Por outro lado, o filho considera os prazeres como não sendo necessários, todos aqueles que podem ser rejeitados "se a isso nos habituarmos desde jovens, e cuja realização não traz nenhum efeito positivo, quando não provoca por vezes consequências negativas?" (p. 94).

A partir desses pressupostos, por intermédio da escolha dos hábitos que são necessários separando-os dos não necessários, Platão se põe a explicar as características principais do comportamento do homem oligárquico, por intermédio da teoria dos contrários, seguindo os procedimentos básicos da análise dialética, visando demonstrar como se dá a sua gênese, por intermédio das escolhas consideradas necessárias para a sua empreitada, na busca pelo acúmulo de renda e consequentemente, poder.

Utilizando-se ainda da teoria dos contrários, Platão faz a analogia entre o homem considerado como sendo oligárquico, distinguindo-o do indivíduo denominado por esse autor como zangão dotado de ferrões, extremamente venenosos e que se encontra infiltrado na cúpula do poder, devido à sua antiga posição de homem detentor de fortuna, mas que, agora, se encontra falido e cheio de dívidas.

Não seria bom, portanto, escolher um exemplo de uns e outros para termos uma ideia mais exata?

O desejo de comer iguarias e outros pratos para conservar uma saúde com vigor, não seria talvez necessário?

Em tal caso, o desejo de boa comida é duplamente necessário, porquanto útil e indispensável para a vida.

Isso valeria também para merendas e petiscos, desde que contribuam para o bem-estar físico.

Mas o desejo que vai, além disto, e exige manjares sofisticados, desejo que, no entanto, a maioria pode reprimir e sufocar desde a juventude com a educação, que é prejudicial ao corpo e à alma quando se quer primar pela racionalidade e pela temperança, este poderia ser corretamente definido não necessário?

Não poderíamos afirmar também que alguns são desejos que levam ao desperdício, enquanto outros são desejos instrumentais, porquanto úteis à nossa atividade?

Não poderíamos dizer o mesmo com referência aos prazeres amorosos e aos outros correlatos? Platão (2006:94).

Desta feita, Platão identifica o perfil do homem classificado como zangão, no caso, os sicofantas que usufruem de cargos dotados de sinecuras, no caso, indivíduos falidos, devedores e que ainda se encontram infiltrados, misturados, vivendo na cúpula do poder por intermédio da prática da politicagem. Assim, os zangões, tanto os de ferrões como os sem ferrões e, portanto, estes últimos considerados como inofensivos, continuam partilhando do mesmo espaço entre os governantes e guardiões, e que estão possuídos dos prazeres e desejos materialistas fúteis, definidos pelo mesmo autor de não necessários, em relação ao homem oligárquico, que vive dominado pelos prazeres estritamente necessários, sendo considerados em virtude disso, como homem oligárquico e avarento (Págs. 94 – 95).

Agora, por seu turno, depois de estabelecida definitivamente a diferença entre o homem oligárquico e o zangão, sendo este último, cria desse mesmo sistema, abre-se espaço, em função dessa divisão, para o surgimento do homem democrático, que é originário da mistura do homem zangão de ferrão com o filho do homem oligárquico, ou indivíduo avarento. Nessa ótica, segundo Platão, o homem democrático é originário da mistura do homem zangão dotado de desejos concupiscênicos, com o homem oligárquico, possuído pela avareza, ou em outras palavras; dos desejos materialistas fúteis com a avareza e a idolatria ao dinheiro, visto que, para o homem democrático, todos os desejos são iguais e necessários, desde que sirvam para acumular mais dinheiro e aproveitar do poder e dos prazeres, que sua posse proporciona.

Devido a fragilidade e as facilidades que o sistema democrático oferece, esses grupos falidos e esfarrapados dos guardiões, entre golpes e trapaças, ainda se sustêm ocupando cargos na condição de sicofantas e que lhes proporciona a prática da sinecura em troca de politicagens. Nessa condição, o Estado funciona como um colchão de absorção de indivíduos inúteis e nocivos ao bom funcionamento do sistema, que se acotovelam espremidos na limitação do espaço proporcionado pelos cargos que ocupam, e que, vivem daquilo que retiram do sistema aproveitando-se das regalias e mordomias, que os altos cargos do Estado oferecem. Nesse estado de coisas, o sistema democrático se torna o berço da corrupção e de desmandos politiqueiros de toda natureza.

Nesse contexto, depois de definida a gênese do homem democrático, Sócrates, personagem de Platão, passa a descrever a "transformação do homem oligárquico em democrático" (p. 95), na forma como se vê a seguir.

> Quando um jovem, criado como dissemos sem cultura e de modo mesquinho, prova do mel dos zangões e se vê na companhia desses insetos agitados e perigosos, capazes de lhe proporcionar divertimentos de todo tipo, de qualquer espécie e qualidade, fique então certo que nele haverá de ocorrer o princípio da mudança da oligarquia à democracia.
>
> Como, pois, o Estado se transformava como o auxílio externo em outro partido do mesmo gênero, assim também o jovem não se transforma com o auxílio externo de um gênero de desejos semelhante num dos dois gêneros que estão nele?
>
> Mas se, da parte contrária ou do pai ou de outros familiares que o haverão de censurar e humilhar chegar um auxílio ao partido oligárquico, então eu acho que em seu íntimo deverão se produzir discórdia, revolução e contrarrevolução.
>
> Eu acho que por vezes o partido democrático cede ao oligárquico e alguns de seus desejos desaparecem, outros são eliminados, se na alma do jovem penetrar a vergonha; e assim, ele retorna à ordem.
>
> Ocorre também que, depois da derrocada daqueles desejos, muitos outros afins se desenvolvem em segredo e se tornam fortes por causa da má educação recebida do pai.
>
> Esses o arrastam para companhias da mesma espécie e de sua união clandestina surge uma multidão de outros similares.

No fim, a meu ver, conquistam a cidadela da alma do jovem, certificando-se que está vazia de conhecimentos, de bons hábitos e de princípios verdadeiros que, no espírito daqueles que são caros aos deuses, são as sentinelas e os guardas mais seguros.

Em seu lugar, acorrem para ocupar aquela cidadela discursos falsos e presunçosos e opiniões fúteis.

E o jovem não haverá de voltar a morar abertamente junto desses lotófagos? Se dos familiares chegar algum auxílio para a parte poupadora de sua alma, aqueles discursos fúteis haverão de fechar nele as portas das muralhas reais e não haverão de deixar entrar aquele auxílio, não haverão de acolher como embaixadores os discursos dos mais velhos, mas haverão de vencer a batalha e mandar para um exílio desonroso a vergonha, chamando-a de estupidez, e haverão de expulsar a temperança, chamando-a de covardia e cobrindo-a de lama, convencendo assim o jovem de que a moderação e a regularidade nas despesas são indícios de mesquinhez vulgar e acabando por expulsar das fronteiras também aquelas, com a ajuda de muitos e inúteis desejos.

Depois de tê-la esvaziado completamente, eles tomam e iniciam a alma desse jovem com grandes ritos de iniciação, depois introduzem nela, ricamente coroadas e acompanhadas de solene cortejo, a arrogância, a anarquia, a libertinagem e a impudicícia, louvando-as e cobrindo-as de elogiosos apelativos. Assim, eles chamam de educação a insolência, de liberdade a anarquia, de magnificência a libertinagem, de coragem a impudicícia. Não é mais ou menos dessa maneira que um jovem passa do regime dos prazeres necessários à liberação e à entrega de si mesmo aos prazeres supérfluos e inúteis?

Depois esse jovem vive esbanjando dinheiro, tempo e fadigas para os prazeres supérfluos, bem como para os necessários. Se ele se sentir bem assim e tiver a ventura de não levar a extremos seus abusos, se aplacado quando um pouco mais maduro e acalmada sua pior turbulência, é levado a acolher grupos de exilados e a não se entregar totalmente aos invasores, passando então a estabelecer uma espécie de paridade entre seus prazeres, conferindo sucessivamente o domínio de si próprio ao prazer da vez, como se fosse sorteado, para que seja realizada e depois segue outro, sem desprezar nenhum, ao contrário alimentando-os todos em pé de igualdade.

Ele não aceita nem deixa entrar em sua cidadela qualquer discurso verdadeiro, nem se interessa em ouvir dizer que alguns prazeres se referem a desejos honestos, mas outros desejos são maus e que se torna necessário cultivar e apreciar os primeiros, mas é preciso reprimir e punir os últimos. Ele se nega a tudo, afirmando que todos os prazeres são iguais e todos devem ser desfrutados da mesma maneira.

Passa, portanto, todos os seus dias para satisfazer o primeiro desejo que aparece. Ora bebe vinho e escuta flauta, depois bebe água e segue uma dieta de emagrecimento, ora faz ginástica, mas por vezes se entrega ao ócio e se desinteressa de tudo, ora chega até a discutir filosofia, depois se dedica à vida pública e fica por aí dizendo e fazendo tudo o que lhe passa pela cabeça. Se sente entusiasmo pelos guerreiros, junta-se a eles, depois muda de direção e se mistura com os negociantes. Em sua existência não há ordem nem coação, mas vive convencido que ela é prazerosa, livre e feliz.

Adimanto: - Você descreveu de modo sensacional a existência de um amigo da igualdade.

Mas acho também que este homem é variado, e, rico de humores diversos, belo e variegado como o Estado que se lhe assemelha. Muitos homens e mulheres poderiam invejar seu modo de vida porque encerra em si muitíssimos modelos de governos e de caracteres.

Vamos então colocar um homem desse tipo na democracia? Poderíamos defini-los corretamente como democrático? Platão (2006:95 - 97).

Depois desse brilhante e eloquente discurso sobre a transformação do homem oligárquico em homem democrático, o passo seguinte de Platão é definir o conceito do regime tirânico e qual é o perfil do homem tirânico, como ele surge e como assume o poder diante das vicissitudes e badernas de todo tipo, verificadas no regime democrático, e que, tem apenas como instrumento divisor da anarquia e da tal "sobriedade", a "existência e a prática da lei" tornando seus representantes semelhantes a "deuses sórdidos" surgidos para aplacar o clamor de uma plateia sedenta de "justiça".

Pois bem, amigo! Qual é a característica da tirania? Parece-me quase evidente que ela surge da degeneração da democracia.

Logo, como da oligarquia se origina a democracia, assim da democracia se origina a tirania.

O objetivo que se havia proposto e com qual se originou a oligarquia não era a riqueza excessiva?

O que, porém, a levou à ruína foi o insaciável desejo de riqueza e a indiferença diante de todos os outros valores por causa do mercantilismo.

E a ruína da democracia também não é provocada pelo desejo insaciável por aquilo que lhe deu origem?

A liberdade. Num Estado democrático você haverá de ouvir que ela é o bem supremo e que por isso todo aquele que tiver um caráter livre deveria viver somente nesse.

Como eu lhe dizia, portanto, não seriam esse desejo insaciável e a indiferença perante todos os outros valores que transformam este regime e o preparam para que se instale a tirania?

A meu ver, um Estado democrático, sedento de liberdade e quando servido por maus copeiros, perde todo controle, inebriando-se de liberdade pura, pune seus governantes, a menos que estes não sejam realmente complacentes e não concedam grande liberdade, acusando-os de malvados que aspiram à oligarquia.

Acho ainda que trata com desprezo os cidadãos que respeitam os governantes, considerando-os escravos voluntários que nada valem, ao passo que elogia e admira em particular e em público os governantes que são semelhantes aos súditos e os súditos que são semelhantes aos governantes. Num Estado desses, porém, não é inevitável que a inclinação à liberdade se estenda a todas as coisas?

E que penetre ainda, meu caro amigo, nas casas das famílias e que finalmente, se instale a anarquia até entre os animais?

Por exemplo, que um pai se acostume a se tornar como seu filho e a temer seus próprios filhos e o filho se torne como seu pai e para ser livre não tenha mais nem respeito nem receio de seus pais. Mais ainda, que o mero residente se coloque no mesmo plano do cidadão e que o cidadão no mesmo grau desse residente, o mesmo ocorrendo com os estrangeiros.

Há ainda, contudo, outros pequenos inconvenientes. Em situações semelhantes, o mestre tem medo dos alunos e os adula, os alunos desprezam os mestres e preceptores. Numa palavra, os jovens se comportam como os velhos e os contestam com palavras e com fatos, ao passo que os velhos, para se tornarem agradáveis aos jovens, descambam para a afetação, imitando os jovens para não serem tachados de duros e tiranos.

Num Estado desses, caro amigo, o limite extremo da liberdade excessiva é atingido quando os homens e as mulheres comprados não são menos livres que seus compradores. Quase ia me esquecendo de dizer quanta igualdade e liberdade, subsistem nas relações entre homes e mulheres!

Adimanto: - Logo, segundo a expressão de Ésquilo, conviria "dizer tudo o que nos vem à boca"?

Exatamente. E é justamente o que estou fazendo. Precisará ver para crer, como até os animais por lá são mais livres que em qualquer outro Estado. De fato, segundo diz o provérbio, as cadelas se assemelham às patroas, os cavalos e os burros são acostumados a andar livres e garbosos, atropelando pelas estradas quem quer que não lhes abra passagem. Enfim, tudo ali respira da mesma maneira plena liberdade.

Mas você sabe muito bem qual é a consequência de tudo isso. O ânimo dos cidadãos se enfraquece a ponto de não suportar nenhum tipo de coação que, ao contrário, os incita à revolta. Finalmente, como você sabe, não se interessam sequer pelas leis, escritas ou não escritas, contanto que não venham a ter sob hipótese alguma um patrão.

Pois é, meu amigo, a meu ver é desse belo e vigoroso governo que se origina a tirania.

> A mesma doença que leva à ruína a oligarquia, sendo que neste regime irrompe ainda mais forte e violenta por causa da excessiva liberdade, levando a democracia à servidão. Com efeito, geralmente todo excesso provoca a reação contrária, fenômeno que se observa nas estações, nas plantas, nos animais, mas, sobretudo nas formas de governo.
>
> Na realidade, a excessiva liberdade quase sempre degenera em excessiva servidão tanto para os cidadãos quanto para o Estado.
>
> Por isso é de todo natural que a tirania se origine somente da democracia ou, em outras palavras, acho que a mais absoluta e intolerável servidão se origine da mais pura liberdade. Platão (2006:98 - 100).

As revelações acima de Platão demonstram a maneira pela qual o sistema de governo sai da forma democrática para o modelo de administração do Estado, de acordo com o método tirânico de servir ao governo. Nesse trecho, são apontadas ainda, as características do homem democrático e do sistema democrático em conjunto, sua maneira de gerir e os tipos de comportamentos dos indivíduos que povoam esse sistema, bem como os motivos e o ponto de inflexão que levam a tirania a substituir o regime democrático.

Agora, o passo seguinte de Platão, é explicar com maiores detalhes, como ocorre esse ponto de inflexão a partir de um flagelo e qual seria esse flagelo, que leva à ruína tanto a oligarquia como a democracia. Essa passa a ser a preocupação de Platão, que se observa a partir do relato a seguir:

> Parece-me, no entanto, que não era isto que você queria saber, mas qual seria o flagelo que leva à ruína tanto a oligarquia como a democracia.
>
> Pois bem! Por esse flagelo eu pretendia falar daquele tipo de indivíduos ociosos e esbanjadores, dentre os quais os mais corajosos seguem na frente e os mais fracos os seguem na esteira. Comparamos os primeiros aos zangões providos de ferrão e os segundos, aos inofensivos.

Estes dois grupos de homens se encontram em todo regime e fazem estragos, como no corpo humano faz a anasarca e a bílis. Mas o bom médico e legislador de um Estado, da mesma forma que um bom apicultor, deve impedir com todas as precauções, em primeiro lugar, que se multipliquem ou, como mínimo, cortá-los o mais rápido possível junto dos favos que os hospedam.

Para distinguir da melhor maneira o que procuramos, vamos proceder, portanto, desta maneira.

Vamos dividir o Estado democrático nas três partes de que na realidade se compõe. A primeira é talvez aquela classe que nele se forma por causa da permissividade como ocorre no regime oligárquico.

Só que nesse regime muito mais radicalmente que naquele.

Na oligarquia é pouco influente e fraca porque não é apreciada e não é convidada a ocupar cargos públicos. Ao contrário, na democracia é a parte preponderante, com poucas exceções, e são os mais radicais que falam e agem, enquanto os outros, sentados em torno da tribuna resmungam e não toleram opositores, de tal modo que num regime desses quase tudo é decidido por essa gente.

Mas, existe outra classe que vive sempre segregada do povo.

Enquanto todos se entregam a suas ocupações, geralmente a maior parte da riqueza se concentra nas mãos daqueles que possuem um caráter mais equilibrado.

Dessa gente, a meu ver, que os zangões sugam o mel em maior abundância e o mais nutritivo.

E estes, a meu ver, são os ricos que são chamados de "filhos dos zangões".

A terceira classe seria composta pelo povo, pelos artesãos e por aqueles que participam dos negócios públicos e são donos de pequenos patrimônios. Na democracia, porém, representam a classe mais poderosa quando se unem.

Adimanto: - De fato, é assim, mas sem mel não se dispõem a se unir.

No entanto, mel sempre lhes é dado, pelo menos quando o podem os governantes que despojam de seus bens os ricos e os distribuem ao povo, embora conservem para si a maior parte.

Eu acho que, vendo-se espoliados, os ricos se sentem obrigados a falar e a agir no meio do povo, usando de todos os meios para se defender dos espoliadores.

Mesmo que não queira a revolução, são acusados pelos outros de conspirar contra o povo e de aspirar à oligarquia.

Finalmente, quando descobrem que o povo tenta prejudica-los, não por ter consciência, mas por ser ignorante e insuflado pelos caluniadores, então se transforma realmente, quer queiram quer não, em oligarcas. Esse também, contudo, é um mal produzido pelo ferrão do zangão.

Assim é que se desencadeiam as denúncias, os processos e as acusações recíprocas.

O povo, porém, não tem o infalível hábito de confiar seus interesses a um protetor que procura engrandecer o conferir-lhe todo o poder?

Está claro, pois, que o tirano, quando surge, não se origina de outra raiz que não daquela de um protetor do povo.

Por que motivo, porém, o protetor se transforma em tirano? Não acontece como na fábula que se conta a respeito do templo de Zeus na Arcádia?

Aquela que narra que aquele que tivesse saboreado vísceras humanas misturadas com as de outras vítimas de sacrifícios, haveria de se transformar inevitavelmente em lobo. Mas será possível que você nunca ouviu falar dela?

Pois bem! De igual modo, um chefe, quando se encontra diante de um povo demasiado submisso, não se abstém de empapar-se de sangue semelhante ao seu. Mediante falsas acusações, como acontece quase sempre, arrasta seus partidários para os tribunais, macula-se com delitos tirando a vida de alguns, saboreando com a boca e a língua impuras sangue semelhante ao seu, sempre que manda para o exílio e manda matar, propondo depois aos outros a supressão das dívidas e nova distribuição das terras. Se não fizer isso, necessária e fatalmente não morrerá pelas mãos de seus inimigos ou então tornar-se-á um tirano, convertendo-se, de homem que era, em lobo?

Aí está ele, portanto, em guerra aberta contra os ricos.

Se acaso for exilado e retornar depois, apesar de seus inimigos, não haveria de voltar como perfeito tirano?

Se os súditos, porém não podendo derrubá-lo ou condená-lo à morte mediante calúnias públicas, não haveriam de arquitetar um modo de tirar-lhe a vida secretamente, causando-lhe morte violenta?

É então que se dá o caso de todos os que chegam a esse posto recorrerem ao famoso pretexto de pedir ao povo uma escolta especial para defender o protetor do povo.

E o povo, pelo que me parece, cheio de confiança em si mesmo, concede-a, temendo pela segurança do protetor.

Quando, pois, um homem rico e como tal antipático ao povo, se dá conta disso, então, meu amigo, como diz o oráculo a Creso "foge para o Hermo pedregoso, retira-se e sequer pensa em ser tachado de covarde".

Adimanto: - E faz muito bem, porque não poderia permitir-se de passar segunda vez por esse temor.

Se for preso, porém, acho que isso lhe haveria de custar a vida.

Mas é claro que esse mesmo chefe "não fica distendido em belo repouso por muito tempo", mas, depois de ter eliminado muitos rivais, galga o mais alto posto do Estado e, com isso, já se tornou não um simples governante, mas um perfeito tirano. Platão (2006:100 - 103).

De acordo com o trecho descrito acima, para Platão, seguindo o exemplo da mudança do regime oligárquico para o democrático, o tirano é o indivíduo originário do grupo dos zangões com ferrão que, entre trapaças e artifícios criados para insuflar o ânimo da população, consegue ascender à politicagem por intermédio da ocupação de cargos públicos. Chegando ao poder, o mesmo, para aumentar a sua popularidade, transfere grande parte das fortunas criadas pelos ricos que são a minoria do povo, para a massa populacional, não sem antes tirar a maior parte dessa fortuna para si e eliminar possíveis concorrentes que possam retirar-lhe do cargo por intermédio de assassinatos, prisões, perseguições e cassações.

Diante do exposto acima, no presente momento já cabe fazer a separação do conceito do político para o do politiqueiro. O político, no contexto apresentado por Platão é aquele indivíduo polido, inteligente, criativo que admira o belo como sendo a sabedoria e o conhecimento com reflexo na caridade desinteressada em auxílio da população, que luta e trabalha em prol do Estado, sem intenções fraudulentas ou mesquinhas. Enfim, é o tipo de líder que se dá para o bem e a solidariedade do povo e do Estado, dotado de boa educação, sapiência e de cultura elevada. Que transpira energia, solidariedade e respeito pelo próximo. Em suma, esse é o perfil do verdadeiro Estadista. Já o politiqueiro é o indivíduo sórdido, mesquinho, que articula sempre com a má índole buscando tirar vantagem em tudo e de todos. É o indivíduo supérfluo, covarde, fraudulento, leviano e que utiliza o Estado como um objeto pronto para se tirar vantagens sejam quais forem em seu favor. Busca sempre participar das altas rodas para articular suas artimanhas, seus artifícios, suas armadilhas e a forma pela qual pode-se tirar vantagens em tudo. É o tirano, ignorante e devasso.

De volta às análises de Platão, indignados, os ricos se põem a pelejar politicamente contra o zangão de ferrão procurando destituí-lo do poder, matando-o, ou exilando-o. Para evitar esse tipo de coisas, o zangão recorre à proteção do povo que o ampara lhe dando direitos aditivos, como a criação de proteção, que se dá, por meio da formação de grupos paramilitares adicionais, por exemplo, para fazê-lo perpetuar no cargo. Além disso, criam-se novas leis restringindo direitos sociais e dando maior liberdade para a atuação do zangão, fazendo-o mais forte politicamente e atribuindo-lhe concessões especiais que, na maioria dos casos, visam atender seus interesses particulares, principalmente em se tratando do seu fortalecimento político e do acumulo de riqueza em suas mãos.

Mais ainda, o zangão de ferrão pode aparecer tanto na oligarquia quanto na democracia. A diferença básica segundo Platão é que, na oligarquia eles não participam do poder e na democracia eles não só participam como podem ocupar cargos políticos. Em sua grande maioria, os zangões de ferrão são constituídos por filhos ou guardiões falidos, desmoralizados no setor administrativo e social, mas que, ainda possui como herança, títulos de fidalguias, o que lhes permitem utilizar desses nomes e da influência lhes deixada pelos mesmos, viabilizando-lhes assim, ganhar simpatia das massas populacionais e garantindo-lhes a participação em cargos públicos, e com isso, lhes permitem galgar interesses maiores nesse segmento buscando atender suas vaidades, ganâncias, arrogâncias e também suas falcatruas. Quando esses zangões atingem êxito nessas empreitadas, se transformam finalmente em tiranos.

Na realidade, o nome tirano é um conceito relativo. Dependendo do grupo que ele defende o mesmo pode receber várias denominações. Ele pode defender os interesses dos ricos e ignorar os pobres. Se defender os interesses dos ricos o mesmo é taxado de soberano por esse grupo e de tirano pelos pobres. Se defender os interesses mais dos pobres, o mesmo é classificado como populista, demagogo, por parte dos grupos poderosos, e de líder libertador, para os pobres.

Devido ao fato de que, tanto na oligarquia quanto na democracia existirem dois tipos de Estados dentro de outro maior, conforme já frisado anteriormente, o do povo pobre e o do povo rico, é praticamente impossível para um governante atender a contento os dois grupos, tendo o mesmo que fazer a opção de qual classe social ele vai apoiar em determinado momento, ou dos ricos ou o dos pobres. Se o governante buscasse garantir as vontades dos dois grupos ao mesmo tempo, seria o mesmo que tentar "atender os interesses dos gregos e dos troianos de maneira concomitante", o que, no passado, isso era praticamente impossível, visto que essas cidades-estados eram rivais.

Tirania à parte, o meio de buscar solucionar esse problema seria instruir ambos os grupos por intermédio da educação e da cultura visando dar a oportunidade para que os mesmos pudessem se instruir e evoluir, a fim de buscarem equacionar suas diferenças sociais através de seu próprio sacrifício, pela prática do trabalho digno e justo, com o objetivo de garantir o seu sustento o que, diga-se de passagem, a instrução populacional, é obrigação do Estado se o mesmo quiser se tornar civilizado e próspero.

Na realidade, os ditos tiranos, em se tratando do sistema democrático, também podem atuar de forma inversa; no caso, ascendendo ao poder por intermédio do sufrágio do povo e depois de eleito, se transferir para os braços dos ricos passando a defender os seus interesses, o que na maioria das vezes acontece.

Depois de analisado sobre a origem do tirano, Platão e seus companheiros se põem a analisar e descrever sobre o comportamento do cidadão e do Estado de onde surge esse indivíduo (p. 103).

De acordo com a visão de Platão, de início, logo depois de ter assumido o poder, o tirano se mostra cordial, atende praticamente todos os pedidos dos súditos, seja ele rico ou pobre, perdoa até suas dívidas e se mostra partícipe e atencioso com todos.

> Nos primeiros dias, não distribui a quantos encontre sorrisos e saudações, dizendo que não é um tirano? Não faz as mais belas promessas em particular e em público? Não perdoa as dívidas, não distribui terra ao povo e a seus partidários e não se mostra afável e benévolo com todos?
>
> Depois, a meu ver, quando se livrou dos inimigos externos, mediante alianças com alguns e eliminando outros, sentindo-se bem seguro desse lado, continua a fomentar

simulacros de guerras para que o povo sinta a necessidade de um verdadeiro chefe.

E também para que os cidadãos, já empobrecidos pelos tributos, se vejam obrigados a pensar em suas necessidades cotidianas e não passem a conspirar contra ele.

E, de certo, para matar aqueles que suspeita que sejam demasiado livres de espírito para se dobrarem e deixar-lhe o poder, entregando-os ao inimigo com um pretexto qualquer. Não seriam esses todos motivos de que um tirano teria necessidade para estar sempre às voltas com alguma guerra? (p. 104).

De acordo ainda com Platão, essas atitudes do tirano fazem minar as forças até mesmo de seus partidários que o auxiliaram a chegar ao cargo máximo, tirando desses, a coragem e a capacidade de reivindicarem alguma coisa que lhes foi prometido, durante os pleitos políticos partidários.

Também aqueles, portanto, que o ajudaram a tomar o poder haveriam de falar com franqueza a ele e entre eles, criticando seu modo de agir se para tanto tiverem coragem?

Por isso, o tirano deverá eliminar a todos eles para dominar em paz, e, sem distinção de amigos e inimigos, não deverá ficar com ninguém que lhe faça sombra em sua volta.

Deverá ter olhos perspicazes para distinguir rapidamente quem é corajoso, quem é generoso, quem é inteligente, quem é rico. E tal será sua situação que se verá obrigado, quer queira quer não, a se declarar inimigo de todos eles e mover-lhes guerra sem tréguas, até que deles tenha conseguido purificar o Estado. Platão (2006:104).

Para Platão, não existe outro meio do tirano agir, se o mesmo quiser ter o domínio total da situação (p 104).

Por intermédio dessas ações, ao provocar o aumento do ódio e do desejo de vingança da população, o tirano se vê na necessidade de aumentar o seu contingente de segurança, tornando-o mais numeroso e necessariamente fiel. A maneira mais prática e segura de obter o número de seguranças necessário, e que lhe seja mais fiel, será libertar os cativos ou escravos dos seus patrões e transformá-los em seu corpo de segurança obtendo desses, a dívida de gratidão. Ao mesmo tempo, para evitar quaisquer tipos de inconvenientes motivados por traição, o grupo dos antigos seguranças deve ser eliminado.

Agindo assim, o tirano ganharia novos tipos de companheiros e admiradores que, devido a sua origem, seriam no máximo, indivíduos ignorantes e medíocres, que passariam a bajulá-lo e se transformariam em novos cidadãos, enquanto que, os justos e honestos, o odiariam e procurariam evitá-lo (p. 105).

Não é sem razão que a tragédia é considerada uma obra de arte sábia, particularmente aquela de Eurípedes.

Adimanto: - O que você quer dizer?

Entre as muitas que pronunciou, se encontra esta máxima profunda: "Os tiranos se tornam sábios pela companhia de homens sábios." Evidentemente queria dizer que sábios são aqueles com quem o tirano vive.

Adimanto: - E proclama ainda que a tirania é divina. Ele e outros poetas a elogiam muito!

Por essa razão, os poetas trágicos, que são sábios, haverão de perdoar a nós e, a quantos se comportam como nós, se não os recebermos em nosso Estado, visto que exaltam a tirania.

Adimanto: - Acredito que os mais educados dentre eles nos haverão de perdoar.

Apesar de tudo, a meu ver, esses levam os Estados para a tirania e a democracia, vagando pelas cidades, reunindo multidões e pagando vozes belas volumosas e persuasivas.

Além disso, eles recebem dinheiro e são elogiados, sobretudo por parte dos tiranos, como é natural, e por parte da democracia. Quanto mais, porém, tentarem aproximar-se de formas de governo superiores, tanto mais haverá de diminuir seu prestígio, como se fossem incapazes de seguir adiante por falta de alento. Platão (2006:105 - 106).

Depois de descrever as atitudes e os comportamentos do tirano, Platão e seus partícipes passam a tratar da maneira que esse tirano agiria para manter esse grupo de sicofantas e os cargos que viabilizam a prática da sinecura (p. 106). Para isso, o tirano teria que "saquear o tesouro sagrado do Estado e até o momento em que os lucros da venda lhe fossem suficiente, haveria de diminuir os tributos impostos ao povo" (p. 106). Acabados esses recursos, caberia ao povo passar a sustentar ele, seus partidários, seus amigos, e suas amantes (p. 106).

Por fim, quando o povo descobre a armadilha em que caiu, colocando um déspota para controlar e tomar diretrizes sobre sua vida econômica, social e política, já é tarde demais e o próprio tirano, se volta contra aqueles que o colocaram e deram autonomia para que mesmo controlasse a vida e o futuro da nação, de início, sem restrições.

Essa parte da narrativa, Platão apresentou na forma de figura de linguagem, em estilo comparativo, por meio da exposição da convivência entre o povo e o tirano, comparando-o com o relacionamento entre pai e o filho injusto, como se vê a seguir:

Entendo. Caberia ao povo, portanto, que gerou este tirano, mantê-lo juntamente com seus amigos.

Adimanto: - É praticamente inevitável.

Mas como!? Se o povo se indignasse e lhe dissesse que não é justo que um filho adulto tenha de ser mantido pelo pai? Porque, ao contrário, ele deveria ser mantido pelo filho. Não haveria de lhe dizer que não o gerou e não lhe conferiu o poder para se tornar, uma vez crescido, o escravo de seus escravos e manter a ele e a seus escravos com uma multidão de outros estranhos, mas para livrar-se dos ricos sob sua tutela e daqueles

> que no Estado eram tidos como honestos? Não haveria de lhe ordenar agora que se retire do Estado, junto de seus amigos, como um pai expulsa de casa o filho, junto de seus hóspedes mal-educados?
>
> Adimanto: - Então, por Zeus, o povo haveria de compreender que tipo de fera pôs no mundo, acariciou e criou e que, mesmo sendo mais fraco estaria pretendendo expulsar aquele que é mais forte.
>
> Mas o que você está dizendo? O tirano se atreveria a usar de violência contra o pai e maltratá-lo se não lhe obedecesse?
>
> Adimanto: - Sim, e bem antes já o teria desarmado.
>
> Mas você está falando de um tirano parricida e péssimo protetor da velhice. Pelo que parece, você está descrevendo talvez a tirania como é conhecida por todos. Segundo o provérbio, o povo, tentando evitar a fumaça da escravidão sob homens livres, caiu no fogo a serviço de escravos e, em lugar daquela excessiva e pura liberdade, pôs sobre si mesmo o jugo da mais dura e amarga escravidão. Platão (2006:106 - 107).

Todo o processo descrito acima, segundo Sócrates, personagem de Platão e seus amigos, seria a descrição da transição do regime democrático para a tirania.

O passo seguinte, segundo o mesmo autor, será "estudar somente o homem tirânico, sua origem da transformação do homem democrático, seu comportamento e sua vida, feliz ou infeliz" (p. 110), não sem antes analisar "de modo suficiente, quais e quantos são os desejos" (p. 110) do tirano, o que será feito a partir de agora.

> [...] dentre os desejos e os prazeres não necessários, alguns me parecem ilegítimos. Talvez subsistam em todos, mas se forem reprimidos pelas leis e por exigências mais elevadas, com a ajuda da razão em alguns indivíduos desaparecem por completo ou

permanecem isolados e enfraquecidos, ao passo que em outros se tornam mais fortes e numerosos.

Adimanto: - Mas de que desejos e prazeres você está falando?

Daqueles que despertam durante o sono, quando a alma racional que exerce uma suave autoridade sobre a outra, enquanto aquela animalesca e selvagem, repleta de comida e de bebida, agita-se e procura sair para satisfazer suas inclinações, recusando-se a dormir. E você sabe que em tal estado, como se fosse livre e desvinculada de todo controle racional, ela se atreve a tudo. De fato, sequer hesita em tentar unir-se à mãe, ou pelo menos assim acredita, ou a qualquer homem, deus ou animal. Não hesita em manchar-se com todo tipo de assassinato, em não se abster de qualquer comida, numa palavra, não reprime em si mesma qualquer estultícia e qualquer indecência.

Mas um homem sábio e moderado que se dispõe a dormir depois de ter despertado a própria razão e tê-la nutrido de belos discursos e estudos, em paz consigo mesmo, sem irritar a parte concupiscível de sua alma com jejum ou com uma alimentação excessiva, a fim de adormecer e não perturbar a alma racional com a alegria nem com a dor, ao contrário, deixando-a só consigo mesma a meditar sobre alguma coisa que ignora do passado ou do presente ou do futuro; um homem que tenha aplacado a parte emotiva sem ter-se irado com ninguém e vá dormir sem perturbações emotivas, mas que tenha sossegado essas duas partes e colocado em ação a terceira, a reflexão, e assim repouse, então, como você sabe, em tal condição ele capta da maneira mais profunda a verdade e não lhe aparecem, de modo algum, essas visões ímpias nos sonhos.

Acabamos por falar demais dessas coisas, mas o que queremos observar é o seguinte: há uma espécie de desejos perigosos, selvagens e desenfreados também naqueles que parecem muito equilibrados. E esses desejos se manifestam nos sonhos. [...] Platão (2006:110 - 111).

Depois de esclarecidos de que tipo de desejos Platão quer tratar, no caso, dos desejos concupiscênicos extremos, aqueles característicos de indivíduos que atuam no limiar da excentricidade, o mesmo autor se põe a tratar da origem do homem tirânico, que tem como berço a democracia e que se origina de um homem dado à economia, ou seja, daquele "pai econômico, que só apreciava os desejos ligados aos negócios e desprezava aqueles supérfluos, ligados à diversão e à exterioridade" (p. 111).

Assim, o homem tirânico, nascido de um indivíduo dado aos negócios e que se dedica apenas às virtudes necessárias a formação da riqueza material, no caso, à avareza, e aos prazeres gerados por essa atividade, entra em contato com outros ligados aos prazeres da carne, ou seja, aos desejos e excessos provocados pela posse do dinheiro, e se torna um indivíduo apreciador tanto da detenção do dinheiro quanto do magnetismo proporcionado pelo usufruto do mesmo.

Esse jovem, tendo entrado em contato com homens mais refinados e cheios de desejos que enumeramos, acabou por se tornar pronto a qualquer excesso e a viver como eles avesso à parcimônia paterna, mas dotado de uma índole melhor que seus corruptores, arrastado para ambas as direções. Firma seu próprio caráter na posição intermediária, desfrutando em moderação de todo prazer, assim pelos menos lhe parece, e vive uma existência não desordenada nem ilegítima e de oligarca se transformou em democrata. Platão (2006:111).

Vale observar que esse ainda não é o perfil do homem verdadeiramente tirânico. Na realidade, esse é um caráter transitório entre o homem oligarca e o homem democrático. De acordo com Platão, esse é o perfil de um homem democrático, originário do regime oligárquico, que, tendo envelhecido, teve um filho que possui os mesmos atributos do pai, ou seja, gosta de dinheiro e de desfrutar dos benefícios diversos que a posse desse, proporciona.

> Vamos supor agora que o rapaz tenha o mesmo destino de seu pai e que se entregue a um desregramento total que seus sedutores chamariam de independência completa. Seu pai e o resto de sua família haveriam de favorecer os desejos equilibrados, mas haveriam de se opor aos outros. Quando esses terríveis magos e criadores de tiranos se desesperam para dominar de outro modo um jovem, procuram infundir-lhe no coração um amor que preside os desejos ociosos e dispendiosos, como se fosse uma espécie de grande zangão alado.
>
> Quando, porém, os outros desejos zumbem em torno dele, cheios de incenso, de perfumes, de coroas, de vinho e de prazeres dissolutos próprios dessas companhias, alimentando e fomentando ao extremo o ferrão do desejo, então esse tirano da alma é escoltado pela loucura e se agita e, se surpreende em si alguma opinião ou desejo considerado honesto e ainda provido de moderação, o suprime e o arranca de seu coração, até se purificar da temperança e estar tomado pela loucura antes desconhecida. Platão (2006:112).

Na concepção de Platão, sendo mantidas as versões acima, até mesmo o amor e o vicio cultuado pelo alcoólatra podem ser considerados como tirânicos. Nesse contexto se pode dizer também que "o homem louco e perturbado tenta e acha que sabe comandar não somente os homens, mas até os deuses" (p. 112).

Assim sendo, "[...] um homem se torna realmente tirano quando, por natureza ou por hábito ou por causa de ambos, torna-se beberrão, apaixonado e louco" (p. 112).

Essa, segundo Sócrates, personagem de Platão, é a origem do tirano (p. 113). Agora, resta analisar a maneira como esse tipo de indivíduo vive. De acordo com a visão desse mesmo personagem "aquele que estiver completamente dominado em seu coração pela tirania de Eros, acho que vai passar todo o seu tempo em festas, prazeres, banquetes e mulheres" (p. 113)[39].

E não serão muitos, indômitos e insaciáveis os desejos que surgem dia e noite?

Esses indivíduos dissipam rapidamente suas rendas.

Contraem depois empréstimos e dilapidam o patrimônio

Quando nada mais lhes sobrar, não é inevitável que os desejos fogosos e violentos passem a piar como pintinhos, feridos pelo ferrão de outros desejos e, sobretudo pelo próprio amor, a quem os demais desejos servem como de guarda pessoal e escolta? Então esse homem se agita e procura subtrair alguma coisa de alguém com artifícios ou mesmo com violência.

Assim, se vê obrigado a surrupiar quanto lhe apareça ao alcance das mãos ou tornar-se vítima de dores atormentadoras.

Do mesmo modo que nele os novos prazeres suplantavam e destronavam os antigos, assim também ele, mais jovem que seu pai e sua mãe, haverá de pretender possuir mais bens do que eles e os despojará, se já houver dissipado sua parte passando a dissipar também os bens paternos.

Se os pais não os entregarem a ele, não haverá de tentar num primeiro momento de roubar seus pais com artifícios?

Depois, porém, em caso de insucesso, não haverá de recorrer à rapina com violência?

---

[39] Devido a atualidade da descrição dos atos do tirano desenvolvidos por Platão, o texto abaixo será mantido no original, ou seja, será apenas transcrito.

Se, caro amigo, os velhos pais oferecerem resistência, o filho haverá de evitar de exercer sua tirania contra eles?

Mas, por Zeus, Adimanto, se ele se apaixonar por uma cortesã estranha e recém-conhecida, como haverá de tratar a mãe, sua velha amiga e consanguínea? Ou por um jovem, estranho amigo de pouco, como haverá de tratar o velho e alquebrado pai, o mais antigo e íntimo de seus amigos? Um homem desses, você acha que haveria de titubear em bater neles e a coloca-los em segundo plano ante seus novos amores, se os introduzisse em sua própria casa?

Quando, porém, os bens paternos e maternos estancarem e o enxame dos prazeres já se tiverem estabelecido nele, não haverá de tentar primeiramente arrombar as paredes de alguma casa ou roubar o manto de um viajante, surpreendendo-o durante a alta madrugada, e a seguir não haverá de saquear os templos? No meio de tudo isso, as antigas ideias sobre o bem e sobre o mal que ele seguia desde a infância, haverão de desaparecer diante daquelas apenas libertadas da escravidão pelos guardas pessoais de Eros e essas, junto desse, haverão de vencer. Quando ainda estava sob a autoridade do pai e era um democrata em seu íntimo, estas ideias só encontravam desafogo durante o sono. Mas pela tirania de Eros, haverá de tornar-se, desperto, o que era somente em sonho e não haverá de se abster de qualquer crime terrível, nem de qualquer delito ou de qualquer barbaridade. Eros, que passou a reinar de modo tirânico entre a anarquia e o desregramento de seu coração, uma vez dono do poder soberano, haverá de expor seu súdito a qualquer risco, como ocorre com um Estado, contanto que tirem vantagem ele próprio e seu séquito desordenado, os amigos vindos de fora com as más companhias e aqueles de dentro, soltos e desenfreados, todos com os mesmos hábitos. Não haverá de ser essa, acaso, a vida que vai levar?

Se num Estado, pessoas desse tipo são poucas e a maioria da população se conserva prudente, essas partem para assumir a função de guardas pessoais de um tirano ou, mercenários onde houver guerra. Mas se a paz e a tranquilidade reinarem em toda parte, permanecerão no próprio Estado, cometendo grande quantidade de pequenos delitos.

Adimanto: - Quais?

Por exemplo, roubam, arrombam casas, furtam bolsas, furtam os que andam pela cidade, despojam os templos, vendem como escravos outros cidadãos. Além do mais, são hábeis oradores, por vezes se portam como sicofantas, dão falso testemunho e se deixam corromper.

Adimanto: - São realmente pequenos os delitos de que você fala! Além do mais poucos também!

Sim, são pequenos somente em relação aos grandes. Todos esses não atingem, como diz o provérbio, sequer o tornozelo, se comparados à maldade e à opressão de um tirano. De fato, quando cidadãos desse tipo e seus partidários forem numerosos num Estado e se derem conta de sua própria força, então, com a ajuda da insensatez do povo, escolhem um tirano, aquele que dentre eles se demonstre o tirano maior e mais forte.

Adimanto: - E têm razão, porquanto esse pode ser tornar o tirano mais absoluto.

Pode ocorrer, portanto, que o poder lhe seja entregue espontaneamente. Se, no entanto, o Estado resistir como anteriormente tinha coragem de punir os próprios pais, assim agora haverá de fazer com a pátria, punindo-a, se dispuser dos meios, e introduzindo novos companheiros, aos quais haverá de sujeitar a "mátria", como dizem os cretenses, que um tempo lhe era cara, e a pátria e assim haverá de manter esses companheiros. E esta pode representar a realização dos desejos de um homem desses.

Antes, porém, de tomarem o governo, quando ainda eram cidadãos privados, não se comportavam como passo a descrever? Em primeiro lugar, sempre prontos a agradar em tudo às pessoas com que vivem, precisamente como os bajuladores, e, se precisam de alguma coisa, fazem mesuras e parecem realmente amigos íntimos. Alcançado, porém, seus objetivos se tornam estranhos.

Assim vivem toda a vida, sem que realmente sejam amigos de ninguém, como patrões ou escravos de outro. Isso porque a índole do tirano não conhece liberdade e amizade.

E não haveríamos de definir, com razão, de pérfidas essas pessoas?

E extremamente injustas, se tivermos definido anteriormente de modo correto a justiça.

Concluindo, o homem pior é talvez aquele que, desperto, age como se estivesse sonhando, pelo menos segundo nossa descrição.

E assim se torna aquele que detém o poder absoluto e um caráter acentuadamente tirano, e tanto pior se tornará quanto mais tempo vive no exercício da tirania. Platão[40] (2006:113 - 116).

---

[40] Devido a originalidade e atualidade das análises de Platão relativas à maneira como o homem tirano vive, suas estratégias e suas ações, achou-se por bem mantê-las inalteradas para que o público leitor possa avaliar com maior grau de

Terminada a análise e a exposição da maneira como o homem tirano vive, o quesito a ser analisado a seguir é, se tal indivíduo é feliz ou infeliz. Para Platão, a forma de analisar o grau de felicidade de um ser humano é observar a maneira pela qual o mesmo vive. Conforme exposto acima e analisada pormenorizadamente, os pontos centrais da forma de vida de um tirano, Platão conclui que, de todos os tipos de soberanos, esse é o mais infeliz. Assim, quanto mais tempo esse personagem viver na tirania e tanto mais completo ele enquanto tirano for, tanto mais infeliz e de modo mais completo na infelicidade ele se torna. Da mesma forma pode-se afirmar também que, o homem mais perverso é também o mais infeliz (p. 116).

Entrementes, segundo o mesmo Platão, o povo não pensa assim. Agora, resta explicar porque o povo não pensa assim. O ponto crucial para chegar a uma resposta satisfatória a esse modo de pensar do povo, se dá por intermédio da análise do grau de felicidade ou infelicidade do tirano, em relação aos seus súditos.

Utilizando-se desse princípio para a análise da felicidade, pode-se afirmar que, o grau de felicidade é dado pela diferença entre as virtudes, os vícios e intemperanças da vida humana, que também pode ser chamados, os vícios adicionados às intemperanças, de vida mundana, ou ainda, a cobiça ou apreço excessivo por bens materiais, e que se traduzem na palavra concupiscência, ou mais apropriadamente, vida concupiscênica. Dessa forma, quanto mais virtude o homem possuir, comparado com o seu grau de concupiscência, maior será a sua felicidade e, por outro lado, quanto mais possuído de emoções avassaladoras e desejos desenfreados, menores serão as suas virtudes e, em consequência, mais infeliz ele se torna.

Ainda, considerando todos esses aspectos em conjunto, foi afirmado anteriormente que, os desejos e anseios do soberano, determinam o tipo de regime que prevalece no seu governo. Assim, se for considerado o modo de vida do homem democrático, pode-se afirmar também que, o modo de vida do sistema democrático é determinado pelo modo de vida do seu soberano. Se o soberano no regime democrático é feliz, jamais haverá motivo para mudanças nesse regime e isso faz afirmar que, não há quaisquer razões para que tal sistema seja transformado.

Se o soberano for infeliz nesse regime, fatalmente ele buscará efetuar mudanças nessa forma de governo, para adequar o sistema de gestão ao seu modo de vida. Então, sendo assim, pode-se comparar o homem

---

propriedade e até de reconhecimento, a qualidade dos escritos desse brilhante filósofo. Demais ponderações e observações se mostraram praticamente desnecessárias; isso na concepção deste autor.

democrático com o Estado democrático e o homem tirano com o Estado tirano, e assim, sucessivamente. Nesse aspecto, pode-se comparar também o grau de felicidade que existe entre os homens tiranos e democráticos. O homem tirano em relação ao homem democrático, assim como o Estado tirano em relação ao Estado democrático. Por consequência, considerando-se o mesmo raciocínio, podem-se fazer comparações e afirmar que um indivíduo que vive no sistema democrático é mais ou menos feliz que o homem que vive no sistema tirânico e vice-versa.

Então, admitindo-se apenas as virtudes que existem entre um Estado e outro, considerando-se um Estado monárquico em comparação com um Estado tirano, pode-se deduzir, por meio das análises efetuadas, que um Estado monárquico é totalmente o oposto do Estado tirano. Assim, utilizando-se do grau das virtudes, para se avaliar os níveis de felicidades existentes entre um Estado e outro, considerando-se que suas características são totalmente opostas, pode-se afirmar com toda a propriedade que, o Estado monárquico para Platão, é ótimo, enquanto que o Estado tirano é péssimo, ou seja, enquanto o Estado monárquico é feliz, o tirano é totalmente infeliz (p. 116).

Entrementes, para confirmar a afirmação efetuada acima, de que o Estado tirano é o mais infeliz de todos, e adotando-se a mesma analogia já utilizada, em estudos anteriores, para poder fazer tal assertiva, deve-se avaliar internamente o grau de miséria instaurada nesse tipo de Estado, em comparação com o grau prosperidade observada no mesmo.

> [...] Com relação, porém, à prosperidade e à miséria, você tem a mesma opinião? Não vamos nos iludir, contudo, ao observar o tirano, que é um só, nem os poucos de seu séquito. Antes de emitir nossa opinião, valos entrar no Estado e vamos examiná-lo por toda a parte.
>
> Talvez convenha tomar esta precaução também em relação aos cidadãos em particular, solicitando que emita um juízo sobre eles quem estiver em condições de penetrar com o pensamento no caráter de um homem e não se deixe iludir, como uma criança, pelas aparências externas, pela pompa que os tiranos mostram aos estranhos mas que observe atentamente. E se, portanto, eu achasse que todos nós devêssemos escutar quem estiver em condições de avaliar bem, que tivesse vivido na mesma casa com ele, que

> tivesse assistido à sua vida doméstica nas relações com cada um de seus familiares, nas ocasiões em que se pudesse observá-lo totalmente despido de pompa solene e depois em sua vida pública, após ter visto tudo isso e exortássemos a nos referir se o tirano é feliz ou infeliz em suas relações humanas?
>
> Se você quiser, portanto, vamos fingir que também nós estamos em condições de julgar e vamos imaginar que temos relações com um tirano. Assim, haveríamos de ter alguém que respondesse a nossas perguntas. Platão (2006: 116 – 117).

Considerando-se a situação apontada acima, deve-se fazer a analogia entre o Estado e o indivíduo, analisando-se cada um deles e fazendo a observação sobre as condições de um e de outro (p. 117).

Por intermédio desses procedimentos, e considerando-se as condições de liberdade, pode-se afirmar que um Estado submetido aos caprichos de um tirano é escravo, embora nesse existam escravos e homens livres, em que pese, nessa última condição, a quantidade de homens livres é pequena. Por outro lado, pode-se afirmar também que os mais respeitados "estão reduzidos à escravidão mais indecorosa e deprimente" (p. 117).

Nesse aspecto, se for considerado em termos comparativos, que o comportamento do indivíduo, como já foi frisado anteriormente, reflete a situação do Estado, agindo de forma semelhante a ele, pode-se afirmar que "[...] não é inevitável que também nele subsista a mesma situação e que sua alma esteja sujeita a grande escravidão e opressão justamente em suas partes mais nobres, enquanto pequena parte, a mais malvada e louca, predomina?" (p. 117).

Assim, uma alma submetida a essas condições só pode encontrar-se na condição de escrava, sem autonomia para fazer o que quiser, visto que está entregue aos caprichos e a loucura do tirano. Nesse estado de coisas, tal alma será sempre agitada e submetida aos caprichos da desordem e do remorso (p. 118).

Outro ponto a considerar é que num Estado tirano o que prevalece é a pobreza, a fome, a miséria e o medo. Não existe nenhum outro tipo de Estado que possa se encontrar na mesma situação, submetido no mesmo tempo ao choro, aos lamentos, aos gemidos e a dor (p. 118).

E você acha de poder encontrar em qualquer outro homem um número maior dessas aflições do que nesse homem tirano, dominado pelas paixões e pelo amor?

Olhando para todos esses males e outros defeitos do mesmo tipo, acho que você acaba de considerar este Estado como o mais infeliz de todos. Platão (2006: 118).

Nesse aspecto, se for considerada essa situação, pode-se afirmar também que, o homem mais infeliz de todos não é o tirano, mas sim, "qualquer um que, embora de natureza tirânica não vive como cidadão privado, mas tem a infelicidade de se tornar ele próprio, não saberia por que fatalidade, um tirano" (p. 119).

Identificado o grau de infelicidade do tirano, como sendo o mais infeliz de todos, resta analisar a condição de vida do tirano, se ele é livre ou prisioneiro de suas próprias amarras, se vive bem ou mal.

Observe bem, pois, se meu raciocínio é seguro. A mim parece que a condição do tirano deve ser estudada da maneira seguinte.

Confrontando-a com a situação daqueles cidadãos privados que no Estado possuem muitas riquezas e muitos escravos. Eles têm em comum com o tirano o exercício de ampla autoridade. A diferença é somente quantitativa.

Glauco: - é verdade

Você sabe que eles vivem tranquilos e não temem seus escravos.

Glauco: - por que haveriam de temê-los?

Claro, mas você sabe qual a razão?

Glauco: - Sim. O Estado inteiro socorre todo cidadão privado.

Muito bem. Se um deus, porém, tomasse um dono de cinquenta ou mais escravos e, com a mulher e os filhos, o transportasse com o restante de seus bens e com seus escravos para um deserto, onde nenhum homem livre pudesse vir em seu socorro, qual e que tamanho medo você acha que poderia ter por sua própria causa e pela de sua mulher e filhos? Não teria medo de ser massacrado com eles por seus escravos?

Glauco: - Um medo louco!

Em razão disso, não se veria obrigado a bajular alguns de seus próprios escravos, a libertá-los sem qualquer motivo, e não se haveria de tornar ele próprio um adulador de seus escravos?

Glauco: - Sim. Teria de agir exatamente assim para não ser morto.

Se esse deus, porém, o rodeasse de muitos vizinhos dispostos a não tolerar a autoridade de outro e se esses punissem com a morte a quem fosse surpreendido mandando?

Glauco: - Acho que esse seria ainda mais infeliz, uma vez controlado e rodeado por todos os seus inimigos.

E não se encontra em semelhante prisão o tirano, se por natureza está, como descrevemos, cheio de múltiplos e diversos medos e paixões? Embora espiritualmente ávido, sozinho entre os cidadãos, ele não pode viajar para lugar algum, nem ver o que todos os homens livres têm a curiosidade de ver. Encerrado na própria casa, vive geralmente como uma mulher, invejando aqueles cidadãos que viajam para qualquer lugar e podem contemplar todas as belezas. Platão (2006: 119 – 120).

Sucinto e bem esclarecedor na sua fala sobre as características, a forma de se comportar e o estado de felicidade do tirano, além de manter essas depurações de forma atemporal, tornando-as válidas, portanto, até os dias atuais, Platão, dá sequenciamento em suas análises, desta vez encerrando-as, em especial, sobre o grau de felicidade do tirano, por intermédio dos seguintes dizeres:

> Mais numerosas, portanto, são as desgraças que atingem o homem escravizado a suas paixões, o homem tirano que você considerou o mais infeliz de todos, quando deixa de ser cidadão privado e é obrigado pelo destino a tornar-se tirano, tentando governar os outros sem ser capaz de manter o domínio sobre si mesmo. Pode ser comparado a um homem fisicamente doente e incapaz que, em vez de viver segregado, se inscrevesse em competições e fosse obrigado a passar a vida lutando. Platão (2006: 120).

Diante do exposto, Platão conclui que nesse estado de coisas, o tirano vive numa condição de total infelicidade, mesmo maior do que a mais cruel de todas as situações de sofrimento já analisadas.

> Na realidade, mesmo que alguém não acredite nisso, o verdadeiro tirano é um verdadeiro escravo por sua extrema servidão e baixeza, é um adulador dos piores e, evidentemente, não pode satisfazer de modo algum seus desejos. Melhor, falta-lhe quase tudo e, aos olhos de quem sabe perscrutar o fundo de sua alma, demonstra-se realmente pobre, cheio de medo, de convulsões e de dor por toda a vida, se verdade é que sua condição se assemelha à do Estado por ele governado. É assim ou não?
>
> Além disso, não deveríamos atribuir-lhe aqueles males de que falamos antes, mas que inevitavelmente nele se encontram e mais ainda se desenvolvem com o exercício do poder, tais como a inveja, a deslealdade, a injustiça, a falta de amigos, a impiedade, os vícios de todo tipo que ele hospeda e nutre, e, como consequência de tudo isso, é o mais infeliz dos homens aumentando ainda sua desdita ao tornar infelizes também seus íntimos?

Em sequenciamento de suas observações sobre a situação do tirano, Platão estabelece numa escala de felicidade, comparando esse estado de espírito entre os cinco indivíduos já estudados - no caso: o homem monárquico, o timocrático, o oligárquico, o democrático e o tirânico -, o tirano como o mais infeliz de todos. Na realidade, para Platão, o sequenciamento do grau de felicidade encontrado entre os soberanos, é a mesma apresentada acima. Nessa ótica, o homem monárquico é o mais feliz de todos os governantes enquanto que o tirano é o mais infeliz entre todos os tipos de soberanos (p. 121).

>Deveríamos convocar um arauto ou eu mesmo poderia anunciar que o filho de Ariston sentenciou que o homem melhor, mais justo e mais feliz é o real porque reina sobre si mesmo, enquanto que o pior, o mais injusto e o mais infeliz é o tirano em confronto consigo mesmo e com o Estado?
>
>Glauco:- Pode anuncia-lo.
>
>E deveria acrescentar também que pouco importa se esses assim parecem ou não aos olhos de todos os homens e dos deuses?
>
>Glauco: - Pode acrescentar isso também. Platão (2006:121).

Não satisfeito ainda com sua definição sobre o grau de felicidade ou infelicidade do tirano, extraída da análise do modo de vida dos cidadãos, na parte interna do Estado, Platão, dá continuidade às suas observações, desta vez, dividindo o Estado em suas três partes principais, que são extraídas das faculdades do indivíduo, conforme visto (p. 140, Parte I), e, que, em virtude disso, reflete o comportamento de ambos. Mais ainda, nesse caso, deve-se considerar que tais faculdades são afins e que estão divididas em: necessidades fisiológicas, emoções concupiscênicas e atitudes racionais fundamentadas estas últimas, no conceito de justiça e temperança, para que, baseado nesses critérios, possa buscar averiguar se o tirano continua sendo o mais infeliz de todos ou não.

Dessa forma, para melhor desenvolver sua segunda versão sobre o grau de infelicidade ou felicidade do tirano, Platão faz uma breve investigação considerando desta feita, as faculdades do indivíduo, já apresentadas, as quais estão subdivididas em: primeiro, as atividades intelectuais que estão diretamente relacionadas à capacidade racional do ser humano que se desenvolve mediante a razão; a segunda, relacionada às emoções, que por seu turno se subdividem em emoções racionais e emoções concupiscênicas, e por último, aos desejos fisiológicos, que são sentimentos diretamente relacionados às necessidades de alimentação, de procriação, e dos prazeres afins, ou em outras palavras, prazeres comuns aos homens/mulheres de mesma fé, raça, natureza, costumes, etc.

Vale lembrar que, como todas essas faculdades são inerentes ao indivíduo, é indiferente que elas sejam tratadas em uma sequencia de necessidades de desejos, ou noutra. No entanto, essa observação vale somente para o que se refere aos desejos, o mesmo não se podendo dizer sobre as necessidades, que obedecem, em primeiro lugar as exigências do abastecimento do corpo humano para seu bom funcionamento e seus impactos sobre as utilidades dos bens necessários para atendê-lo.

Dessa maneira, Platão volta às suas analogias, desta vez atendo-se apenas sobre os desejos do tirano, que são extraídos diretamente das três partes da alma do indivíduo ou do Estado, visto que, o comportamento do indivíduo reflete na forma de vida do Estado e, por conseguinte, são os desejos que eclodem no grau de felicidade do ser humano e na capacidade de atendê-los a contento. Para esse fim último, Platão afirma que é necessário um recurso básico, no caso, o dinheiro que é extraído do lucro como sendo parte da renda e que são derivados de suas atividades laborais, sejam elas quais forem na forma que se vê abaixo:

> Uma vez que o Estado foi dividido em três partes que correspondem às três partes da alma, a meu ver, se poderia aceitar também outra demonstração.
>
> Como são três suas partes, parece que sejam três também os prazeres, cada um específico de cada uma das partes. Isso vale também para os desejos e as ordens.
>
> A primeira parte é aquela com a qual o homem aprende. A segunda, aquela pela qual prova emoções. Para a terceira, em vista da multiplicidade de suas formas, é impossível conferir-lhe um nome único e específico, mas com aquele que é o mais importante e eficaz, a chamamos de parte concupiscível, por causa da violência dos desejos que se relacionam com o comer, o beber, o amor e outros a eles correlatos. E a consideramos também ávida, porque esses desejos, no mais das vezes, se realizam graças ao dinheiro.

> Se, portanto, dissemos que seu prazer e seu amor é o lucro, não haveríamos de fixar da melhor maneira nosso conceito, de modo que nos haveria de clarear um pouco as ideias, ao falarmos dessa parte da alma, e não poderíamos considerá-la corretamente ávida e cobiçosa? Platão (2006:122).

Da mesma forma segundo Sócrates, personagem de Platão, pode-se dizer que essa parte emotiva aspira sempre à vitória e o prestígio, tornando-se, como o próprio Platão diz, "amiga da vitória e da honra" (p. 122).

Entrementes, por outro lado, a parte racional do indivíduo, que é a parte com a qual o ser humano aprende, busca incessantemente a verdade e, "dentre as três, é a que menos se preocupa com dinheiro e glória" (p. 122), e, por isso, é chamada de forma acertada de "amiga do estudo e da sabedoria" (p. 122).

Por seu turno, enquanto o espírito de alguns busca o estudo e a sabedoria, o de outros a vitória e o prestígio, e, em acréscimo, pode-se afirmar que, mais alguns outros tratam apenas e tão somente, das emoções concupiscênicas, buscando-as a qualquer custo, ou, em outras palavras, dos prazeres da matéria. Como esses três tipos de sentimentos distintos refletem no comportamento dos indivíduos, podem-se distribuí-los em três caracteres distintos quais sejam: os amantes da sabedoria, os amantes do sucesso e os amantes do lucro e que, por último, formarão três categorias de prazeres diferentes (p. 122).

> Você se dá conta de que, se quisesse perguntar a cada um desses três homens qual dos três modos de vida seria preferível, cada um diria que é o seu? O negociante não haveria de dizer que, comparando com o lucro, o prazer advindo da honra e do estudo não vale nada, uma vez que não dá dinheiro?
>
> E o ambicioso? Por acaso, não avalia como vulgar o prazer que se tem com o dinheiro, fumaça e besteira aquele que se tem com o estudo, se este não conferir honras?
>
> Quanto a nós, o que haveriam de representar para o filósofo os outros prazeres, se comparados com o conhecimento e o aprofundamento incessante da verdade? Não os haveria de considerar muito distantes do

> verdadeiro prazer? E não os chama de necessários, no sentido próprio de palavra, porque os haveria de evitar sem falta, se não fossem para ele inevitáveis?
>
> Como poderíamos então saber qual deles diz a verdade, ao discutir os prazeres e o modo de viver de cada categoria não para viver melhor ou pior, com maior ou menor honestidade, mas somente para falar do modo mais prazeroso e inócuo? Platão (2006:122-123).

Como não conseguiria obter a verdade se perguntasse diretamente para cada um dos três indivíduos dotados de seu caráter respectivo, sobre qual deles tem o modo de vida mais feliz, Platão ressalta que, embora essa assertiva seja verdadeira, ainda há outro meio de se extrair desses três autores a resposta verdadeira sobre a pergunta pretendida, que é o de saber qual entre eles tem o modo de vida mais prazeroso e, portanto, preferível. Isso se dá pela análise da experiência, inteligência e a razão que cada um dos três possui e extravasa (p. 122).

Sendo assim, diante dessa constatação, Sócrates, personagem de Platão se põe a analisar a questão:

> Pense bem! Dentre os três tipos de indivíduos, qual seria o mais experiente em todos os prazeres que mencionamos? O homem ambicioso, se por acaso se puser a aprender a essência da verdade, teria mais experiência do prazer que se tira do conhecimento do que o filósofo poderia ser mais experiente daquele que se tem pelo lucro?
>
> Glauco: - Bem ao contrário! Porque um, o filósofo, deve inevitavelmente provar desde a infância os outros prazeres, ao passo que o homem ambicioso, quando se dedica a aprender como seriam as essências, não tem certeza alguma de sentir e experimentar a suavidade deste prazer. Pelo contrário, apesar de todo o seu esforço, debalde, conseguiria senti-lo.

Logo, o filósofo conhece ambos os prazeres muito melhor que o homem ambicioso.

E comparando-o com o ambicioso? Acaso o filósofo conhece o prazer que se tem com a honra muito menos do que esse possa conhecer o prazer que se tem com a reflexão?

Glauco: - Se cada um dos dois atinge seu próprio objetivo, a honra cabe a ambos. De fato, muitos honram tanto os ricos, como os corajosos, os sábios, de modo que todos eles conhecem o prazer que se tem com a honra dentro dos limites do possível. Em vez disso, ninguém, a não ser o filósofo, pode sentir o prazer que se tem pela contemplação do ser.

Logo, segundo a experiência, esse é o homem mais apto para emitir um juízo entre os três.

E será o único em que a experiência se alia à reflexão.

E também a faculdade que consente de emitir um juízo não pertence de *per si* ao homem ávido, nem ao ambicioso, mas somente ao filósofo.

Glauco: - Qual seria essa faculdade?

Não foi dito que para julgar é preciso a razão?

Glauco: - É verdade.

O instrumento essencial do filósofo é exatamente esse.

Em lugar disso, se se julgasse de modo melhor com a riqueza e com o lucro, deveriam ser de todo corretos a aprovação e o menosprezo do homem ganancioso.

Se se devesse julgar com base à honra, ao sucesso e ao valor, não estaria no lugar certo o homem ambicioso e amante do sucesso?

Glauco: - Claro.

Mas como se deve julgar com a experiência, a inteligência e a razão....

Glauco: - É inevitável que seja verdadeiro, sobretudo o que é aprovado pelo filósofo e pelo filólogo.

Portanto, mesmo que sejam três os prazeres, o mais suave talvez seja aquele que se refere à parte da alma com que aprendemos e mais suave a existência daquele que é governado por esta parte?

Glauco: - Não pode ser de outra forma. O homem inteligente aprova a própria existência como juiz que tem autoridade.

Que gênero de vida e que prazer colocaria em segundo lugar este juiz?

Glauco:- Evidentemente aqueles do homem batalhador e ambicioso, mais próximos ao seu do que aqueles do homem de negócios.

Então o prazer do homem ávido ou ganancioso vem em último lugar pelo que parece.

Glauco: - Sem dúvida alguma. Platão (2006:123-125).

Mais uma vez, desta feita, considerando-se não o modo de vida e seu reflexo na felicidade do indivíduo, mas sim, no quesito dos desejos, Platão constatou que, novamente é mais infeliz aquele ser que tem sua vida voltada para a avidez e a ambição de se ter dinheiro, no caso, o homem concupiscênico, como o fator crucial para se garantir o sucesso.

Na realidade, para Platão, a garantia do sucesso está na temperança, no equilíbrio emocional e na busca pela verdade por intermédio da razão. Então, de acordo com esses critérios e garantidos esses fundamentos, é o filósofo o homem mais preparado e mais adequado para se dizer que desfruta de uma felicidade plena, enquanto que, o tirano, na condição de homem ganancioso, ambicioso ao extremo e ávido para obter sucesso a qualquer preço, é o mais infeliz de todos.

Uma vez que Platão é um filósofo cauteloso, perfeccionista e buscador da verdade como a garantia da essência manifestada no ser, esse autor parte para uma terceira prova a fim de averiguar o grau de infelicidade do tirano. Desta vez, o objeto de estudo se fundamenta na hipótese de que o prazer dos outros ou de outras pessoas, como queiram, à exceção do prazer do homem intelectual, é apenas uma sombra ou uma fantasia e que eclode apenas no imaginário do indivíduo.

Com o objetivo de atender a esse novo desafio, utilizando-se de analogias e teoria dos contrários para fazer presente, a análise dialética nos seus preceitos, Sócrates, personagem de Platão, assim se manifesta aos seus partícipes.

> São já, portanto, duas demonstrações sucessivas e por duas vezes o justo derrotou o injusto. E pela terceira, vamos invocar, como ocorre em Olímpia, Zeus salvador e Olimpo. Considere agora que o prazer dos outros, excetuando-se aquele do intelectual, não é verdadeiro nem puro, mas se assemelha a uma sombra. Assim, pelo menos, me parece que o tenha definido um sábio. E exatamente essa poderia ser a última e a pior queda do homem injusto. Platão (2006:125).

Ditas essas palavras, Sócrates, personagem de Platão, se põe ao debate, para poder comprovar sua tese de que, o prazer dos outros é apenas uma fantasia, não uma realidade em si. Asseverando que pode comprovar suas arguições, Platão dá início às considerações, sempre pedindo as opiniões de Glauco, a fim de que esse sirva de contraponto à suas afirmações.

Dessa maneira, em relação ao que tinha sido debatido antes sobre os sentimentos, de acordo com Platão, foi considerado que a dor é, como se sabe, uma sensação diretamente contrária ao prazer. Em se tratando da relação oposta entre o prazer e a dor, existe uma situação intermediária em que o homem não sente nem prazer e nem dor. Em outras palavras, esse seria o ponto de inflexão ideal onde ocorre a mudança de direção entre esses dois sentimentos opostos (p. 125). De acordo com esse autor, nesse exato local, ou seja, no ponto de inflexão ou, a região das sensações aonde o indivíduo não sente nem prazer e nem dor, observa-se certa paz na alma da pessoa. Aí, nesse estágio da alma, estando o indivíduo em situação de dor profunda, essa paz ou tranquilidade observada se transformaria no prazer extremo, desejado para o enfermo, fazendo-o se esquecer de qual é o verdadeiro sentimento de prazer, diante do sofrimento intenso.

Agora, de acordo com Sócrates, personagem de Platão, segundo afirmações dos próprios enfermos, nada é mais prazeroso que a saúde e que, eles só percebem esse estado da alma quando estão doentes. Por seu turno, tomando essa versão como fundamento, pode-se afirmar também que, quando os doentes sentem uma grande dor, eles também afirmam que, diante desse sofrimento nada seria melhor que não sofrer mais (p. 125).

Assim, tomando essas afirmações como base, Platão afirma que, durante sua vida, os homens passam por diversas situações análogas e que, nessas passagens, nada seria melhor que, "não o fato de ter prazer, mas sim, o fato de não sentir dor e estar tranquilos" (p. 126).

Então, nesse momento, a coisa mais importante e mais desejável para o enfermo será a possibilidade de não mais sentir dor, e, a partir daí, é a tranquilidade que passa a ser a situação mais prazerosa e desejável. Entrementes, se a tranquilidade for prolongada e sucessiva gera-se a situação de que, a própria tranquilidade trará uma sensação incômoda, ou de enfado, e aí, a própria tranquilidade, ela mesma, que era a mais desejável quando o indivíduo estava doente, se transforma numa condição, em alguns casos, até depressiva ou de impotência.

Nessa ótica, considerando-se as duas situações acima pode-se dizer então que, a tranquilidade, na condição de ser a fase intermediária entre a dor e o prazer pode ser considerada como, ora dor ora prazer (p. 126). Mas, por outro lado, se for considerada a situação de tranquilidade em sua essência, dissociada da dor e do prazer, pode-se afirmar também que ela não é significado nem de dor nem de prazer, e sim, de estado de paz interior, ou, ainda, de paz consigo mesma.

Mas, estando o homem desfrutando de paz interior, ou de tranquilidade absoluta, tanto a sensação de dor quanto o de prazer são movimentos que promovem a mudança de estado da alma do indivíduo, fazendo-o sair do estado de paz de espírito e entre em um ou outro dos dois estágios, que é a sensação de prazer ou de dor, no caso, situações extremas e opostas. Nessa ótica, o homem se transfere de uma situação de equilíbrio ou de estabilidade e adentra em uma das duas situações que são opostas de prazer ou de dor (p. 126).

Por outro lado, foi discutido ainda com toda a clarividência que uma situação de tranquilidade, que é um estágio intermediário entre o prazer e a dor não é um estado de prazer e nem de dor, mas sim, da própria tranquilidade em essência, no sentido de paz de espírito.

Entrementes, se essa for uma situação real, "como se pode afirmar corretamente que seria prazeroso não sentir dor ou que seja doloroso não ter prazer?" (p. 126).

Agora, da sua parte, pode-se concluir que, "esse estado parece prazeroso em confronto com a dor e doloroso com relação ao prazer, mas na realidade não o é. Em todos esses fantasmas não há nada de real com relação à verdade do prazer, mas somente ilusão" (p. 126).

Tendo reconhecido esse fato, e tendo-o considerado como base para análises subsequentes, pode-se fazer ainda outras considerações correlatas e altamente verificáveis, citando, como exemplo, em se considerando outros tipos de prazeres, como os que não sejam provindos da dor.

Para Platão, é importante considerar esses outros tipos de prazeres, como, os não oriundos da dor, para se constatar que a essência do prazer não seja realmente derivada da cessação da dor e vice-versa. Ou, em outras palavras, isso significa dizer que, prazer e dor não tem nada em comum. São tipos de sentimentos independentes e autônomos.

Por intermédio dessa afirmação, pode-se fazer nova analogia tomando-se por base, outro tipo de prazer, como sendo o oriundo do olfato, por exemplo. Considerando esse tipo de prazer, no caso, o originário do olfato, observa-se que, "de fato, eles surgem de improviso com grande intensidade, sem serem precedidos de qualquer dor e cessam também sem deixar dor alguma". Só esse fato por si só, já comprova que o prazer puro não corresponda à isenção da dor, e da dor como sendo oriunda da ausência de prazer, embora se considere que dentre as "sensações que do corpo se propagam na alma e se chamam prazeres, talvez os mais numerosos e intensos, são todos desse tipo, isto é, cessação da dor" (p. 127).

Platão cita o caso da espera como sendo outro tipo de sentimento que provoca sensação de prazer ou de dor intensas e repentinas, semelhante ao do olfato, na alma do indivíduo. No caso da espera, o sentimento de dor ou de prazer quando cessam, também não deixam quaisquer vestígios nessa alma. Nesse caso, já é a ansiedade que gera tais tipos de sentimentos. Se a condição de espera é prevista, ela gera menor intensidade de sensação de prazer ou de dor, menor que a condição da espera quando ela é imprevista, aonde as sensações em que se dá o encontro são imprevisíveis e, portanto, mais intensas (p. 127). Dessa forma, comprova-se que, dor e prazer não são sentimentos correlatos. Sensação de prazer não significa ausência de dor e nem sensação de dor corresponda à ausência de prazer.

De indelével na situação acima, ficou apenas o fato de que, tranquilidade, dor e prazer são sentimentos independentes e que sofrem alterações decorrentes nos movimentos das sensações na alma do individuo. Assim, os sentimentos podem se deslocar para sensações de maior intensidade, menor intensidade ou indiferença, em relação a um e outro. Ou seja, o indivíduo tranquilo está indiferente à sensação de ausência de dor ou de prazer, ou mesmo que, a presença de um não corresponda necessariamente à ausência de outro. Um exemplo bem claro disso é a dor do parto. Uma mulher durante o parto, embora ela sinta a intensidade da dor, isso não quer dizer que essa dor não esteja provocando o sentimento de prazer de ter um filho. O prazer do nascimento do filho paga qualquer tipo de dor, especialmente para a mulher. Neste caso, o mais interessante é que, os sentimentos além de serem independentes, estão sobrepostos. De maneira geral, pode-se dizer também que, esses tipos de sentimentos embora se manifestem na alma, são independentes entre si, e que, as sensações, de acordo com as circunstâncias, possam se deslocar entre eles.

Assim, considerando-se os estágios por que passam essas análises, pode-se afirmar que, se tem mais um degrau vencido para comprovar a tese de que os sentimentos de prazer de outras pessoas, excetuando-se a dos intelectuais, de acordo com Platão, são ilusórios.

Utilizando-se do fato de que as mudanças nos sentimentos dependem diretamente das movimentações das sensações e não, da ausência de um ou de outro, Platão considera que, tomando essa situação como válida para as condições da natureza inteira, pode-se afirmar que, nessa mesma natureza se se observa os deslocamentos nas condições de uma dada situação, ou seja, pode-se afirmar que nela existam o alto, o baixo e o centro, sem, no entanto, o homem conseguir identificar com exatidão o que seja realmente: o alto, o baixo e o centro, transformando-os também numa ilusão.

Isso pode ser visto, no caso, como, por exemplo, considerando um indivíduo que se move do baixo para o centro. Na mente dele, pelo fato de ter saído do baixo para o centro, ele considera também que subiu certa altura, se olhar para trás e ver de onde saiu. Para Platão, "e quem se move do baixo para o centro, não imagina por acaso de estar subindo? Se parado no centro, olhar para o ponto de onde partiu, não acha que se encontra no alto, visto que jamais viu a verdadeira altura?" (p, 127).

Tomando por base o mesmo ponto, por outro lado, "mas se se movesse novamente para baixo, não teria razão em acreditar que estaria descendo? E não se encontraria nessa situação porque ignora o que seja realmente no alto, ao centro e embaixo?" (p. 127).

Em se constatando esse fato:

> Como admirar, pois, que, ignorando a verdade, os homens se formem ideias erradas sobre muitíssimas coisas, mas especialmente em relação ao prazer e à dor e ao estado intermediário entre esses estejam numa condição tal que, passando para a dor, têm razão em acreditar que sofrem porque sofrem realmente e, passando da dor à condição intermediária, acreditam sinceramente que estão próximos da satisfação e do prazer? É como se eles, por ignorarem o branco, opusessem o cinza ao preto. Da mesma maneira se enganam pela inexperiência do prazer e opõem à dor a ausência da dor. Platão (2006:127).

Desta feita, mais uma vez, reconhecendo-se o fato relatado acima como inequívoco, ou verdadeiro, pode-se projetar a mesma situação para o estado de bem-estar humano, tanto do lado do corpo material quanto para o lado espiritual, este último, por intermédio do que se chama bem-estar espiritual. Nesse aspecto, fazendo uma analogia dos sentimentos da alma e do corpo material, no caso, os prazeres proporcionados pelo bem-estar material e bem-estar espiritual, com os sentimentos da dor e do prazer, pode-se considerar a falta ou a necessidade de conforto, como ausência, e os prazeres, como excessos de sensações emotivas e prazerosas.

Ao fazer a ligação de faltas ou ausências, com sentimentos e vice-versa, dor derivada das lacunas ou ausências, e os sentimentos de prazer, com excessos de sensações materiais ou espirituais emotivas, que levam o indivíduo ao estado de bem-estar material ou espiritual, isso tudo, considerado em conjunto, permite afirmar que "a fome, a sede e qualquer outra exigência similar não representam lacunas para o bem-estar do corpo?" (p. 128). Esse fato seria um exemplo de bem-estar do corpo. Já, por outro lado, quando se trata de questões de espiritualidade, é correto também afirmar que a ignorância e a estultícia são lacunas na alma que provocam reflexos negativos no bem-estar espiritual. (p. 128).

Agora, considerando-se o estado do espirito e da matéria, pode-se também afirmar que, quem evoluísse por intermédio da inteligência estaria alimentando tanto os prazeres relacionados à evolução do espírito quanto dos prazeres do corpo. Se assim o for, tal fato leva a concluir por seu turno que, a verdadeira sensação de satisfação ou evolução tanto material quanto espiritual do indivíduo se dá quando o mesmo consegue mais, ou seja, a elevação do prazer interior se verifica mediante o acréscimo de sempre mais, em sua inteligência e que faz com que o homem eleve seu nível de conhecimento e civilidade (p. 128).

Por conseguinte, no que se refere ao estado de espírito e da matéria, considerando-se que o estado de espírito é indelével ou imutável e que é alimentado pela virtude em relação ao estado da matéria que é efêmera, e é alimentado pelos prazeres da carne, advém a pergunta:

> Qual dos dois gêneros, a seu ver, está mais próximo da essência pura: o alimento, as bebidas, os condimentos e a nutrição em geral ou a opinião verdadeira, a ciência, a inteligência e, enfim, toda espécie de virtude? Para decidir, pense nisto: o que depende do ser eternamente igual e imortal e da verdade e é ele próprio tal e em tal condição se encontra, não lhe parece que seja alguma coisa a mais com relação ao que depende daquilo que nunca é igual a si mesmo e mortal e é ele próprio tal e em tal condição se encontra? Platão (2006:128).

Em decorrência da pergunta acima, considerando que tudo que trata da matéria ou alimento do corpo material é efêmero e que tudo que se relaciona ao acréscimo de valores no espirito se refere às virtudes, e que, mais ainda, as virtudes quando se verificam são indeléveis e, portanto, imutáveis; em decorrência disso, pode-se afirmar com toda certeza de que, tudo que participa das virtudes são imutáveis e como tal, pode-se afirmar também que, tudo que é imutável tem participação muito maior na essência da ciência do que aquilo que seja mutável. Assim, em termos hierárquicos chega-se à conclusão de que, as coisas que emanam das virtudes e fazem parte da alma e, portanto, imutáveis, são superiores aos desejos que eclodem do corpo e são, em consequência, mortais.

Nesse caso, o mesmo se pode dizer da essência da verdade e faz afirmar que tudo "aquilo que se relaciona ao cuidado do corpo tem menor participação da verdade e da essência do que aquilo que se relaciona à alma" (p. 128). Se as condições do estado da alma e do espírito, em se tratando das virtudes, são mais reais que as coisas efêmeras originárias do corpo, e, sendo elas, portanto, verdadeiras, pode-se afirmar que tais coisas originárias do espírito e da alma, pelo fato de serem mais reais, nutrem de maior plenitude que aquelas coisas que se originam das necessidades do corpo.

> Se, pois, nutrir-se das coisas adequadas à própria natureza é prazeroso, o que se nutre mais realmente e com coisas mais

reais goza mais verdadeira e realmente do verdadeiro prazer, enquanto o que participa de coisas menos reais pode nutrir-se menos verdadeira e solidamente e participar de um prazer menos seguro e menos verdadeiro.

Assim, aquele que, ignorando a inteligência e a virtude, está sempre ocupado em banquetes e em prazeres similares, move-se para baixo, ao que parece, e depois volta ao centro e assim fica vagueando por toda a vida, sem nunca olhar nem se projetar para o alto superando esse limite. Esses indivíduos também não se nutrem da verdadeira realidade nem provam um prazer sólido e puro porque se comportam como os animais que olham sempre para baixo e, curvados para baixo e para a mesa vão se alimentando e copulando. Mais ainda, impelidos por essa avidez insaciável, se batem e se empurram com chifres e cascos de ferro, acabando por se matarem exatamente porque não nutrem daquilo que é real a verdadeira parte de si mesmos nem seu invólucro.

E não ficam sempre mísera e inevitavelmente entre prazeres impuros e dor, entre sombras que do verdadeiro prazer só têm os contornos, mas se mostram coloridas pela superposição de prazer e dor, de tal modo que ambos se revelam intensos e produzem seus amores incontroláveis e suas lutas insensatas como segundo Stesícoro, em Tróia se combateu pelo fantasma de Helena, ignorando a verdade? Platão (2006:129).

Para Platão, as lacunas existentes no corpo do indivíduo provocam impactos negativos ao nível de bem-estar material, similares às ausências verificadas na alma do mesmo, e que geram reflexos também nocivos, ao seu padrão de bem-estar espiritual.

Assim, pode-se afirmar que:

E o mesmo não ocorre inevitavelmente da mesma forma a propósito da parte emotiva da alma, quando é satisfeita

> com a inveja provocada pela ambição ou com a violência provocada pela ânsia de vitória ou com a ira devido a um mau caráter, quando se procura saciar-se de honras, de vitória e de ira sem bom senso e sem discernimento? Platão (2006:129 - 130).

Seguindo esse mesmo tipo de raciocínio, em acréscimo, se pode afirmar também que, no trato com dinheiro e ambição, obedecendo a critérios da ciência e da razão, Platão faz a seguinte observação.

> E então? Não poderíamos afirmar com certeza que também os desejos de lucro e de ambição, se seguirem a ciência e a razão e com elas forem em busca dos prazeres que lhes são indicados pelos intelecto, haveriam de colher os prazeres mais autênticos que lhes fosse possível ter, exatamente porque seguem a verdade e os prazeres que lhes são próprios, se é verdade que para cada um é próprio o que é melhor?
>
> Portanto, quando a alma em sua totalidade segue sem dissensão o filósofo, a cada uma de suas partes cabe agir no próprio interesse e nos limites da justiça e cada uma aufere, quando possível, dos melhores prazeres que lhe são próprios e que são também os mais verdadeiros. Platão (2006:130).

Entrementes, se, por outro lado, quem comanda os sentimentos de ambição do indivíduo são as outras duas partes, ou mais apropriadamente, a ganância e a cobiça somente, e mais as emoções concupiscênicas, ao invés de ser a razão, "ela não consegue o próprio prazer e obriga às outras a procurar um inapropriado e falso" (p. 130), no caso, um prazer inapropriado e falso.

Na concepção de Platão, quanto mais o individuo se afasta da filosofia e da razão mais ele obterá resultados inapropriados e falsos. E assim, quanto mais o indivíduo por intermédio dos desejos se afasta da razão, se afasta também na mesma magnitude, da lei e da ordem. (p. 130). Isso, considerando o fato da lei como sendo um instrumental norteador das relações humanas transmutada da filosofia, enquanto que, a ordem, considerada como um recurso social reverberado da razão no que tange ao relacionamento humano, e não, a lei enquanto apenas lei, e ordem, enquanto apenas ordem, no seu sentido lato. A lei sem lastro da filosofia, estando esta última embasada da temperança, da sabedoria, da coragem e da justiça não se trata de verdadeira lei e a ordem sem o lastro da razão, não é ordem.

Nesse sentido, tendo esse resultado como base de análise e fazendo-se uma projeção sobre os sentimentos dos governantes, observou-se que, os anseios mais distantes da razão foram os desejos amorosos e tirânicos, e que, pelo contrário, os mais próximos da razão foram os considerados monárquicos e equilibrados. (p. 130).

> Logo, acho que o tirano será o homem mais distante de seu verdadeiro prazer e o outro, o menos distante.
>
> Por isso, o tirano haverá de viver da maneira mais desagradável e o rei da maneira mais prazerosa.
>
> Se, pelo que parece, os prazeres são três, mas um só é legítimo os outros dois são bastardos, o tirano, depois de ter ultrapassado o limite dos prazeres bastardos e ter fugido para longe da lei da razão, convive com prazeres vis que lhe servem de corpo de guarda; talvez só assim se possa explicar sua inferioridade. Platão (2006:130 131).

Conforme observado acima, utilizando-se de hipóteses contrárias, mas não, contraditórias, Platão faz uma breve passagem por todos os estados da alma do indivíduo identificando-as apenas no que concerne aos seus desejos. Desejos esses observados nos prazeres de outras pessoas. Fazendo uso dessas verdadeiras sensações destituídas de opiniões contraditórias, deleitando-se na utilização da dialética por todos os caminhos que a mesma o pode levar, Sócrates, personagem de Platão, finalmente consegue dar uma resposta plausível aos objetivos propostos, que é o de averiguar se, fundamentando-se nessas sensações, consegue identificar se o homem tirano é feliz ou infeliz, desta vez, pautado na análise do prazer experimentado por outras pessoas.

Assim, depois de constatar como verdadeira pela quarta vez, a hipótese de que o homem tirano é o mais infeliz de todos, desta feita, por intermédio do estudo das sensações emotivas de outras pessoas e não propriamente do tirano em si, mas dos indivíduos que vivem num Estado tirânico, e centradas no que se define como emoções concupiscênicas, observou-se que, o mesmo resultado foi obtido nas quatro considerações sobre grau de felicidade ou infelicidade do tirano, analisadas[41].

Vale relembrar que a primeira hipótese estudada foi como o tirano vive, se o mesmo é feliz ou infeliz, ficando comprovada a segunda opção. A segunda, a condição de vida do Estado tirânico. De acordo com essa hipótese, ficou constatada que é a mais miserável de todas, o que permite afirmar que esse Estado é o mais infeliz de todos. A terceira é a baseada nos desejos do tirano. E observou-se que o homem ganancioso, ávido que vive em busca da maximização da riqueza material nutrindo-se de emoções concupiscênicas e, portanto, que reflete a condição do homem tirânico é o mais infeliz de todos. Já a quarta hipótese, é a da análise de que os prazeres de outras pessoas são fantasiosas, o que foi observado que, as pessoas mais ambiciosas, cobiçosas e ávidas por dinheiro são as mais infelizes, fato esse que reflete no perfil do tirano, como sendo o mais infeliz de todos.

Finalmente, depois de comprovada a tese de que o homem tirano é o mais infeliz de todos, resta averiguar, se a condição que foi exposta por Adimanto, no início de "A República", de que, aquele indivíduo que pratica a injustiça, mas que mantenha a máscara de ser justo é o mais feliz de todos, contra a hipótese de Sócrates de que, aquele que pratica a justiça é verdadeiramente feliz e desfruta de uma vida prazerosa.

---

[41] Ao analisar a criatividade e a genialidade de Platão constata-se que a utilização da dialética como instrumental científico, segundo concepção do próprio Platão, não é fácil, o que induz o investigador a fazer e se utilizar de vários instrumentos criativos de análise para não se perder durante o caminho dessas investigações. Diante disso, destruir essa verdadeira teia de informações e criar outra, apenas para ser mais original, não é a das melhores ideias. Isso porque, além de se destruir uma verdadeira obra de arte, impede-se que essas versões sejam partilhadas com o público leitor, o que seria uma verdadeira tragédia intelectual. Fundamentando-se nessas observações achou-se por bem, manter por intermédio de transcrições, o texto na sua íntegra. Acredita-se com isso, que novos grupos de pesquisas se interessem pelo reestudo da dialética e sua reutilização como instrumento de pesquisa, o que, acredita-se, que tal proposição traga nova luz aos objetos de estudos a serem pesquisados, principalmente, no que se refere às ciências humanas. Daí porque, não se reescrever de maneira indireta a essência das análises de Platão, o que nos faz reiteradas vezes pedir desculpas ao público leitor por essas breves transgressões da norma culta. Mas, mesmo assim, considera-se que tais transcrições longas não prejudiquem a originalidade do trabalho e nem afetem as contribuições a serem feitas, pela presente pesquisa, no transcorrer da elaboração dos estudos.

Tudo isso depois de ter chegado "a um acordo sobre os efeitos de um comportamento honesto e de um comportamento desonesto" (p. 132) por intermédio de um intenso debate utilizando-se da dialética e da teoria dos contrários para se alcançar essa conclusão.

Com tal propósito, Sócrates, personagem de Platão, sugere a Glauco, seu interlocutor, que imagine um monstro que personifique os piores tipos de comportamentos concupiscênicos que podem ser verificados na matéria e que por isso, se concretize no ser mais repugnante jamais imaginado. Feito isso, deve-se considerar que tudo o que se refira à prática da injustiça deve-se atribuir ao comportamento desse monstro, e tudo o que encarnar a prática da justiça e a sua real essência será atribuída ao homem justo e, portanto, feliz e equilibrado em tudo o que faz (p. 132).

Vamos responder, portanto, ao que afirma que a esse homem convém comportar-se de modo injusto e de nada lhe serve praticar a justiça, que isto equivale a sustentar que lhe convém alimentar esse monstro multiforme e fortalece-lo juntamente com o leão e o resto, enquanto se reduz à fome o homem, tornando-o tão fraco que deva ser arrastado pelos outros dois para onde queiram e, ao contrário de acostumá-los a conviver e a se tornarem amigos, deixar que combatam entre si, que se estraçalhem e se devorem.

Glauco: - Sim, elogiar um comportamento injusto seria exatamente isto.

Aquele que dissesse que a justiça é conveniente haveria de confirmar a necessidade de agir e de falar de modo que o homem interior pudesse dominar o mais possível o homem inteiro e vigiar o monstro de muitas cabeças, como faz um camponês que cultiva com cuidado as plantas domésticas, mas impede o crescimento das ervas daninhas, obtendo a aliança da natureza do leão e cuidando de todas as naturezas juntas, tornando-as amigas entre si e amigas dele. Não é assim que a haverá de criar?

Glauco: - Sim, quem elogia a justiça afirma exatamente isto.

Assim sendo, sob qualquer aspecto, aquele que exalta a justiça está na verdade e aquele que exalta a injustiça está no falso. Tomando em consideração o prazer, a honra e a utilidade, aquele que elogia a justiça tem razão enquanto que aquele que a censura nada diz que preste e sequer conhece aquele que censura. Platão (2006:133).

Em se considerando a palavra acima como verdadeira convém descartar aqueles vícios que são inimigos da justiça e que sua prática só fazem aprofundar ainda mais o indivíduo na condição de escravo da miséria, da infelicidade e da degradação moral, na forma como Sócrates, personagem de Platão, passa a expor:

E você não acha que também a intemperança foi desaprovada há tanto tempo exatamente porque deixa mais livre que a devida à natureza perigosa, aquele grande e multiforme monstro?

E não são desaprovados a arrogância e o mau humor, quando os instintos do leão e da serpente se desenvolvem e se propagam sem harmonia?

Não são desaprovados também o luxo e a indolência porque deixam em liberdade esse mesmo monstro, fazendo com que cresça nele a covardia?

Não são desaprovadas a adulação e a mesquinhez, quando submetem a natureza irascível a esse monstro vulgar e, por ganância de dinheiro, acostumam os jovens a se humilharem e a se tornarem macacos em vez de leões?

Por qual razão você acha que seja ignominiosa a condição dos artesãos e dos operários, senão porque sua parte melhor é por natureza tão fraca que não pode dominar os animais que neles subsistem, ao contrário, os afaga e só consegue aprender a abrandá-los?

> E um homem desse tipo, para ser governado pelo mesmo princípio que governa o homem melhor, deve ser, a nosso ver, escravo daquele homem ótimo que tem em si o princípio divino. Achamos, porém, que não deve ser governado em seu detrimento, como pensava Trasímaco em relação aos súditos, mas somente porque é melhor para qualquer um ser dominado por quem é divino e inteligente. Certamente seria melhor ainda se este princípio o possuísse em si mesmo. Caso contrário, é preciso impô-lo do exterior, para que sejamos quanto possível todos iguais e amigos, guiados pelo mesmo princípio. Platão (2006:134 - 135).

Assim, para Platão, a única maneira que o homem tem de controlar o monstro da injustiça que vive em suas entranhas e impedir que ela ecloda do seu interior, perpassa pela subjugação de seus vícios traduzidos na intemperança, na arrogância, no mau humor, no luxo, na indolência, na adulação, na mesquinhez, na fraqueza, dentre outros sentimentos funestos, que se dá por meio da prática das virtudes representadas pela temperança, pela coragem, pela sabedoria e pela justiça.

Para Platão, a lei e a educação dos filhos, seguem intenção análoga aos desígnios da prática das virtudes, com o objetivo de nortear o caminho do indivíduo em busca do aprendizado, do conhecimento, da civilidade e do hábito da justiça.

> Também a lei revela uma intenção análoga porque oferece sua ajuda a todos os cidadãos. Esse é também o objetivo da autoridade sobre as crianças. Não lhes permitimos que disponham de si mesmas antes que lhes tenhamos estabelecido na alma, como num Estado, uma ordem. Mas depois de ter desenvolvido sua parte melhor com o que de melhor há em nós mesmos e depois de haver substituído nossa participação com um guardião e um guia semelhante nelas, finalmente deixamos livres as crianças. Platão (2006:135).

Depois de feitas as devidas considerações acima, Sócrates, personagem de Platão, chega as seguintes conclusões:

Por isso, Glauco, como é possível sustentar que seja conveniente seguir a injustiça ou a intemperança ou ainda o delito, se tudo isso tornará pior também aquele que, em decorrência, consiga mais dinheiro ou qualquer outro poder?

E como é possível afirmar que é conveniente agir mal sem ser descoberto e sem espiar? Quem consegue fazer isso, não se torna ainda pior? Pelo contrário, a parte animalesca daquele que não evita o castigo pode ser aplacada e domesticada e a parte doméstica pode ser liberada; assim, a alma em seu conjunto é reposta em sua melhor natureza e, adquirindo temperança, justiça e sabedoria, assume uma condição mais honrosa do que aquela que é assumida quando o corpo cresce em vigor e beleza com a saúde, tanto quanto o espírito é mais precioso que o corpo.

E ao menos o homem de bom senso não haverá de viver tendendo de modo total para esse objetivo, honrando em primeiro lugar aquelas disciplinas que podem tornar assim sua alma e deixando de lado as outras?

Mais, não haverá de viver para esse fim sem confiar o bom estado e o cuidado de seu corpo ao prazer bestial e irracional, sem se preocupar muito em ser forte ou sadio ou belo se, em decorrência disso não devesse tornar-se sábio, mas procurando abertamente realizar a harmonia física em vista do equilíbrio espiritual?

E não haverá de procurar o mesmo acordo e equilíbrio também em relação à posse de dinheiro? E não haverá de evitar o crescimento excessivo de seus bens, sob pena de atrair sobre si infinitas desgraças, sem se deixar deslumbrar pelo apreço da multidão?

Atento para não perturbar seu equilíbrio interior pelo excesso ou pela escassez de bens, ele irá aumentar ou consumir ser patrimônio como puder.

Olhando para o mesmo objetivo, haverá de aceitar algumas honras e haverá de saboreá-las, se as considerar capazes de torná-lo melhor, mas haverá de evitar aqueles reconhecimentos privados e públicos que, a seu ver, possam vir a destruir seu equilíbrio. Platão (2006:135 - 136).

Vale acrescentar que os princípios da temperança, sabedoria, justiça e coragem, acrescidos da fé, permitem a identificação de um outro perfil para a entidade humana, detentora do equilíbrio tanto espiritual como o material, definido pela Igreja Católica, como sendo: Santo.

2.1.1.2.20 A transformação da perquirição das coisas inteligíveis em empiricidade científica por meio da práxis como forma de comprovar as hipóteses analíticas de Platão

De maneira geral, assim termina Platão, as ideias centrais trabalhadas em sua obra "A República", cabendo fazer sobre as partes finais da mesma, apenas alguns adendos os quais são comentados na forma que se segue:

Na concepção de Platão, o maior mérito do Estado criado em seu livro para demonstrar uma realidade existente é de ter sido todo ele fundamentado em fatos empíricos, trabalhados e relatados com ênfase na práxis, sem quaisquer tipos de imitações (p. 138).

Nesse contexto, para melhor traduzir o que quis dizer com essas palavras, Sócrates, personagem de Platão, mais uma vez parte para uma nova análise. Desta feita Platão afirma que, no campo existencial se observam três searas distintas de investigação e que se complementam no universo material. São eles: o campo da criação, o da produção e o campo da imaginação.

No campo da criação prevalece o trabalho do artífice, o criador de tudo o que existe, e que dá origem e forma a todas as coisas, sejam elas materiais ou espirituais.

No âmbito da produção prevalece a modificação da matéria em outras matérias resultantes do processo de transformação e que dão uma nova forma ao objeto para atender uma determinada utilidade, visto que, de acordo com Platão, "a virtude, a beleza, a perfeição e todo objeto, de todo ser vivo, de toda ação se referem somente à utilidade para a qual cada um deles é feito pelo homem ou gerado pela natureza" (p. 146).

Na seara da imaginação prevalece a subjetividade, a possibilidade da existência sem, no entanto, conseguir demonstrar, dimensionar e caracterizar em sua essência, a realidade presente, se restringindo único e tão somente ao imaginário, daí porque essa parte da investigação existencial dever ficar a mercê apenas da poesia, da arte, das fantasias, sem, no entanto, ser reconhecida como um instrumental confiável da verificabilidade científica, na versão de Sócrates, personagem de Platão.

Assim, para esse autor, o mais importante é o campo da criação uma vez que, quando o indivíduo possui as duas habilidades, a de criar e de reproduzir, ele se aterá apenas à primeira seara uma vez que essa é a mais instigativa. Mesmo porque, quando o artífice cria dois objetos iguais, o primeiro deixa de ser a criação e passa a ser o segundo. Isso porque o segundo se torna sempre mais perfeito que o primeiro e assim este é descartado. Dessa forma, o artífice está sempre criando, nunca reproduzindo. Como ele não consegue criar sempre o mesmo objeto duas vezes, ele se atém à criação de diversos e variados tipos de objetos em seu processo de criação.

Para fazer manifestar suas ideias na práxis, Platão se usa da produção ou fabricação de um objeto em si, uma cama, por exemplo, na forma como o mesmo explica a seguir:

> Por onde é que você quer que comecemos a análise, mantendo-nos fiéis a nosso método habitual? De fato, geralmente consideramos uma só espécie que compreende muitos objetos particulares a que conferimos o mesmo nome.
>
> Vamos tomar, portanto, também nesse caso um objeto entre tantos. Você sabe que existem muitas camas e muitas mesas, por exemplo.
>
> Esses objetos, porém, podem ser reunidos segundo duas ideias: a de cama e a de mesa.
>
> E não costumamos dizer que os fabricantes de um e outro desses objetos têm em mente a ideia no decorrer de seu trabalho e assim fazem as camas e as mesas que usamos, além de qualquer outro objeto? Acaso não é verdade, porém, que nenhum artesão realiza a própria ideia do objeto? E como poderia?

Glauco: - Sim, seria impossível.

E esse artesão que vou mencionar, como o chamaria?

Glauco: - Que artesão?

Aquele que faz tudo o que os artesãos fazem separadamente.

Glauco: - Você está falando de um homem prodigiosamente hábil.

Talvez sua admiração por ele vai se tornar ainda maior, porquanto nada falei ainda. Com efeito, esse mesmo artesão não tem só o talento de fazer qualquer objeto, mas também faz brotar todas as plantas da terra, faz nascer todos os seres vivos, ele mesmo incluído, e depois a terra, o céu, os deuses do céu e tudo o que está sob a terra no Hades. Platão (2006:139)

Depois de apresentada a estratégia para dar sentido à sua análise, Platão se põe a criar as analogias, por intermédio da utilização, como exemplo, de um único objeto. No caso, a fabricação de uma cama. Nesse contexto, Platão procura identificar as etapas da produção da cama, que se dá por intermédio da análise considerada de cada fase distinta do processo de fabricação desse bem. Para esse autor, as fases estão distribuídas entre três etapas diferentes, reconhecidas pela existência segundo ele, de três tipos de camas identificáveis e que está, ou sempre se materializa, numa única.

Assim, para atender a esse quesito, Platão cita três tipos de cama: a natural que, segundo ele, é obra de um deus; a segunda, que seria a reprodução da primeira, caracterizada na obra do artesão, visto que ele não consegue produzir a cama que ele mesmo cria, mas sim, que reproduz a ideia de quem a deseja; e o pintor, que, embora saiba reproduzir quase que perfeitamente uma cama no imaginário, o mesmo não sabe nem como a produz, nem como a reproduz, mas que a tem, em toda sua moldura e de forma perfeita, apenas na sua mente.

Pintor, marceneiro, deus, aí estão os três criadores das três espécies de cama.

O deus, ou porque não quisesse ou porque por necessidade não pudesse fazer em sua forma natural mais de uma cama, realizou, portanto somente aquela que é a cama segundo a essência. Duas ou mais como aquela não foram criadas pela divindade, nem o serão jamais.

Porque, se tivesse somente duas, necessariamente apareceria uma terceira, da qual as outras duas teriam a espécie, e a cama segundo a essência seria esta, e não as duas primeiras.

Acho que, ciente disso, o deus criou em sua forma natural somente essa cama porque quis ser, não um artesão, mas o real criador de uma cama real, não de uma cama qualquer.

[...]

E o marceneiro, não é o artesão da cama?

Glauco: - Sim.

Haveríamos de considerar como artesão e fabricante de tal objeto também o pintor?

Glauco: - De modo algum.

Mas então, a seu ver, qual sua relação com a cama?

Glauco: Acho que a solução mais razoável seja a de considerar o pintor como um imitador do objeto, do qual os dois outros são artífices.

Muito bem. Então você considera imitador o criador de um produto que esteja a três graus de distância daquele original?

Glauco: - Exatamente.

> Assim, o mesmo vale para o poeta trágico, enquanto imitador. Como todos os outros imitadores, ele estará no terceiro lugar, depois do real e da verdade. Platão (2006:141)

Dessa forma, Platão considera a existência de três campos distintos de investigação e que não se sobrepõem, apenas se complementam, dando a forma final ao objeto acabado em quaisquer situações. Entretanto, embora existindo esses três ambientes distintos de investigação, para a ciência de uma maneira geral, os dois seguimentos que merecem atenção e que promovem a real evolução no campo investigativo, visto que eles estão mais próximos da essência, e, portanto, da verdade, no caso, mais relacionados com a práxis, são o campo da criação e o da produção de objetos e que são construídos, única e tão somente, visando atender as necessidades humanas; daí a sua importância, e, portanto, sua utilidade.

Diante dessa assertiva, para melhor elucidá-la esse autor procura explicar sobre a existência do objeto segundo a sua essência e segundo a sua aparência, e, nesse contexto, tornar visível a diferença entre os campos da criação e da transformação, em relação ao contexto do imaginário.

> [...] Uma cama não é diferente de si mesma, se vista de lado ou de frente ou de qualquer outra maneira? Ou parece diferente, mas não é? Isto não vale também para todos os demais objetos?
>
> Glauco: - É assim mesmo, parece diferente, mas não o é.
>
> Reflita agora. Qual é a finalidade da pintura em relação a cada objeto? Quer reproduzi-lo como é na realidade ou de acordo com sua aparência? Enfim, é imitação da aparência ou da verdade?
>
> Glauco: - Da aparência.
>
> Por isso, a imitação está distante do verdadeiro e, ao que parece, realiza tudo captando um pouco a aparência ilusória de cada coisa. O pintor, por exemplo, pode pintar um sapateiro, um marceneiro, todos os demais artesãos, mas não conhece nenhuma de suas respectivas artes. Entretanto, se é um bom pintor, ao pintar um marceneiro e ao mostrá-lo

> de longe, conseguiria iludir as crianças e os ignorantes, dando-lhes a impressão de se encontrarem diante de um verdadeiro marceneiro.
>
> Glauco: - Com certeza.
>
> Aqui está, porém, meu caro, o nó de toda a questão. Sempre que alguém vier nos dizer que encontrou um homem que conhece todas as artes e ofícios, como cada um dos especialistas específicos, conhecedor exímio de cada detalhe, deve-se acreditar que este seja um ingênuo e que talvez tenha encontrado um charlatão que o iludiu, apresentando-se como grande sábio, pelo fato de ele mesmo ser incapaz de distinguir a ciência, a ignorância e a imitação. Platão (2006:142).

Em seguimento de suas análises, Platão, depois de ter identificado os três distintos campos de investigação, parte para seu segundo propósito, que é o de identificar a diferença básica entre o real e o imaginário, qual dos dois é o mais importante. Com tal objetivo traçado, esse autor deixa transbordar essa concepção, por intermédio do seguinte parecer:

> Resta-nos examinar a tragédia e Homero, seu iniciador. De fato, ouvimos dizer por parte de alguns que os poetas trágicos conhecem todas as artes, todas as coisas humanas que se relacionam com a virtude e com o vício e, além disso, as divinas. É inevitável, sem dúvida, que um bom poeta deva conhecer os temas de que trata, se quiser desenvolvê-los bem. Caso contrário, nem poeta seria. Torna-se necessário verificar se aqueles que afirmam isto não se deixaram iludir por esses imitadores ou se ficaram ofuscados e, à vista de suas obras, não compreendem que estas estão a três graus de distância da realidade e que podem ser criadas facilmente, mesmo sem conhecer a verdade, exatamente porque são aparências privadas de realidade; ou ainda, se esses estão com a razão e se os bons poetas conhecem tudo aquilo que lhes atrai a admiração das multidões. Platão (2006:142).

Diante do exposto, Platão dá início às suas investigações, sempre procurando contrapor a razão à sua contrária, analisando-as como se estivesse num quarto escuro e tateando os objetos com as mãos, para encontrar o caminho certo da verdade a ser seguido.

Você acredita que, se alguém pudesse criar as duas coisas, isto é, o objeto a imitar e sua imitação, haveria de se dedicar realmente a criar imitações e haveria de considerar essa atividade com o fim principal de sua existência?

Glauco: - Acho que não.

Se, porém, conhecesse realmente o que imita, dedicaria muito mais seu tempo a objetos reais que a imitações e, como memória procuraria deixar muitas obras boas, preferindo ser o objeto antes que o autor dos elogios.

Glauco: - Também penso assim, porquanto a honra e a vantagem seriam bem diversas num caso e noutro.

Não vamos exigir, portanto, de Homero nem de qualquer outro poeta que fossem peritos em medicina, ao contrário de se limitarem a imitar os discursos dos médicos. Que doentes pode gabar-se de ter curado, como Esculápio, um poeta antigo ou moderno, que alunos de medicina deixou, como seus discípulos que aquele fez. Nem vamos interrogá-los sobre as demais artes. Vamos deixá-los de lado. Com relação, porém, aos temas mais belos e mais importantes tratados por Homero, como a guerra, a estratégia, a política, a educação do homem, é justo perguntar a ele: "Caro Homero, se realmente em relação à virtude não estás a três graus de distância da verdade, como criador de uma imagem e, portanto, imitador; se estás no segundo lugar e podes conhecer quais os hábitos que tornam os homens melhores ou piores em particular e em público, lembra-nos que cidade teve um governo melhor graças a

> ti, como Esparta graças a Licurgo e muitos outros Estados, grandes e pequenos, graças a muitos outros legisladores. Qual cidade reivindica o fato de que foste um bom legislador e lhe prestaste serviços? A Itália e a Sicília reivindicam Carondas e nós, Sólon. Mas quem te reivindica?" Estaria ele em condições de citar algum Estado?
>
> Glauco: - Não creio. Nem os homéridas falam disso. Platão (2006:143).

Assim, para Platão, um imitador é apenas um contador de fábulas, criador de fantasias e emoções imaginárias, desenvolvedor de ideias que ficam apenas nas abstrações carregadas de elucubrações, porém, sem função específica e de destaque no campo da ciência que tem por objetivo esta última, destacar o real e o aproximá-lo o mais possível da razão, da essência e, portanto da verdade.

> Se não em particular, pelo menos publicamente se diz que Homero tenha sido em vida mestre de educação para quem a ele se apegou e tenha deixado aos pósteros um modo homérico de vida, como Pitágoras foi profundamente estimado por isso e seus discípulos, chamando ainda hoje de pitagórico seu modo de viver, se distinguem dos demais? Platão (2006:144).

Daí advém a conclusão de Platão sobre esse tema específico:

> Podemos, portanto, afirmar que todos os poetas, a começar por Homero, quando tratam da virtude ou de qualquer outro tema são imitadores de imagens e não atingem a verdade. Como dizíamos há pouco, o pintor não haverá de criar a aparência de um sapateiro, sem que ele próprio entenda algo de calçados, para aqueles que não entendem mais que ele e admiram somente as cores e as formas?
>
> Glauco: - Exatamente.
>
> De modo análogo, acho que poderíamos dizer que o poeta dá um colorido

em palavras e frases a toda arte, sem saber fazer outra coisa que imitar. Por isso, aquele que, como ele, cuida somente das palavras, parece que fala realmente bem, quer use a poesia do ritmo e da harmonia com relação à arte do sapateiro, quer faça o mesmo com relação à estratégia ou a qualquer outra atividade, tão grande é o encanto natural da poesia. Enunciadas, porém, de todo despidas das cores da poesia e da música, acho que você percebe como aparecem essas palavras. Sem dúvida, você já notou isso.

Glauco: - Com certeza. Platão (2006:145).

Para Platão, embora o pintor, imitador ou o poeta entendam do ornato e da forma dos objetos que desenham ou que imaginam, eles não sabem nada da realidade desses objetos, apenas os pintam ou escrevem sobre os mesmos, na forma como eles são reproduzindo apenas suas aparências. Assim, por exemplo, embora os pintores saibam pintar as rédeas e os freios dos cavalos, colocando-as numa moldura, eles são alheios aos artífices e artesãos que os fabricaram, no caso, o seleiro e o ferreiro, embora saibam quem vai utilizá-los, que são os cavaleiros ou amazonas. Dessa maneira, eles são indiferentes a quem fabricou ou quem usa esses materiais, embora saibam desenhá-los muito bem (p. 145). De uma maneira geral, isso vale para todos os objetos que são trabalhados, na mente dos imitadores.

Refletindo dessa maneira, Platão identifica três tipos de artes que diretamente estão relacionados aos objetos em si, e que podem ser representados por quem os utiliza quem os cria e quem os reproduz (p. 145). Entrementes, por seu turno, todas essas características vão refletir apenas e tão somente na sua utilidade. De nada adianta o objeto possuir todas essas características, se não tiver uma utilidade específica, para a qual o mesmo é feito.

Dessa maneira, conforme já frisado, a virtude, a beleza e a perfeição de todo objeto ou de todo ser vivo e de toda ação em si, estão relacionadas "somente à utilidade para a qual cada um deles é feito pelo homem ou gerado pela natureza" (p. 146).

Então é de todo inevitável que de cada coisa seja melhor conhecedor aquele que dela faz uso e este passe a informar ao fabricante as qualidades e os defeitos que ocorrem durante o uso. Por exemplo, um flautista informa ao

> fabricante de flautas quais os instrumentos que possuem um belo som e passará a lhe dizer como deve fabricá-los e este haverá de lhe obedecer.
>
> Logo, o bom conhecedor se pronuncia sobre as flautas boas e aquelas ruins e o outro as haverá de fabricar confiando no primeiro.
>
> Assim, o fabricante haverá de se fiar no julgamento do usuário em relação à perfeição ou imperfeição do próprio objeto, haverá de se manter com contato com ele e haverá necessariamente de escutá-lo, ao passo que somente o usuário terá profundo conhecimento do objeto. Platão (2006:146).

Entrementes, embora haja essa afinidade entre o fabricante e o usuário do objeto, no que se refere ao imitador, o mesmo não terá noção nem de uma coisa, nem de outra. Ele está alheio a tais detalhes do instrumento. Mesmo fazendo uso do objeto por intermédio da pintura obtendo conhecimento sobre o mesmo para reproduzi-lo, no que tange, à sua forma e moldura, o imitador não terá firmeza em dizer com absoluta certeza se aquele instrumento é belo ou se foi produzido de forma correta e nem mesmo terá certeza quanto à sua opinião sobre o utensílio em si, adquirido por intermédio da consulta a um especialista, que o tenha explicado como o mesmo deve fazer a representação de tal peça (p.146).

> Logo, o imitador não haverá de possuir nem o conhecimento nem a opinião precisa a respeito das qualidades e dos defeitos daquilo que imita.
>
> [...]
>
> Entretanto, não deixará de continuar a imitar sem saber o que subsiste de perfeito ou de imperfeito em cada objeto. Ao que parece, haverá de imitar o que haverá de parecer belo ao povo ignorante.
>
> [...] O imitador não sabe nada de essencial sobre aquilo que imita. Sua imitação é uma brincadeira, mais que uma atividade séria. Aqueles que se dedicam à poesia trágica, fazendo poemas em jambos e em hexâmetros,

são todos eles, o no grau máximo, imitadores. Platão (2006:146 - 147).

Após analisar e identificar as três partes do objeto como sendo constituído da criação, da produção e da imitação, Platão dá início à análise dialética utilizando-se de analogia quando faz comparações das subdivisões do objeto com as faculdades do ser humano, que, conforme já analisadas, são subdivididas na da razão, que trata das atividades intelectuais; na emoção que abarca toda a parte sentimental do indivíduo e que, variam de comportamento, segundo o ambiente em que o ser humano vive, o tipo e a maneira como o mesmo é educado, e; por último, as necessidades fisiológicas.

Ao fazer tais comparações, Platão procura identificar sobre qual dessas faculdades a imitação vai atuar e de que maneira ela prevalece sobre o corpo humano, influenciando na forma como o indivíduo pensa e age. O objetivo é detectar o grau de fragilidade que a imitação vai exercer sobre a faculdade humana e quais deverão ser os procedimentos necessários, para fazer minimizar esse grau de influência sobre o bem estar espiritual do sujeito.

Logo de início, em suas análises, Platão já descarta a razão como sendo a faculdade que é influenciada pela imitação, como se passa a observar a seguir:

Por Zeus! Essa imitação não dista três graus de verdade? Sim ou não?

Glauco: - Sim.

E sobre que parte do homem ela exerce seu próprio poder?

Glauco: Mas de que parte você pretende falar?

Você haverá de saber. A mesma grandeza, vista de perto ou de longe, não parece igual.

Glauco: - Certamente que não.

E os mesmos objetos aparecem tortos ou retos, se vistos fora ou dentro da água, e côncavos ou convexos, de acordo com a ilusão ótica provocada pelas cores, e é evidente que se produz na alma uma grande confusão. Precisamente em função dessa nossa fraqueza natural, a pintura em contraste claro-escuro, bem como a magia e tantos outros artifícios desse tipo, induzem a ilusões contínuas.

Glauco: - É verdade.

Contra seus efeitos, porém, foram descobertos remédios eficazes, isto é, calcular, medir e pesar, de tal modo que não prevalece em nós o que parece maior ou menor ou ainda mais numeroso ou mais pesado, mas a faculdade que é capaz de calcular, de medir e de pesar.

Glauco: - Com certeza.

E tudo isso não pode ser obra de nossa alma racional?

Glauco: - Sim, é obra dela.

Com frequência, porém, mesmo medindo e comparando umas com as outras, as mesmas coisas parecem ao mesmo tempo opostas entre si.

Não dissemos, porém, que a mesma pessoa não pode ter contemporaneamente duas opiniões contrárias sobre os mesmos objetos?

Glauco: - E estávamos com a razão.

Logo, a parte da alma que emite opiniões sem levar em consideração a medida não pode ser idêntica àquela que julga conforme a medida.

Glauco: - Certamente que não.

Talvez aquela que se atém à medida e ao cálculo seja a parte melhor da alma.

Glauco: - Sem dúvida.

E a parte oposta talvez seja a pior dentre nossas faculdades.

Precisamente em vista de tal conclusão, eu dizia que a pintura e a arte e imitar em geral ficam bem distantes da verdade em relação a seus efeitos e, ao contrário, têm estreita ligação com aquilo que em nós está distanciado da razão e não se propõe nenhum objetivo sadio e verdadeiro.

A imitação, portanto má companheira daquilo que é mau, produz maus efeitos.

Isto vale somente em relação à imitação que fere a vista ou também àquela que fere o ouvido e que chamamos de poesia?

Glauco: - Também a essa naturalmente.

Não vamos nos deter, por isso, na analogia com a pintura, mas vamos chegar exatamente àquela parte da alma para a qual se dirige a imitação poética e vamos ver se se trata de algo insignificante ou se é algo importante.

Glauco: - Assim mesmo é que se deve proceder. Platão (2006:147 - 148).

Após constatar que a imitação e a poesia impõem mudanças de comportamento nas emoções do indivíduo e não na razão do mesmo, Platão passa a averiguar, sempre por intermédio de analogia, qual é o grau de intensidade que a imitação e a poesia exercem sobre tais mudanças de emoções, utilizando-se para isso, das variações de intensidade da dor e do prazer. Então, para Platão, são a dor e o prazer, as duas variáveis que, atuando sobre as emoções, provocam as alterações de comportamento e que influem diretamente no nível de bem-estar espiritual do ser humano.

Para começar, diríamos que a imitação representa homens que agem por necessidade ou espontaneamente, acreditando obter com suas ações, vantagem ou desvantagem e, enquanto fazem tudo isso,

> experimentam sentimentos de prazer ou de dor.
>
> Em tudo isto, porém, o homem está de acordo consigo mesmo? Ou também nas ações, como à vista dos próprios objetos, está em discórdia e em luta consigo mesmo? Agora me lembro, contudo, que sobre este ponto é inútil discutir, pois nos discursos anteriores já reconhecemos de modo suficiente que o homem está repleto de infinitas contradições desse tipo. Platão (2006:148).

Para Platão, essa é uma realidade inegável que se verifica em extremos. Entrementes, quando se acrescenta nessa situação o comportamento de uma pessoa equilibrada - fato que não foi considerado na primeira análise -, ao ser colocado diante de dores extremas como, por exemplo, perder um filho ou outro bem extremamente caro, o mesmo suportará tal situação de uma maneira mais contida que qualquer outro ser humano.

A questão que se coloca não é se o mesmo não sentirá nenhuma dor, fatalmente ele sentirá dor, mas, o fato é que ele vai lutar para controlar a própria dor, quando estiver na presença de seus semelhantes, muito mais do que quando estiver sozinho (p. 149).

> Acho que na solidão haverá de ter coragem de pronunciar muitas palavras que se envergonharia de dizer em público, além de fazer muitas coisas que não se atreveria a fazê-las diante dos outros. Platão (2006:149).

Mas, por outro lado, como salienta Platão, o que leva o indivíduo a procurar manter o autocontrole são a razão e a lei, que trabalham o intelecto, enquanto que a dor em si, é que leva o homem ao sofrimento. Dessa maneira são identificadas duas personalidades em uma só pessoa, uma vez que o mesmo experimenta dois impulsos contrários em relação à mesma situação.

Isso por que:

> A lei diz que nas adversidades é melhor conservar a calma e não se agitar, porque em tais circunstâncias não é muito claro o que é bom e o que é mau, e aquele que se agita não ganha nada, nem para seu futuro. Finalmente, nenhuma das vicissitudes humanas merece grande consideração além do

que a aflição é um obstáculo para o que deveria vir em nosso auxilio de imediato. Platão (2006:149).

Essa forma de agir representa a capacidade de se refletir sobre o ocorrido. "Como no jogo dos dados, é preciso adaptar a própria situação à sorte de acordo com o direcionamento que parece melhor à razão" (p. 150). Isso tudo porque, "se sofrermos uma queda, não devemos fazer como as crianças que põem a mão na ferida e passam o tempo a chorar, mas habituar a alma a se curar, sempre da maneira mais veloz possível, e a fortalecer a parte acidentada e doente, substituindo os lamentos pelos cuidados" (p. 150).

Em assim sendo, podemos afirmar "que a parte melhor de nós mesmos é aquela que quer seguir a razão" (p. 150). Mas, por outro lado, "aquela que nos relembra nosso sofrimento e nos impele a lamentar-nos sem parar, não haveríamos de definir como irracional, preguiçosa e quase covarde?" (p. 150).

Os expostos acima fazem Platão concluir que:

> Somente, porém, nossa natureza emotiva pode ser objeto de variadas imitações, ao passo que um caráter inteligente e calmo, sempre igual a si mesmo, não é facilmente imitável, nem seria atraente se acaso fosse imitado, sobretudo para essa gente de todo tipo que se reúne nos teatros durante as festas públicas, porque seria oferecer-lhe um quadro inteiramente estranho para ela.
>
> O poeta imitador não está de forma alguma naturalmente próximo a esse princípio racional e sua habilidade não é feita para torná-lo benquisto e aplaudido pelo povo, ao contrário explora o caráter emotivo e inconstante, porquanto mais facilmente imitável.
>
> Nossa crítica, portanto, é justa e podemos compará-lo ao pintor, a quem se assemelha, porque cria obras ruins em relação à verdade e porque trata com a outra parte da alma, que lhe é afim, e não com aquela melhor. Com razão, portanto, não deveríamos admiti-lo num Estado bem administrado, porque ele desperta, alimenta e fortalece essa

> parte da alma e destrói aquela racional. É o que haveria de acontecer, quando num Estado se entrega o poder absoluto aos malvados, e se dá cabo dos honestos. De modo similar, diríamos que o poeta imitador introduz um mau governo na alma de cada indivíduo, agradando a parte insensata, aquela incapaz de distinguir o maior do menor, aquele que acha que os mesmos objetos são por vezes grandes e por vezes pequenos. Realmente, um poeta desses cria fantasmas e está muito distante da verdade. Platão (2006:150 - 151).

Ao fazer o estudo do impacto da imitação ou poesia na parte emotiva do homem, Platão conclui que, é correto fazer um controle ou até mesmo proibir de certa forma, a ação direta das imitações ou poesias no comportamento do ser humano, principalmente quando a sua parte emocional não possui uma preparação adequada ou um refinamento comportamental, tanto na parte material quanto na espiritual, que se aprende e se acrescenta na alma por intermédio da educação e cultura. Isso porque, a parte imaginativa do indivíduo, sem um filtro adequado que possa estabelecer a diferença correta do que seja virtuoso em comparação ao que é vulgar, torna o ser humano escravo das fantasias, das vulgaridades mundanas, o que acaba por aprofundar a banalização da moralidade por intermédio da ação das emoções concupiscênicas. Dessa forma, tudo o que é imoral, vulgar e mesquinho passa a prevalecer sobre os sentimentos virtuosos do indivíduo.

Diante disso, mesmo que o grau de educação e cultura seja elevado dentro da comunidade, essa filtragem para determinar a diferença entre o que seja vulgar em relação ao que é virtuoso, que podem estar presentes nas poesias e nas imitações, deve existir, para que o alto grau de maturidade espiritual e material, possam se perpetuar dentro das relações humanas. O pior de tudo, para Platão, é o fato de que a imitação e a poesia têm poder de arruinar até mesmo um homem de bem, fato esse que ele passa a expor e explicar a seguir.

> Entretanto, não lançamos ainda contra a poesia a acusação mais grave. Com efeito, a coisa pior é seu poder de arruinar também os homens de bem, com raríssimas exceções.
>
> Escute com atenção. Os melhores dentre nós, ao ouvirmos Homero ou um poeta trágico imitar um herói em aflição, enquanto declama longos versos gemendo ou canta ou

bate no peito, sentem prazer, você bem o sabe, e se deixam levar pela compaixão, admirando realmente o poeta que foi capaz de transmitir essas impressões da maneira mais viva.

Quando, no entanto, nos sobrevém uma dor pessoal, você sabe que nos gabamos do contrário, ou seja, de conseguir suportá-la com equilíbrio, e consideramos viril esse comportamento e efeminado aquele que há pouco apreciávamos.

Mas é razoável elogiar aquele que representa um homem como nós pessoalmente não gostaríamos de ser e do qual, ao contrário, sentiríamos vergonha? É justo sentir com isto prazer e ter admiração antes que desgosto?

Observa bem que os poetas saciam e satisfazem aquela força que nas desgraças pessoais era refreada, mas tinha sede de lágrimas e de gemidos, queria saciar-se de lamentações, porque esta é exatamente sua natureza. A parte naturalmente melhor de nós mesmos, sem uma educação racional adequada e sem a força do hábito, afrouxa a vigilância da parte lamuriosa, porque contempla o sofrimento dos outros e acha que não há nada de mal em aprovar e em lamentar outro homem que proclame a própria honestidade, embora se queixe inoportunamente. Ao contrário, ela acha que com isso terá um prazer e se recusaria a ser dele privada com o desprezo pela arte poética em si. De fato, a poucos é dado, acredito, compreender que inevitavelmente os sentimentos dos outros se tornam os próprios, porque não é fácil dominar a compaixão nas desventuras pessoais depois de tê-la fortalecido com as vicissitudes dos outros.

O mesmo discurso não há de valer também para a poesia cômica? Se numa representação cômica, ou em particular você se diverte realmente com uma palhaçada que você mesmo se envergonharia de reproduzir, e não a despreza considerando-a desonesta, você não consegue o mesmo efeito como no caso da compaixão? Aquilo que você reprimia em si mesmo com a razão, apesar do desejo de fazer rir, porque você temia ser tachado de vulgar, então você o deixa livre e o fortalece e, depois, nas conversas particulares você se deixa levar por isso, sem se dar contra *(sic)* que está fazendo o papel de palhaço.

E não é sempre o mesmo o efeito da imitação poética em relação ao amor, à ira e a todas as impressões de dor e de prazer que acreditamos inseparáveis de qualquer ação nossa? A poesia, de fato, os irriga e alimenta, em vez de torná-los estéreis, e os põem acima de nós, quando deveriam obedecer para não nos levarem a sermos piores e mais infelizes de melhores e mais felizes que éramos.

Por isso, Glauco, quando você encontrar algum admirador de Homero e o escutar dizer que este poeta educou a Grécia e que, para o governo e a educação da humanidade, vale a pena tornar a estudá-lo e a reorganizar toda a própria existência segundo seus ensinamentos, a estes, você deve acolher e cumprimentá-los como as melhores pessoas do mundo, reconhecendo que Homero é o poeta supremo e o pai da tragédia. Ao mesmo tempo, porém, você deve-se lembrar de que no Estado se deverá aceitar da poesia somente os hinos aos deuses e os elogios às pessoas de bem. Se, ao contrário, você aceitar a musa corrupta da poesia lírica ou épica, em seu Estado certamente reinarão o prazer e a dor, em vez da lei e daquele princípio que a comunidade sempre reconhece como o melhor. Platão (2006:151 - 152).

Por fim, para justificar sua conclusão a respeito da exclusão da poesia do campo da política e dos mecanismos que controlam a maneira e a metodologia que norteiam a formação educacional e cultural da sociedade, Platão acaba por expor as principais divergências que existem entre a filosofia e a poesia na seara da formação social, na forma como se vê a seguir:

Esta deve ser nossa defesa com relação à exclusão da poesia de nossa república. A isto nos obrigava, com efeito, a razão, visto que essa é a natureza da poesia. Poderíamos acrescentar, para não sermos acusados de duros e rudes, que é muito antiga a oposição entre filosofia e poesia. Basta relembrar "a cadela que ladra contra o patrão", "o grande homem metido nas conversas fúteis dos insensatos", "o amontoado de sábios que derrota Zeus", "esses que agem sorrateiramente porque esfaimados", e, muitíssimas outras provas da antiga inimizade. Quanto a nós, se a imitação poética que busca o prazer tivesse somente alguma razão para ser acolhida numa república bem administrada, a aceitaríamos de boa vontade, porque estamos cientes que também nós nos encantamos com ela. Mas é uma impiedade trair o que parece verdadeiro. Você também, meu amigo, se encanta com a poesia, sobretudo quando se apresenta pelos versos de Homero. Ou não é assim?

Glauco: - Com certeza.

Seria justo, pois, readmiti-la, uma vez que possa se justificar em versos líricos ou de outro modo?

Glauco? – Sem dúvida.

Poderíamos conceder a seus protetores, simples admiradores da poesia mas não poetas, de pronunciar sua defesa em prosa, relembrando dela não somente seu lado agradável, mas também sua utilidade para os Estados e para a existência humana. De bom grado, haveríamos de escutá-los. De fato, talvez nós mesmos saíssemos ganhando, se a poesia conseguisse se demonstrar não somente agradável, mas também útil.

Caso contrário, meu caro amigo, haveríamos de nos comportar como os namorados que, ao descobrirem que seu amor é prejudicial, rompem, mesmo que seja à força. Assim também nós estaríamos dispostos, por causa do amor por essa poesia que nos foi inculcado pela educação ministrada por nossos bons governos, a reconhecer tal poesia como ótima e verdadeira. Enquanto, porém, não tiver condições de se defender, haveremos de escutá-la com reservas, ficando atentos para não reincidir na infantil paixão do povo. Por isso, estamos persuadidos que este tipo de poesia não deve ser levado a sério, como se fosse capaz de atingir a verdade e fosse, em decorrência, coisa importante. Pelo contrário, ao escutá-la, é preciso ficar alerta para não comprometer o próprio equilíbrio interior e acreditar naquilo que já dissemos a respeito.

Grande é a prova, Glauco, maior do que se possa supor, aquela em que se exige tonar-se honesto ou mau de tal modo que não devemos nos deixar induzir nem pelas honrarias, nem pelo dinheiro, nem por algum poder, nem pela própria poesia a menosprezar a justiça e as outras virtudes. Platão (2006:153 - 154).

2.1.1.2.21 A consubstanciação das coisas inteligíveis em empiricidade científica por meio da comprovação da existência da alma.

Por fim, para concluir sua obra, depois de ter exposto toda sua análise e considerações sobre a maneira que a sociedade deve construir um Estado ideal, sua empiricidade e as implicações que incidem sobre o mesmo Estado, se ele for mal administrado pelos que o habitam, Platão, ao término de relatar suas críticas às ações da poesia e da imitação sobre o comportamento humano, o mesmo autor passa a descrever os benefícios e os bônus que são distribuídos àqueles indivíduos que são fiéis à prática e à preservação dos bons costumes, relacionados ao culto das virtudes.

Para Sócrates, personagem de Platão, a prática e o culto às virtudes se instalam na alma do indivíduo tornando-se indeléveis e passam a ecoar na sua essência por toda a eternidade, transformando-a numa pessoa feliz e benquista por onde a mesma passar ou estiver presente, para sempre, uma vez que, para esse autor, a alma é imortal. Dessa forma, a partir de então, esse passa a ser o objetivo de Platão, ou seja, demonstrar que as virtudes se tornam imortais quando elas são gravadas na alma do ser humano, mas, todavia, o mesmo considera que, antes de se manifestar sobre os benefícios da prática das virtudes na alma do indivíduo tornando-o imortal, ele tem um novo desafio, que é o de comprovar a eternidade da alma, uma vez que o mesmo afirmou que, essa é imortal. É sobre esse desvelamento da imortalidade da alma que se passa a observar a seguir.

Entretanto, sequer falamos ainda das maiores recompensas e dos maiores prêmios reservados à virtude.

O que pode, no entanto, ser chamado grande em tão breve espaço de tempo? Porque todo o tempo que decorre da infância à velhice é muito pequeno, se comparado com a eternidade.

Glauco: - Um nada, diria.

E você acha, portanto, que um ser imortal deve se preocupar por um tempo tão breve mais que da eternidade?

Você não compreendeu que nossa alma é imortal e não morre jamais?

Glauco: - Eu não, por Zeus! Mas você tem condições de provar esta afirmação?

Acho que sim, se não me engano. Também você seria capaz, pois não é difícil.

Glauco: - Pelo contrário, eu acho que é. De qualquer forma, estou curioso para escutar esta demonstração que lhe parece tão fácil!

Preste atenção, pois.

Glauco: - Fale, então.

A seu ver, existem o bem e o mal?

Glauco: - Com certeza.

O mal é tudo o que traz ruina e destruição, enquanto o bem é tudo aquilo que conserva e é útil.

E você não acredita que haja um bem e um mal para cada coisa? Os olhos, por exemplo, eles estão sujeito à oftalmia, o corpo em seu todo está sujeito a doenças, o grão à ferrugem, a madeira a podridão, o bronze e o ferro à ferrugem. Enfim, quase todo ser tem seu próprio vício e sua própria doença.

E todo ser não se deteriora e não é levado à morte exatamente pela própria doença?

Assim, todo ser é levado à ruína por sua doença e pelo mal que traz em si. Se não fosse assim, nenhuma outra causa poderia destrui-lo. De fato, não há que temer que o bem possa destruir qualquer coisa, nem poderia fazê-lo aquilo que não é nem bem nem mal.

Glauco: - Sem dúvida alguma, e como poderia fazê-lo?

Se, portanto, encontrarmos um ser que tenha sido tornado mau pela doença sem ser levado à dissolução e à morte, poderíamos ter certeza então que tal ser não estivesse sujeito à morte?

Glauco: - Em tal caso, talvez sim.

E não existe alguma coisa que torna a alma má?

Glauco: - Claro que existe! Tudo aquilo que mencionamos, como a injustiça, a intemperança, a covardia, a ignorância.

Mas a alma se dissolve e morre por causa de um desses vícios? Cuidado para não cair no erro de acreditar que o homem injusto e insensato morra, quando descoberto, por sua injustiça, que é o mal de sua alma. Considere, ao contrário, a questão da maneira seguinte. Como a maldade do corpo, isto é, a doença, o consome e o destrói até aniquilá-lo, assim também todas as coisas de que falávamos há pouco não aniquiladas pelo mal que se prende e adere a elas, levando-as ao aniquilamento. Não é assim?

Glauco: - Sim.

Entretanto, considere a alma da mesma maneira. A presença constante da injustiça e dos demais vícios a corrompem e a levam a definhar até conseguir separá-la do corpo, impelindo-a para a morte?

Glauco: - Não, em absoluto!

É estranho, porém, que a maldade de outrem destrua aquilo que não pode ser destruído pela própria.

Na realidade, Glauco, você deve considerar que, a nosso ver, nem os alimentos estragados, velhos ou podres, podem destruir o corpo. Se acaso sua má qualidade provoca no corpo o mal que lhe é próprio, isto é, a doença, haveríamos de dizer que esse pereceu por causa de seu próprio mal. Jamais haveríamos de acreditar, porém, que o corpo pudesse ser destruído por alimentos estragados, que são diferentes do corpo como o corpo é diferente deles, a menos que o mal estranho engendre no corpo seu mal específico.

Glauco: - Você tem toda a razão.

Pela mesma razão, se a doença do corpo não provoca na alma a doença da alma, não devemos em absoluto pensar que a alma deva perecer por um mal estranho, se não tiver um próprio, e que essa venha a perecer pelo mal do outro.

> Logo, ou alguém demonstra que estamos errados ou, até enquanto isso for impossível, devemos afirmar que nem a febre ou qualquer outra doença, nem a morte, nem se o corpo fosse retalhado em pedaços minúsculos, enfim, nada disso pode provar o aniquilamento da alma, porque antes seria necessário demonstrar que esses sofrimentos físicos tornam a própria alma mais injusta e mais ímpia. E não toleraremos a afirmação que a alma ou qualquer outra coisa perece pela intervenção de um mal estranho ao seu, se não concorrer o mal que lhe é próprio. Platão (2006:154 - 156).

Depois de comprovada a imortalidade da alma diante de todos os males possíveis que possam ser aplicados sobre o corpo carnal, Platão argumenta que, nem a injustiça que pode ser considerada uma das causas da morte de outrem é capaz de causar quaisquer males à própria alma, e que, se isso fosse possível seria uma forma de aliviar o sofrimento do indivíduo injusto, na forma como se vê a seguir:

> De qualquer modo, se alguém tivesse a ousadia de impugnar esse raciocínio e sustentar, exatamente para não ser obrigado a reconhecer a imortalidade da alma, que o moribundo se torna pior e mais injusto, haveríamos de convir, se nosso contraditor tiver razão, em considerar a injustiça como uma doença mortal para quem a possui e que por ela, naturalmente homicida, morressem aqueles que a tivessem contraído. Os mais injustos haveriam de morrer mais depressa, os menos injustos mais lentamente, ao contrário do que se diz agora, isto é, que os injustos são condenados à morte por quem os pune.
>
> Glauco: - Por Zeus! A injustiça, pois, não haveria de ser considerada um mal realmente terrível, se levasse à morte a quem por ela fosse afetado. Seria, na realidade, um meio de livrar-se dos próprios males. Em vez disso, acho que deva ser considerada como assassina dos outros, enquanto conserva cheio de vida e ainda muito dinâmico quem a

contraiu. Ao que parece, portanto, está bem longe de ser causa de morte!

Tem razão. Quando, na realidade, a própria maldade e o próprio mal não conseguem matar e fazer perecer a alma, é difícil que o mal destinado à destruição de outro ser destrua a alma ou qualquer outra coisa diversa do ser.

Logo, o ser que não morre por nenhum mal, nem próprio nem de outrem, deve existir sempre. Mas o que existe sempre é imortal.

Glauco: - Necessariamente. Platão (2006:156 - 157).

Por fim, uma vez demonstrado de forma cabal, praticamente por todos os meios disponíveis, que a alma é imortal, Platão consegue estabelecer através de simples analogia dialética, a diferença entre o corpo carnal e o espírito, imputando, a cada um, um modo de vida respectivo, totalmente independentes entre si. Para esse autor, enquanto o corpo físico é carnal, exposto às vicissitudes da carne e à mortalidade da carne, portanto, finito, a alma por seu turno, tem uma essência totalmente diferente, uma vez que pertence ao espírito, e sendo assim, é imortal porque o espírito é imortal, não podendo ser julgado por ninguém enquanto carne, porque não está exposto aos mesmos males que destroem a carne. Dessa forma, Platão consegue comprovar que a carne, na condição de matéria está exposta aos males da matéria, podendo nessa condição, ser julgada tanto pela matéria como pelo espírito, isso porque, o espírito julga a tudo e pode expor a todos embora não possa ser julgado por ninguém, a não ser, por si próprio. Enquanto que o espírito sofre das coisas do espírito, justamente por ser espírito, isso sem ser afetado em nada, pelos males da carne, a carne da sua parte, e apesar de tudo, também pode sofrer dos mesmos males do espírito, uma vez que ela é condicionada também pelas coisas do espírito, como por exemplo, pelo ódio, pelo rancor, pela inveja. Nessa concepção, pode-se concluir que, os desejos e as vontades do corpo carnal estão expostos apenas às coisas carnais, à matéria, à doença da carne, portanto à morte da carne, sendo julgada também pelas ações do espírito, enquanto que, o espírito, se acomoda apenas as coisas espirituais, e à imortalidade do espírito.

As assertivas de Platão sobre as realidades do espirito e da carne, no que se refere à imortalidade do espírito e a mortalidade da carne, se conciliam em muito, com as analogias do Apóstolo Paulo, no que tange ao julgamento da carne e do espírito, ou seja, coisas carnais se acomodando às coisas carnais e ao espírito, uma vez que essa pode ser julgada além das coisas carnais também pelas coisas espirituais, enquanto que, o espírito se acomoda a si mesmo sem poder ser julgado por ninguém enquanto ser carnal, mas, apenas e tão somente pelas coisas espirituais. Dessa forma as análises desses dois autores, um na condição de filósofo de conhecimento extremamente refinado, enquanto que o outro, como sendo doutor em Ciência Religiosa, já operando no campo religioso, tornando a mesma versão numa análise científico-religiosa, pois senão vejamos a versão do Apóstolo Paulo, sobre o mesmo tema:

> Porém Deus no-lo revelou a nós pelo seu espírito: Porque o espírito tudo penetra, ainda o que há de mais oculto na profundidade de Deus. Porque qual dos homens conhece as coisas que são do homem, senão o espírito do homem, que nele mesmo reside? Assim também as que são de Deus, ninguém as conhece, senão o Espírito de Deus. Ora nós não recebemos o espírito deste mundo, mas sim o espírito que vem de Deus, para sabermos as coisas que por Deus nos foram dadas. O que também anunciamos não com doutas palavras de humana sabedoria, mas com a doutrina do espírito, acomodando o espiritual ao espiritual. Mas o homem animal não percebe aquelas coisas, que são do espírito de Deus: porque lhe parecem uma estultícia, e não as pode entender; porquanto elas se ponderam espiritualmente. Mas o espiritual julga todas as coisas: e ele não é julgado de ninguém. Porquanto quem conheceu o conselho do Senhor para que o possa instruir? Porém nós sabemos a mente de Cristo. (1ª Epístola de São Paulo aos Coríntios. Cap. 02. Vers. 10 – 16).

Do que foi exposto acima, depreende-se até aqui que, em nada a visão da Ciência analisada na versão dos filósofos gregos, se diferencia da concepção da religião a respeito das coisas que são de Deus e da matéria. Vale ressaltar, que essa diferença passou a existir, somente depois da versão protestante sobre Deus e Ciência, relatadas na tese iluminista, desenvolvida na concepção de John Locke, que passou a prevalecer tanto na Ciência, na versão protestante, quanto na versão religiosa, na mesma doutrina, a partir do século XVIII.

Dando sequência a seu ponto de vista concebida na versão dialética sobre as coisas do espírito, na sua imortalidade, em relação às coisas da matéria, na sua mortalidade, Platão, se põe a explicar, de que maneira a prática das virtudes contribuem para com a preservação da vida serena e harmoniosa, tornando o indivíduo feliz e detentor do bem-estar, tanto espiritual quanto material, por toda a eternidade. Isso por intermédio da prática da justiça na versão espiritual, centrada nas virtudes, e não na material, mergulhada em vícios de opiniões.

Resolvemos praticamente com o raciocínio todas as dificuldades, sem recorrer aos prêmios nem ao prestígio que a justiça confere, como fazem, segundo o que vocês dizem, Hesíodo e Homero. Descobrimos, porém, que a justiça como tal é para a própria alma o bem mais precioso e que esta deve agir segundo a justiça, quer possua o anel de Giges ou não, e ainda o elmo de Hades.

Portanto, Glauco, que mal haveria, se à justiça e às outras virtudes, além dessas vantagens, nós restituíssemos também todos os prêmios que os homens e os deuses oferecem à alma, tanto em vida do homem como depois de sua morte?

Eu lhes concedi que o homem justo passasse por injusto e o homem injusto passasse por justo[42]. Na realidade, vocês pensavam que essa concessão, mesmo que impossível aos olhos dos deuses e dos homens fosse indispensável para nosso debate, ou seja, para confrontar a justiça e a injustiça, consideradas em sua essência.

Agora que a sentença foi pronunciada, eu lhes peço novamente, em nome da justiça, de avalia-la segundo a fama que possui com os deuses e os homens, para que seja merecedora do primeiro prêmio que ela detém graças à sua ótima reputação e que confere a seus seguidores, a partir do momento que já é claro que ela distribui bens reais e não engana quem a segue realmente.

---

[42] Hipótese estabelecida no início dos debates no Livro I.

Em primeiro lugar, portanto vocês não haveriam de me conceder que pelo menos aos deuses não escapa a distinção entre o homem justo e o homem injusto?

Em tal caso, um será caro aos deuses e o outro odioso, como nós pensávamos desde o começo.

Não haveríamos de admitir que para o homem caro aos deuses receba em total plenitude todos os bens que deles provêm, a menos que esse homem tenha algum vício como consequência de uma culpa anterior?

Forçoso é, pois, reconhecer que para o homem justo, mesmo se reduzido à pobreza, a doença ou a alguma outra desventura aparente, tudo resultará em bem para ele, quer em vida, quer após a morte. Na verdade, os deuses jamais abandonam aquele que se esforça em tornar-se justo e semelhante à divindade, mediante o exercício da virtude, porquanto isso seja possível a um homem.

Logo, não se deve pensar exatamente o contrário em relação ao homem injusto?

Estas são, portanto, as recompensas que os deuses podem conceder ao homem justo.

E não seriam esses também os prêmios que recebem também da parte dos homens? As coisas não correm dessa maneira? Os maus e injustos não fazem como os atletas que correm bem na ida, mas não na volta? De fato, no começo partem com rapidez, mas no fim se tornam alvo de zombaria, abaixam as orelhas e se retiram da corrida sem ter ganhado nada. Os verdadeiros corredores, porém, chegam até o término, vencem e conquistam a coroa. Geralmente, não acontece isto também com os homens justos? Ao cabo de suas ações, de suas relações com os outros e de sua vida, eles conquistam boa reputação e são premiados pelos homens.

Você me permitirá de dizer com relação a estes, o que você mesmo dizia com relação aos injustos? O que pretendo dizer, na realidade, é que os homens justos, uma vez atingida a idade madura, assumem o governo da república como querem, casam nas famílias que querem e dão suas filhas em casamento a quem quiserem. Tudo aquilo que você dizia a propósito dos injustos eu o afirmo em favor dos justos. Quanto aos injustos, digo que em geral, mesmo que escapem de qualquer coisa quando jovens, são descobertos no final da corrida, tornam-se alvo de zombaria e, quando velhos, são humilhados clamorosamente pelos estrangeiros e pelos concidadãos, frustrados e submetidos àquelas penas que você, e com razão, considerava terríveis. Acredite, pois, que, também a meu ver, eles deverão sofrer todos aqueles tormentos. Mas repare bem se minhas palavras lhe parecem aceitáveis.

Glauco: - Sem dúvida, porque você tem razão. Platão (2006:158 - 160).

3 Considerações finais

Como analisado neste compêndio do Livro de Platão: "A República", publicado pela Editora Escala Educacional, São Paulo, no ano de 2006, em duas partes, essa obra apresenta a teoria desse autor, toda ela fundamentada na práxis, como o mesmo relata, e que se desenvolve por intermédio da construção de um Estado ideal, imaginário, tendo por objetivo analisar e buscar alternativas visando substituir os sistemas de governo centralizados nas Cidades-Estado, que praticavam suas atividades sob a égide do individualismo onde a injustiça e prática da violência imperavam e substituí-las por um Estado único, considerado por esse filósofo como exemplar e que deveria ser regido perante o exercício da justiça e da prática do bem, para garantir a civilidade do povo grego.

Na época de Platão, como bem relata Adam Smith, em sua obra "Uma Investigação sobre as Causas da Riqueza das Nações" e já citadas nas páginas iniciais deste trabalho, a Grécia, era considerada como sendo a região habitada pelo povo mais violento desse período, onde a prática da barbárie imperava até mesmo entre as próprias cidades-Estado.

Consternado com essa situação, Platão resolveu tentar pôr fim a essa selvageria, imaginando e construindo teoricamente um Estado único, baseado na práxis, e que seria considerado Estado ideal, todo ele fundamentado na prática da justiça e sem o estabelecimento de privilégios a qualquer cidadão ou classe social que seja. Esse Estado teria por objetivo unir todo o povo grego em torno de um único sentimento aonde a barbárie seria eliminada e substituída pela prática da justiça e da equitatividade, como maiores símbolos representativos da civilidade.

Para Platão, o Estado ideal seria todo ele fundamentado na prática das virtudes e que deveriam ser inculcadas e tornadas indeléveis na alma desse povo por intermédio dos ensinamentos oferecidos pela educação e pela cultura. As principais das virtudes que deveriam ser ensinadas e praticadas pelo povo grego seriam: a sabedoria, a coragem, a temperança e a justiça, sendo esta última considerada como o bastião desses atributos. Isso porque é a justiça que viabiliza de maneira direta a existência do bem, visto que, não há como avaliar o bem sem haver um marco divisor entre a justiça e a injustiça.

Considerando que, onde a justiça impera o bem prevalece enquanto que, por outro lado, aonde há o predomínio da prática da injustiça aí, nesse estado de coisas é o mal quem dá as cartas. Agora, por seu turno, os dois únicos instrumentos que possibilitam a capacidade de diferenciação entre a prática da injustiça e da injustiça, com o prevalecimento do bem ou do mal, é a educação e a cultura. Quem é dotado desses dois atributos consegue estabelecer a desigualdade entre o bem e o mal, ou, o que dá no mesmo, a assimetria entre a prática da justiça e da injustiça. Nesse aspecto, entendendo a justiça, segundo Platão, como sendo, "a capacidade que o indivíduo tem de praticar toda e qualquer ação desde que não interfira na prática de nenhum de seus semelhantes".

Agora, por seu turno, qual é o perfil do indivíduo que lhe permite estabelecer as diferenciações e respeitar o raio de ação entre seus semelhantes? É lógico que é o indivíduo dotado de educação e cultura. Vale ressaltar ainda que, tal conceito de justiça desenvolvido por Platão, converge com a mesma definição desenvolvida por Jesus Cristo, o Messias, para esse tópico, que afirma que, "ao indivíduo é dado o direito de fazer qualquer coisa, desde que ele assuma o ato que praticou". Diante dessa assertiva vale a pergunta: - Qual a principal característica do indivíduo que possui esse atributo de assumir suas ações em quaisquer situações? É evidente que, somente a pessoa que tem em si os atributos da educação e cultura, na concepção da Religião Católica, sobre o mesmo tema.

Assim, para Platão, um povo conhecedor e executor desses princípios seria verdadeiramente educado, culto e, portanto, civilizado. Nesse âmbito, a prática da educação e da cultura seriam os fundamentos responsáveis pela disseminação e sedimentação entre os indivíduos, das riquezas morais e espirituais, oferecidas pela civilidade. Nesse contexto, o Estado ideal deveria ser todo ele estruturado dentro desses critérios, visto que, segundo o autor, todo Estado reflete o tipo de comportamento e de civilidade do povo que o habita. Se o Estado é civilizado é porque o povo que o constitui é educado e culto; e se o cidadão é educado e culto é porque o Estado em que ele pertence é civilizado, uma vez que, não existe Estado civilizado com povo bárbaro e nem povo selvagem vivendo em Estado civilizado.

Partindo desses fundamentos, Platão passou a buscar identificar a essência dessas virtudes nas relações existentes entre as pessoas e as classes sociais, que deveriam viver nesse Estado, utilizando-se sempre para isso, do método dialético, tido por esse autor, como o principal instrumental de pesquisa para se estudar as ciências sociais e suas inter-relações. Dessa maneira, ao longo de toda sua obra, Platão sempre se utilizou do método dialético, recorrendo-se para isso, à teoria dos contrários ou teoria dos opostos e mais de analogias intermináveis, porém, corretas e consideradas ideais para se estabelecer as transposições entre os processos e viabilizar as análises que se fizessem necessárias.

Depois de identificadas a prática dessas virtudes nas relações sociais existentes na divisão das atividades entre os indivíduos e classes sociais, o passo seguinte de Platão, foi conceituá-las, obtendo êxito com a coragem, a temperança e a sabedoria, à exceção da justiça.

Embora tenha conseguido conceituar a justiça como sendo a capacidade de um indivíduo em poder fazer todas as coisas de maneira independente e autônoma, sem intromissão nas demais atividades de seus concidadãos, Platão não detectou a sua essência nessas relações, o que o obrigou a buscar identificá-las nas faculdades do indivíduo. Faculdades essas que se manifestavam no corpo desses seres e que se subdividiam segundo Platão em: razão, emoção e necessidades fisiológicas (alimento, procriação e prazeres afins).

Ao detectar as faculdades inerentes ao ser humano, Platão passou a averiguar sobre quais partes do corpo elas se manifestavam e, para isso, o mesmo se viu obrigado a considerar o corpo como sendo dividido em: matéria, espírito e alma. Assim, de acordo com esse autor, o corpo é diretamente afetado pelas três faculdades, mas que, atuam em partes diferentes do mesmo. Nesse sentido, a razão atua sobre a parte do intelecto, a emoção age sobre os sentimentos, e as necessidades fisiológicas correspondem às exigências de nutrientes (alimentos), processos (procriação) e estados (bem estar material e espiritual) afins, necessários para garantir a vida saudável do indivíduo.

Para Platão, de todas essas faculdades, a mais importante é a razão, que atua sobre o intelecto do indivíduo e é responsável pela sua formação educacional, sua visão crítica e sua temperança. Assim, quanto mais se moldar a razão por intermédio dos ensinamentos e das práticas das virtudes, mais educado e civilizado será o ser, tornando-o assim, mais feliz. Nessa condição, o comportamento do indivíduo sendo educado e culto, portanto, civilizado, vai fazer refletir suas ações sobre o Estado, tornando-o também uma Nação virtuosa e culta, fazendo com que a prática da justiça impere sobre as ações tanto do Estado quanto do indivíduo. Por outro lado, quanto menos for treinada e moldada a razão, que se dá pela formação educacional e cultural, mais ignorante e, portanto, mais selvagem será o indivíduo, e como consequência, mais injusta será a nação.

Quando o indivíduo está num estágio de ignorância elevada, maior será a tendência deste em ser movido pelas emoções. Nessa situação, é a parte emotiva que prevalece sobre a razão e então, nessa condição, a parte das paixões e desejos impera e faz com que os sentimentos concupiscênicos dominem todas as ações do ser humano, tornando-o inseguro e emocionalmente instável e, portanto, infeliz.

Como a parte da alimentação é submetida aos anseios das emoções, então, educando-se e treinando-se a razão para a prática da educação e da cultura elevadas, ter-se-á domínio sobre as emoções e as necessidades fisiológicas, de maneira concomitante, tornando o indivíduo equilibrado e feliz, vivendo em um Estado civilizado constituído de uma população saudável tanto espiritualmente quanto materialmente, fazendo elevar os níveis de bem-estar: espiritual e material da mesma.

Então para Platão, é a prática da educação e seus ensinamentos e também da cultura, que promovem a melhoria do padrão de vida da sociedade, fazendo com que o Estado ideal mais se aproxime da civilidade e da riqueza social necessária. Convicto dos papéis da educação e da cultura na formação social e civilizatória da sociedade, Platão dedica a maior parte de seu trabalho, na preparação de métodos educacionais como instrumentos norteadores da educação e formação social do povo grego, utilizando-se com muita propriedade dos requisitos pedagógicos necessários para atender aos seus intentos.

É interessante notar que, toda a análise de Platão, voltada para a construção do seu Estado ideal, tem como fator subjacente, a ação prática da economia, o que faz dessa ciência o principal objeto científico que dá sustentação à sua investigação, uma vez que a premissa fundamental que rege a análise econômica em toda sua essência é o princípio da utilidade.

Vale ressaltar ainda que, o princípio da utilidade é o fator subjacente, que dá sustentação e razão de existência às virtudes (a justiça, a temperança, a sabedoria e a coragem) que são consideradas como primordiais para dar consistência à formação do Estado Ideal de Platão, assim como a mesma é considerada por Jesus Cristo como o cerne de justificação da fé, quando o Messias, para dar sua testificação a respeito disso, faz referência à figueira ressequida, como se vê abaixo:

> [18] De manhã cedo, quando voltava para a cidade, Jesus teve fome. [19] Vendo uma figueira à beira do caminho, aproximou-se dela, mas nada encontrou, a não ser folhas. Então lhe disse: "Nunca mais dê frutos!" Imediatamente a árvore secou. [20] Ao verem isso, os discípulos ficaram espantados e perguntaram: "Como a figueira secou tão depressa?" [21] Jesus respondeu: "Eu lhes asseguro que, se vocês tiverem fé e não duvidarem, poderão fazer não somente o que foi feito à figueira, mas também dizer a este monte: 'Levante-se e atire-se no mar', e assim será feito. [22] E tudo o que pedirem em oração, se crerem, vocês receberão". Mateus (21:18-22)

Essa passagem bíblica de Mateus (C. 21: Vers. 18-22) é mais bem explicada com toda propriedade, sabedoria e riqueza de detalhe por Allan Kardec, como se observa a seguir:

> A figueira seca é o símbolo das pessoas que apenas aparentam o bem, mas na realidade nada produzem de bom: dos oradores que possuem mais brilho do que solidez, dotados do verniz das palavras de maneira que estas agradam aos ouvidos; mas, quando as analisamos, nada revelam de substancial para o coração; e, quando as acabamos de ouvir, perguntamos que proveito tivemos.
> É também o símbolo de todas as pessoas que podem ser úteis e não o são; de todas as utopias, de todos os sistemas vazios, de todas as doutrinas sem bases sólidas. O que falta, na maioria das vezes, é a verdadeira fé, a fé realmente fecunda, a fé que comove as fibras do coração, em uma palavra, a fé que transporta montanhas. São árvores frondosas, mas sem frutos, e é por isso que Jesus as condena a esterilidade, pois dia virá em que ficarão secas até à raiz. Isso quer dizer que

todos os sistemas, todas as doutrinas que não produziram nenhum bem para a humanidade, serão reduzidas a nada; e que todos os homens voluntariamente inúteis, que não se utilizaram os recursos de que estavam dotados, serão tratados como a figueira seca[43].

Se o nome da planta é figueira, nada mais lógico que a sua função é produzir figos e distribuir esse tipo de fruto para aqueles que se achegam a ela e estão com fome. Se ela fornece os figos para saciar a fome do indivíduo, nada mais justo que afirmar que a sua utilidade é de produzir figos para saciar a necessidade daqueles, animais ou pessoas, que recorrem a ela para obter essa fruta com a finalidade de suprir sua carência de alimento. Se por um acaso ela não fornece sua utilidade na forma de figos para os necessitados desse tipo de alimento, que utilidade tem essa árvore para a vida? Nenhuma. Alguns alegariam que ela, pelo menos, poderia fornecer a sombra. Mas todas as plantas fornecem sombra. Se o indivíduo tem uma figueira inútil no seu quintal e se outra pessoa o presenteia com uma parreira, ele não retirará a figueira e colocará a parreira no seu lugar? Seria hipócrita, aquele indivíduo que dissesse o contrário.

É esse o fundamento da vida plena: a utilidade. Se essa é a essência da vida, isso quer dizer que, o atendimento dessa virtude se dá pela produção de tal utilidade que se transformará em riqueza para a humanidade. Então, sendo assim, esse tipo de patrimônio por seu turno, torna-se objeto de análise também da Ciência Econômica, visto que, o objeto de estudo dessa ciência é a averiguação de como se produz e se forma a riqueza para a sociedade. Daí porque se dizer que o princípio fundamental de estudo da Economia é o aprendizado de como se produz riqueza e como se forma o capital gerado por essa utilidade e não a teoria da escassez, como faz pensar os economistas clássicos e neoclássicos.

Mais ainda, para garantir toda essa argumentação e racionalidade em torno da formação do Estado ideal, Platão considerou também como requisitos necessários, um controle e um domínio das faculdades do ser humano, que atuam diretamente sobre o seu corpo e que é constituído pela sua estrutura física ou parte visível, sua parte espiritual, que vai compor a parte invisível e psíquica do mesmo, e também da alma, que é o veículo que estabelece o elo entre esses dois componentes interdependentes do corpo humano. Deve-se acrescentar ainda que, é a alma a responsável pelo contato entre a estrutura corpórea do indivíduo e a parte exterior do ser, além de ter a

---

[43] O Evanvangelho Segundo o Espiritismo por Allan Kardec – tradução de José Herculano Pires. Disponível em: https://evangelhoespirita.wordpress.com/about. Acesso: 18/01/2021.

incumbência de realizar o livre fluxo das emoções, das sensações e sentimentos captados no ambiente existencial, tanto externo quanto interno e que são depositados no estado corpóreo do ser humano, alimentando-o e moldando a sua formação existencial de caráter, além de princípios captados e cooptados com o meio em que ele vive.

    Assim, a condição, a qualidade e o estágio de evolução do espírito e da estrutura física do corpo humano vão depender do estado da alma, das mensagens, sentimentos e emoções captadas por esse veículo intermediário entre a parte física e o espírito, que juntos, compõem o corpo do indivíduo. Essas informações captadas pela alma são repassadas para a parte psíquica do ser humano que, por seu turno, se transmuta na sua visão crítica de mundo. Tudo isso é feito mediante a alimentação desses componentes pela alma de tudo o que ela capta da parte exterior do corpo e também dos sentimentos do indivíduo e que passam a fazer parte da sua estrutura psíquica, criando um elo entre a sua natureza física e sua parte espiritual, fazendo moldar a sua existência como indivíduo civilizado.

    Dessa maneira, ao definir a estrutura corpórea do indivíduo constituída dessas três partes: matéria, espírito e alma e; ao comprovar a imortalidade da alma que se verificou na parte final de sua obra, Platão conseguiu demonstrar que o objeto de análise para a formação do seu Estado ideal é composto de três partes: a racional, a emotiva e a parte condutora, que, neste último caso seria a alma. Essa estrutura é semelhante à composição da Santíssima Trindade que é constituída de três Entidades: o Pai que é o Criador de tudo o que existe, das coisas visíveis e invisíveis; o Filho que se manifestou de forma corpórea entre os seres humanos, na condição de testificador, o justificador e o glorificador do Pai; e Espírito Santo que é o Elo entre o Pai e o Filho e que é o executor das ações, das mensagens e das determinações do Pai e do Filho, e que faz da sua parte, o papel semelhante ao da alma no corpo humano.

    Ao se comprovar a composição da vida humana, como sendo constituída da sua parte material, espiritual interligadas pela alma, consegue-se mostrar também, a imortalidade do espírito e da alma como bem comprova Platão, evidenciando-se assim que, a morte não se dá no todo do corpo humano, mas sim, apenas e tão somente na sua parte material, que está constantemente em contato com a massa existencial do universo. Assim, enquanto que a parte física ou material do ser humano nasce, cresce, envelhece e morre, a parte espiritual nasce, cresce e evolui, de acordo com o aprendizado captado pela alma no meio existencial, tanto externo quanto interno da matéria, sendo a sua morte inconcebível. Daí também comprovar a inutilidade da cor da matéria e da sua morte visto que, o espírito não tem cor por ser todo ele formado de energia radiante e de ser eterno, por não estar fadado à morte, sendo regido por uma entidade espiritual chamada de Deus, o que faz compreender em última instância, as palavras do próprio Cristo, que afirma que, "O Senhor é o Deus dos Vivos, não dos mortos". Lucas (C. 20; Vers. 38)

    Assim, também este trabalho tem como objetivo defender a tese de que a Ciência Econômica é dividida em três partes: da Economia Política, na visão de Smith e fundamentada em Platão; da Economia Empresarial, na concepção de Karl Marx baseada, como ele mesmo afirma, em Aristóteles e Xenofonte; e da Macroeconomia, vista primeiro por Marx, através da análise da Economia Empresarial e muito bem conduzida e representada pelas teorias e análises de John Maynard Keynes, como será vista em sua obra "A Teoria Geral do Emprego do Juro e da Moeda" - também objeto de análise deste trabalho - e que representa as ações de mercado. Fatos esses que serão analisados nos Tomos subsequentes desta investigação.

www.ingramcontent.com/pod-product-compliance
Lightning Source LLC
Chambersburg PA
CBHW060824220526
45466CB00003B/969